High School

Basic English 1

자습서

Preface

영어 공부는 단순히 새로운 언어를 배우는 것이 아니라, 더 넓은 세상과 소통할 수 있는 열쇠를 쥐는 일입니다. 공부하는 과정이 힘들고 어렵게 느껴질 수 있지만, 작은 노력들이 쌓여 큰 성과로 이어지기 마련입니다. 매일 조금씩이라도 꾸준히 공부하면 어느 순간 자신이 발전해 있는 모습을 발견하게 될 거예요. 힘들다고 느껴질 때도, 그 과정을 즐기며 배운다는 마음으로 계속 도전하세요.

영어 실력은 앞으로 여러분이 마주할 수많은 기회들을 열어줄 것입니다. 영어로 꿈꾸는 미래를 그리며 한 걸음씩 나아가세요!

저자 일동

> *The future belongs to those who believe in the beauty of their dreams.*
>
> *- Eleanor Roosevelt*

Features

내신 필수
해석 & 해설

- 스스로 학습을 돕는
  교과서 영문 해석
- 교과서 활동과 본문
  이해를 돕는 자세한 해설
- 어휘 및 구문 해설

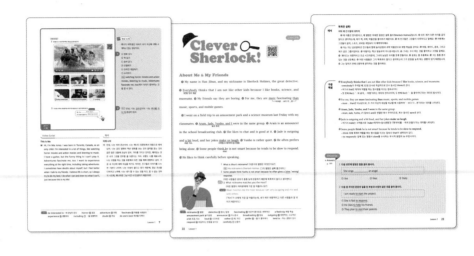

내신 만점
활동 자료

- 교과서 본문 어휘 학습
  Word Practice
- 본문 주요 구문 학습
  Check Up
- 본문 문장 이해 점검 학습
  옳은 것 고르기
  빈칸 채우기

실전 대비
평가 자료

- 주요 의사소통 기능과
  핵심 문법 점검하며
  기본 다지기
- 학습한 내용을 종합적으로
  점검하며 학교 시험 대비

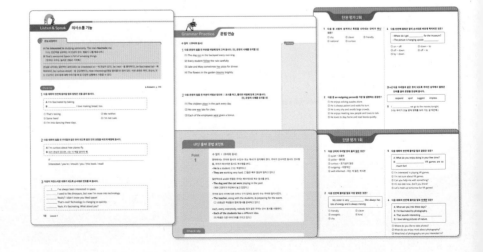

Contents

Learning
is the only thing
the mind never exhausts,
never fears,
and never regrets.

Lesson 1

My Friends and Me
내 친구들과 나

Big Question

How can we build a real friendship?
우리는 어떻게 진정한 우정을 쌓을 수 있을까요?

The Startline

Get to Know Each Other
서로에 대해 알아 보세요

Listen & Speak

- **Your Interests, My Interests** 너의 관심사, 나의 관심사

  Ⓕ 관심 표현하기

- **Goals for the Year**

  Ⓕ 질문하고 답하기

  올해의 목표

Read

똑똑한 셜록!
Clever Sherlock!

Ⓥ 성격, 특징을 나타내는 단어

Ⓖ 수 일치(주어와 동사 / 명사와 대명사)

Write & Present

Meet Me
나를 만나 보세요

Teen Vibes

- **What Do Friends Do?** Fun Time
  친구는 무엇을 할까요?
- **Make Your True Friendship Jam** Project Time
  여러분의 진정한 우정 잼을 만드세요

The Startline — Get to Know Each Other

GET READY

네 사람의 '한 문장 자기소개'를 읽고 어떤 사람인지 추측해 봅시다.

WHO ARE YOU?

I am not just a dreamer; I am a doer. — *Jiho*

I will always be myself. — *Kate*

I am the most handsome person I know. — *David*

One hand I extend to myself, the other to others. — *Lucy*

교과서 10쪽

서로에 대해 알아 보세요

준비 활동

영어 한 문장으로 자기 자신을 소개하는 활동이다. 이 활동은 복잡한 설명 없이 간단한 한 문장으로 자신을 표현할 수 있도록 도와주며, 동시에 자신의 개성과 특징을 창의적이고 명확하게 전달할 수 있는 좋은 기회를 제공한다. 이를 통해 참가자들은 자신에 대해 더 깊이 생각해볼 수 있고, 다른 사람들과 더 효과적으로 소통하는 방법을 배울 수도 있다.

(왼쪽 상단) **지호**
나는 단지 꿈꾸는 사람이 아니라, 실천하는 사람입니다.

(오른쪽 상단) **케이트**
나는 언제나 나 자신일 것입니다.

(왼쪽 하단) **데이비드**
나는 내가 아는 사람 중에서 가장 잘생겼습니다.

(오른쪽 하단) **루시**
나는 한 손은 나 자신에게 내밀고, 다른 한 손은 다른 사람에게 내밉니다.

'한 문장 자기 소개' 예시

- I'm a dreamer who turns ideas into colorful stories.
  (나는 아이디어를 색깔 있는 이야기로 바꾸는 꿈꾸는 사람입니다.)
- I love making the world brighter.
  (나는 세상을 더 밝게 만드는 것을 아주 좋아합니다.)
- I'm a quiet thinker with a heart full of big plans.
  (나는 조용한 사색가지만 마음속엔 큰 계획을 품고 있습니다.)
- Music is my language, and I play it every chance I get.
  (음악은 나의 언어이고, 틈날 때마다 연주합니다.)
- I find magic in the little things that others might miss.
  (나는 다른 사람들이 놓칠 수 있는 작은 것들에서 마법을 찾습니다.)
- I'm an explorer, not of places, but of ideas.
  (나는 장소가 아니라 아이디어를 탐험하는 탐험가입니다.)
- Books are my windows to the world, and I love discovering new perspectives.
  (책은 세상을 보는 나의 창이며, 나는 새로운 관점을 발견하는 것을 아주 좋아합니다.)

- I find beauty in the details and joy in the little things.
  (나는 세부적인 것들에서 아름다움을, 작은 것들에서 기쁨을 발견합니다.)
- Creativity runs in my veins, and I express it in everything I do.
  (창의력이 내 정맥 속에 흐르며, 내가 하는 모든 일에 그것을 표현합니다.)
- I see challenges as opportunities and believe every problem has a solution.
  (나는 도전을 기회로 여기며, 모든 문제에는 해결책이 있다고 믿습니다.)
- Curiosity is my compass, guiding me to explore the unknown.
  (호기심이 나의 나침반이 되어 미지의 세계를 탐험하게 안내합니다.)

어휘 dreamer 똉 몽상가, 꿈을 꾸는 사람   doer 똉 행동가, 실천가   handsome 똉 멋진, 잘생긴
one ... the other (둘 중) 하나는 …, 나머지 하나는 ...   extend 똉 (손, 발 등을) 내밀다

VIEW & TALK

1 영상을 보고, Mia가 좋아하는 것을 세 개 골라 봅시다.

This Is Me

ⓐ watching movies   ⓑ reading books   ⓒ listening to music

ⓓ taking adventures   ⓔ playing online games   ⓕ cooking

2 자신을 소개하는 영상을 찍는다면 어떤 내용을 넣고 싶은지 말해 봅시다.

Sample

Hi, I'm _____Kim Sujin_____.
I'm interested in __playing soccer__

교과서 11쪽

📹 **영상 소개**

캐나다 여학생인 미아가 자기 자신에 대해 소개하고 있는 영상이다.

1 ⓐ 영화 보기
ⓑ 책 읽기
ⓒ 음악 듣기
ⓓ 모험하기
ⓔ 온라인 게임하기
ⓕ 요리하기

[해설] watching horror movies and action movies, listening to music, Adventures fascinate me, too.에서 미아가 좋아하는 것을 알 수 있다.

2 [예시] 안녕, 나는 김수진이야. 나는 축구를 하는 데 관심이 있어.

Video Script

This Is Me

W Hi, I'm Mia Jones. I was born in Toronto, Canada, as an only child. I'm interested in a lot of things, like watching horror movies and action movies and listening to music. I have a guitar, but the funny thing is I can't play it. Adventures fascinate me, too. I want to experience everything at the right time, including taking adventures. I sometimes have doubts about myself, but I feel better when I talk to my friends. I believe life is short, so I always try to do my best. I do what I can and even try what I can't, just because this is my life!

해석

이게 나야

여: 안녕, 나는 미아 존슨이야. 나는 캐나다 토론토에서 외동으로 태어났어. 나는 공포 영화와 액션 영화를 보는 것과 음악을 듣는 것과 같은 많은 것들에 관심이 있어. 기타를 가지고 있지만, 재미있는 것은 내가 그것을 연주할 줄 모른다는 거야. 모험도 나를 매료시켜. 나는 모험을 하는 것을 포함해서 모든 것을 제때 경험하고 싶어. 가끔 내 자신에 대해 의심을 하기도 하지만, 친구들과 이야기를 나누면 기분이 나아져. 나는 인생이 짧다고 믿기 때문에, 항상 최선을 다하려고 노력해. 나는 내가 할 수 있는 것을 하고, 할 수 없는 것까지 시도해, 왜냐하면 그냥 이건 내 인생이기 때문이야!

[어휘] **be interested in** ···에 관심이 있다   **horror** 몡 공포   **adventure** 몡 모험   **fascinate** 통 마음을 사로잡다
experience 통 경험하다   **including** 전 ···을 포함하여   **doubt** 몡 의심   **do one's best** 최선을 다하다

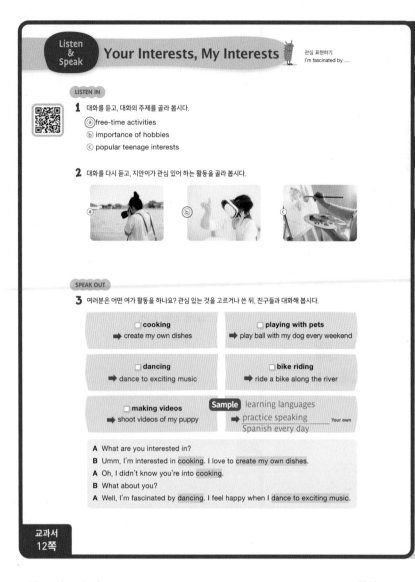

1
ⓐ 여가 시간 활동
ⓑ 취미의 중요성
ⓒ 인기 있는 십 대들의 관심사

2 [해설] 여자의 첫 번째 말인 I'm interested in playing VR games.에서 지안이가 관심 있어 하는 활동을 알 수 있다.

3

요리하기	반려동물과 놀기
→ 나만의 요리를 만든다	→ 주말마다 개와 공놀이를 한다

춤추기	자전거 타기
→ 신나는 음악에 맞춰 춤춘다	→ 강을 따라 자전거를 탄다

영상 만들기	[예시] 언어 배우기
→ 강아지 영상을 찍는다	→ 매일 스페인어 말하기를 연습한다

A 너는 무엇에 관심이 있니?
B 음, 나는 요리에 관심 있어. 나는 나만의 요리를 만드는 것을 정말 좋아해.
A 아, 나는 네가 요리에 관심이 있는 줄 몰랐어.
B 너는 어때?
A 음, 나는 춤에 빠져 있어. 나는 신나는 음악에 맞춰 춤출 때 행복을 느껴.

Listening Script

M Hi, Jian. What do you enjoy doing in your free time?

W I'm interested in playing VR games. They're so much fun.

M It's no surprise. VR games are popular among teenagers.

W What about you, Yujin? What are you interested in?

M I'm fascinated by photography these days. I like to take pictures of nature. And I'm always open to new adventures.

W That's a fantastic attitude!

해석

남: 안녕, 지안아. 너는 여가 시간에 무엇을 하는 것을 즐기니?

여: 나는 VR 게임하는 것에 관심이 있어. 그건 정말 재미있어.

남: 전혀 놀랍지 않아. VR 게임은 십 대들에게 인기가 있지.

여: 유진이, 너는 어때? 너는 무엇에 관심이 있니?

남: 요즘은 사진 찍는 것에 빠져 있어. 나는 자연 사진을 찍는 걸 좋아해. 그리고 늘 새로운 모험에 열려 있어.

여: 정말 멋진 태도다!

어휘 surprise 몡 놀라운 일   popular 혱 인기 있는   among 젠 … 사이에   teenager 몡 십 대
be fascinated by …에 매료되다   photography 몡 사진 찍기   nature 몡 자연   attitude 몡 태도, 자세
create 통 창조하다   shoot 통 촬영하다

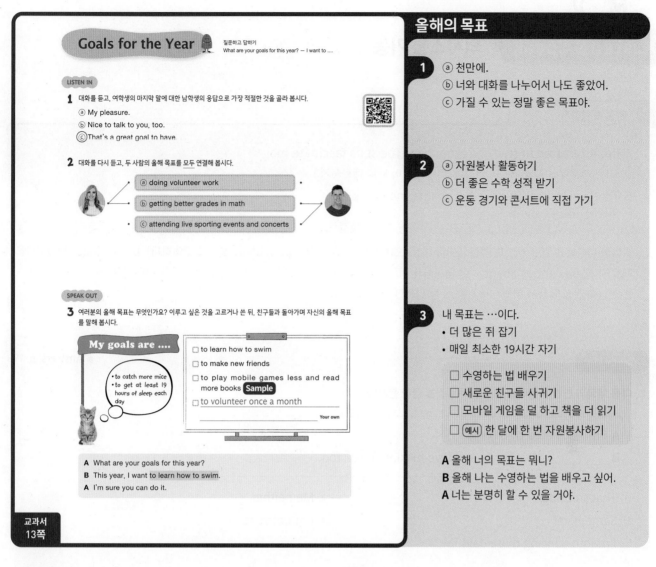

Goals for the Year

질문하고 답하기
What are your goals for this year? — I want to ....

LISTEN IN

1 대화를 듣고, 여학생의 마지막 말에 대한 남학생의 응답으로 가장 적절한 것을 골라 봅시다.
ⓐ My pleasure.
ⓑ Nice to talk to you, too.
ⓒ That's a great goal to have.

2 대화를 다시 듣고, 두 사람의 올해 목표를 모두 연결해 봅시다.
ⓐ doing volunteer work
ⓑ getting better grades in math
ⓒ attending live sporting events and concerts

SPEAK OUT

3 여러분의 올해 목표는 무엇인가요? 이루고 싶은 것을 고르거나 쓴 뒤, 친구들과 돌아가며 자신의 올해 목표를 말해 봅시다.

My goals are ....
• to catch more mice
• to get at least 19 hours of sleep each day

☐ to learn how to swim
☐ to make new friends
☐ to play mobile games less and read more books **Sample**
☐ to volunteer once a month
                                          Your own

A What are your goals for this year?
B This year, I want to learn how to swim.
A I'm sure you can do it.

교과서 **13쪽**

올해의 목표

1
ⓐ 천만에.
ⓑ 너와 대화를 나누어서 나도 좋았어.
ⓒ 가질 수 있는 정말 좋은 목표야.

2
ⓐ 자원봉사 활동하기
ⓑ 더 좋은 수학 성적 받기
ⓒ 운동 경기와 콘서트에 직접 가기

3
내 목표는 …이다.
• 더 많은 쥐 잡기
• 매일 최소한 19시간 자기

☐ 수영하는 법 배우기
☐ 새로운 친구들 사귀기
☐ 모바일 게임을 덜 하고 책을 더 읽기
☐ 예시 한 달에 한 번 자원봉사하기

A 올해 너의 목표는 뭐니?
B 올해 나는 수영하는 법을 배우고 싶어.
A 너는 분명히 할 수 있을 거야.

Listening Script

W Andy, what are your goals for this year?
M Well, one of my goals is to improve my grades, especially in math.
W Nice! I also want to get better grades in math. Do you have any other goals?
M Yes. I'd also like to attend live sporting events and concerts. What about you?
W Well, my main goal is to do volunteer work. I think it's important to help others and make a difference.
M That's a great goal to have.

해석

여: 앤디, 너의 올해 목표는 뭐니?
남: 글쎄, 내 목표 중 하나는 성적, 특히 수학 성적을 올리는 거야.
여: 멋지다! 나도 더 좋은 수학 성적을 받고 싶어. 다른 목표도 있니?
남: 응. 운동 경기와 콘서트에도 직접 가고 싶어. 너는 어때?
여: 글쎄, 나의 주된 목표는 자원봉사 활동을 하는 거야. 남을 돕고 변화를 만드는 것이 중요하다고 생각해.
남: 가질 수 있는 정말 좋은 목표야.

어휘 improve 동 향상시키다   especially 부 특히   attend 동 참석하다   volunteer 명 자원 봉사자   important 형 중요한
make a difference 변화를 가져오다, 도움이 되다   at least 최소한, 적어도

1 관심 표현하기

A I'm interested in studying astronomy. The stars **fascinate** me.
(나는 천문학을 공부하는 데 관심이 있어. 별들이 나를 매료시켜.)

B That's awesome! Space is full of amazing things.
(멋지다! 우주는 놀라운 것들로 가득해.)

관심을 나타내는 일반적인 표현으로는 be interested in(…에 관심이 있다), be into(…을 좋아하다), be fascinated by(…에 매료되다), be curious about(…을 궁금해하다), How interesting!(정말 흥미롭다!) 등이 있다. 이런 표현은 취미, 관심사, 또는 인상적인 성과 등에 대해 이야기할 때 등 다양한 상황에서 사용할 수 있다.

Check Up
▶ Answers p. 198

1 다음 대화의 빈칸에 들어갈 말로 알맞은 것을 골라 봅시다.

> **A** I'm fascinated by baking.
> **B** _____ I love making bread, too.

① That's boring.　　　　　　　　② Me neither.

③ Same here!　　　　　　　　　　④ I'm not sure.

⑤ I'm into dancing these days.

2 다음 대화의 밑줄 친 우리말과 같은 뜻이 되도록 괄호 안의 표현을 바르게 배열해 봅시다.

> **A** I'm curious about how planes fly.
> **B** <u>네가 관심이 있으면, 너는 이 책을 읽어야 해.</u>

If _____

(interested / you're / should / you / this book / read)

3 다음이 자연스러운 대화가 되도록 순서대로 번호를 써 봅시다.

> ___1___ I've always been interested in space.
>
> _____ I used to like dinosaurs, but now I'm more into technology.
>
> _____ Really? I didn't know you liked space!
>
> _____ That's cool! Technology is changing so quickly.
>
> _____ Yeah, it's fascinating. What about you?

A **What are your goals for the future?**
(너는 미래의 목표가 무엇이니?)

B **I want to** become an engineer and build amazing things.
(나는 엔지니어가 되어서 놀라운 것들을 짓고 싶어.)

'질문하고 답하기'는 대화 상황에서 질문을 하고 대답을 하는 가장 기본적인 의사소통 기능이다. 유용한 표현으로는 What are your goals?(너의 목표는 무엇이니?), Why do you want to …?(너는 왜 …가 하고 싶니?), I want to …(나는 …가 하고 싶다), My main goal is … (내 주요 목표는 …이다) 등이 있다.

Check Up   ▶Answers p. 198

1 다음 대화의 빈칸에 들어갈 말로 알맞은 것을 골라 봅시다.

A What are your goals for next year?
B _____ my English speaking skills.

① I gave up on   ② I don't have confidence in
③ I really want to improve   ④ I forgot about developing
⑤ My goal was to stop developing

2 다음 대화의 빈칸에 알맞지 <u>않은</u> 것을 <u>모두</u> 골라 봅시다.

A _____
B I want to become a doctor because I love helping people.

① What do you do for a living?   ② What is your favorite subject?
③ What are your goals for the future? ④ What do you want to do with your life?
⑤ What kind of career are you interested in?

3 다음 대화의 밑줄 친 우리말과 같은 뜻이 되도록 괄호 안의 표현을 바르게 배열해 봅시다.

A <u>너는 왜 선생님이 되고 싶니?</u>
B Because I enjoy working with kids.

_____

(want / why / be / to / you / do / a teacher)

Before You Read **Key Vocabulary**

KEY WORDS

1 밑줄 친 표현의 뜻을 추측하고, 짐작한 것이 맞는지 확인해 봅시다.

Detective Sherlock Holmes
radio broadcasting
suggest a restaurant
find a clue
a Christmas atmosphere
speechless with anger
watch stars at an observatory
a vacuum cleaner
hold a picture upside down

WORD BUILDING

2 사람의 성격이나 특징을 나타내는 단어를 학습한 뒤, 질문에 답해 봅시다.

kind outgoing energetic clever quiet polite curious well-informed

(1) Which word best describes you?

(2) Who is the most **outgoing** among the people around you?

(3) Who in your class would be Mr./Ms. **Polite**?

Sample (1) The word 'energetic' describes me the best because I am very active and do not feel tired at all.
(2) It seems that my English teacher is the most outgoing person around me.
(3) I think Jiyu would be Ms. Polite in our class.

교과서 14쪽

---

1 Key Words

Detective Sherlock Holmes
탐정 셜록 홈즈

radio **broadcasting** 라디오 방송

suggest a restaurant 식당을 추천하다

find a **clue** 단서를 찾다

a Christmas **atmosphere**
크리스마스 분위기

speechless with anger
화가 나서 말을 못하는

watch stars at an **observatory**
천문대에서 별을 보다

a **vacuum** cleaner 진공 청소기

hold a picture **upside down**
사진을 거꾸로 들다

2 Word Building: 사람의 성격이나 특징을 나타내는 단어

kind (형) 친절한

outgoing (형) 외향적인, 사교적인

clever (형) 영리한, 똑똑한

energetic (형) 활동적인

quiet (형) 조용한

polite (형) 예의 바른

curious (형) 호기심이 많은

well-informed (형) 아는 게 많은, 박식한

---

(1) 어떤 단어가 여러분을 가장 잘 묘사하나요?

예시 energetic(활동적인)이라는 단어가 나를 가장 잘 묘사하는데, 내가 매우 활동적이고 전혀 지치지 않기 때문이다.

(2) 여러분 주변의 사람들 중 누가 가장 외향적인가요?

예시 내 주변에서는 우리 영어 선생님이 가장 외향적인 사람인 것 같다.

(3) 여러분 반에서 누가 가장 예의 바른 사람인가요?

예시 나는 우리반에서 지유가 가장 예의 바른 사람이라고 생각한다.

Key Words 예문

• He has dreamed of becoming a **detective** ever since he was a child. (그는 어릴 때부터 탐정이 되는 것을 꿈꿨다.)

• She studied **broadcasting** in college and now works as a producer.
(그녀는 대학에서 방송을 전공했고 지금은 프로듀서로 일하고 있다.)

• I **suggest** we take a break before continuing the discussion.
(저는 토론을 계속하기 전에 잠시 쉬는 것을 제안합니다.)

• The detective found a **clue** hidden under the carpet.
(탐정은 카펫 아래에 숨겨진 단서를 발견했다.)

• The **atmosphere** in the stadium was electric during the final match. (결승전 동안 경기장의 분위기는 열광적이었다.)

• The breathtaking view left me completely **speechless**.
(그 숨막히는 광경이 나를 완전히 말을 잃게 했다.)

• The **observatory** offers a clear view of the night sky.
(그 천문대는 밤하늘을 선명하게 볼 수 있는 전망을 제공한다.)

• The cleaner uses a **vacuum** to remove dirt from carpets.
(청소기는 카펫의 먼지를 제거하기 위해 진공을 이용한다.)

• The box fell, and everything inside was **upside down**.
(상자가 떨어져서 안에 있던 모든 것이 거꾸로 되어 있었다.)

Word Building 추가 예시

사람의 성격이나 특징을 나타내는 단어

• shy(수줍음을 많이 타는)

• friendly(다정한)

• humorous(유머러스한)

• adventurous(모험심이 강한)

• creative(창의적인)

• patient(인내심 있는)

• ambitious(야심 있는)

• confident(자심감 있는)

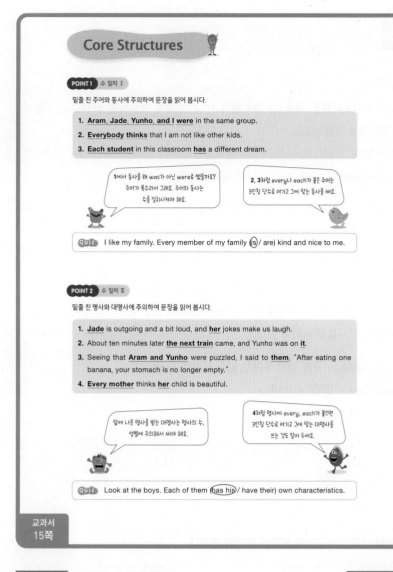

Core Structures

POINT 1 수 일치 I

밑줄 친 주어와 동사에 주의하여 문장을 읽어 봅시다.

1. **Aram, Jade, Yunho, and I were** in the same group.
2. **Everybody thinks** that I am not like other kids.
3. **Each student** in this classroom **has** a different dream.

1에서 동사를 왜 was가 아닌 were로 썼을까요? 주어가 복수라서 그래요. 주어와 동사는 수를 일치시켜야 해요.

2, 3처럼 every나 each가 붙은 주어는 3인칭 단수로 여기고 그에 맞는 동사를 써요.

Quiz I like my family. Every member of my family (is)/ are) kind and nice to me.

POINT 2 수 일치 II

밑줄 친 명사와 대명사에 주의하여 문장을 읽어 봅시다.

1. **Jade** is outgoing and a bit loud, and **her** jokes make us laugh.
2. About ten minutes later **the next train** came, and Yunho was on **it**.
3. Seeing that **Aram and Yunho** were puzzled, I said to **them**, "After eating one banana, your stomach is no longer empty."
4. **Every mother** thinks **her** child is beautiful.

앞에 나온 명사를 받는 대명사는 명사의 수, 성별에 주의해서 써야 해요.

4처럼 명사에 every, each가 붙으면 3인칭 단수로 여기고 그에 맞는 대명사를 쓰는 것도 알아 두세요.

Quiz Look at the boys. Each of them (has his)/ have their) own characteristics.

교과서 15쪽

1 수 일치 I (주어와 동사)

1. 아람, 제이드, 윤호, 그리고 나는 같은 그룹이었다.
2. 모두 내가 다른 아이들 같지 않다고 생각한다.
3. 이 교실의 각 학생은 각각 다른 꿈을 가지고 있다.

Quiz. 나는 내 가족을 좋아한다. 내 가족의 각 구성원은 나에게 친절하고 잘 대해준다.

2 수 일치 II (명사와 대명사)

1. 제이드는 외향적이고 조금 시끄러운데, 그녀의 농담은 우리를 웃게 만든다.
2. 약 10분 후에 다음 열차가 도착했고, 윤호가 그 열차에 타고 있었다.
3. 아람이와 윤호가 어리둥절해하는 것을 보고, 나는 그들에게 말했다. "바나나 하나를 먹고 나면 배가 더 이상 비어있지 않아."
4. 모든 엄마는 그녀의 아이가 아름답다고 생각한다.

Quiz. 남학생들을 봐. 그들 각자가 자신만의 특징을 가지고 있어.

POINT 1 수 일치 I 예문 해설

1. Aram, Jade, Yunho, I는 접속사 and로 연결된 복수 주어이므로 동사 역시 복수형인 were로 쓴다.

2. everybody가 주어일 때 3인칭 단수로 취급하기 때문에 단수 동사인 thinks로 쓴다.

3. 주어 앞에 each가 붙으면 3인칭 단수로 취급한다. 따라서 단수 동사인 has로 쓴다.

POINT 2 수 일치 II 예문 해설

1. 앞의 명사 Jade가 단수이고 여성을 가리키므로 대명사 her로 쓴다.

2. 앞의 명사구인 the next train이 단수이고 사물을 가리키므로 대명사 it으로 쓴다.

3. Aram과 Yunho는 and로 연결된 복수이고 사람을 가리키므로 대명사 them으로 쓴다.

4. 명사인 mother 앞에 every가 붙어 있으므로 3인칭 단수로 여기며, 여성을 가리키므로 대명사 her로 쓴다.

어휘 everybody 데 모두   a bit 조금, 다소   loud 형 시끄러운   puzzled 형 어리둥절해하는   stomach 명 위, 복부
no longer 더 이상 …이 아닌   empty 형 비어있는   characteristic 명 특징, 특질

Point 1

수 일치 I (주어와 동사)

영어에서는 주어와 동사의 수(단수 또는 복수)가 일치해야 한다. 주어가 단수이면 동사도 단수형을, 주어가 복수이면 동사도 복수형을 쓴다.

- **He is** a student. (그는 학생이다.)
- **They are** working very hard. (그들은 매우 열심히 일하고 있다.)

일반적으로 and로 연결된 주어는 복수이므로 복수 동사를 쓴다.

- **The dog and the cat were** playing in the yard.
  (개와 고양이가 마당에서 놀고 있었다.)

주어와 동사 사이에 다른 단어나 구가 있어도 동사의 수는 주어와 일치시킨다.

- **The teacher**, along with the students, **is** preparing for the event.
  (그 선생님은 학생들과 함께 행사를 준비하고 있다.)

each, every, everybody, nobody 등과 같은 주어는 단수 동사를 사용한다.

- **Each of the students has** a different idea.
  (각 학생은 다른 아이디어를 가지고 있다.)

Check Up

1 다음 우리말과 같은 뜻이 되도록 괄호 안의 단어를 이용하여 문장을 완성해 봅시다.

> 모두가 즐거운 시간을 보낼 것이다.
> → Everyone _____ going to have a great time. (be)

2 우리말을 참고하여 다음 문장에서 어법상 어색한 부분을 찾아 바르게 고쳐 봅시다.

> Nobody in the group are excited about the trip.
> (그룹 안에서 아무도 그 여행에 대해 신나하지 않았다.)

3 다음 중 어법상 어색한 것을 골라 봅시다.

① The children like to eat ice cream.
② He and I often go hiking on weekends.
③ Every house on this street has a garden.
④ The manager, as well as his team, is preparing the schedule.
⑤ The players, along with their coach, is practicing for the final match.

▶ Answers p. 198

Point
2

수 일치 II (명사와 대명사)

앞에 나온 명사가 단수일 경우 대명사도 단수로 사용하고, 복수일 경우 대명사도 복수로 쓴다.
• **The cat** is sleeping on **its** bed. (그 고양이는 자신의 침대에서 자고 있다.)
• **All the students** brought **their** lunch. (모든 학생들이 자신의 점심을 가지고 왔다.)

앞에 나온 명사의 성별에 따라 대명사도 그에 맞는 성별을 사용한다.
• **Every boy** has **his** book. (모든 소년은 자신의 책을 가지고 있다.)
• **The lady** is talking to **her** friend. (그 여자는 자신의 친구와 이야기하고 있다.)

명사에 every, each가 붙거나 everyone, anyone, someone, no one은 3인칭 단수로 취급하고 그에 맞는 대명사를 쓴다.
• **Everyone** needs to bring **his or her** notebook.
   (모두가 자신의 노트를 가져와야 한다.)

Check Up

1 다음 빈칸에 들어갈 말로 알맞은 것을 골라 봅시다.

> Every mother thinks _____ child is special.

① his   ② our
③ her   ④ its
⑤ his or her

2 다음 우리말과 같은 뜻이 되도록 괄호 안의 표현을 바르게 배열해 봅시다.

(1) 모든 개들이 공원에서 놀고 있고, 그들은 행복해 보인다.

→ _____

(are playing / all the dogs / and / look happy / in the park / they)

(2) 그 소녀는 우유를 다 마셨고, 그녀는 그것을 아주 좋아했다.

→ _____

(all the milk / drank / it / she / and / loved / the girl)

▶ Answers p. 198

수 일치 Ⅰ(주어와 동사)

1 다음 문장의 밑줄 친 부분을 어법에 맞게 고쳐 봅시다. (단, 문장의 시제를 유지할 것)

(1) The dog <u>run</u> in the backyard every morning.

(2) Every student <u>follow</u> the rule carefully.

(3) Jake and Mary sometimes <u>has</u> pizza for dinner.

(4) The flowers in the garden <u>blooms</u> brightly.

2 다음 문장의 밑줄 친 부분이 어법상 맞으면 ○ 표시를 하고, 틀리면 어법에 맞게 고쳐 봅시다.
(단, 문장의 시제를 유지할 것)

(1) The children <u>plays</u> in the park every day.

(2) No one <u>was</u> late for class.

(3) Each of the employees <u>were</u> given a bonus.

3 다음 빈칸에 알맞지 <u>않은</u> 것을 <u>모두</u> 골라 봅시다.

_____ plays soccer every weekend.

① I   ② Mina   ③ She

④ The children   ⑤ Each member in the group

4 괄호 안의 단어를 알맞은 형태로 바꾸어 다음 글을 완성해 봅시다. (단, 괄호 안의 단어가 어법상 알맞을 경우 그대로 쓸 것)

My family loves to spend time together on weekends. We usually visit a park or (1) _____(go) hiking. My brother and I (2) _____ (enjoy) outdoor activities, while our parents (3) _____(prefer) to relax at home. Each family member (4) _____(have) different hobbies, but we all agree that spending time together (5) _____(be) important.

수 일치 II (명사와 대명사)

1 다음 괄호 안에서 알맞은 것을 골라 봅시다.

(1) All the dogs moved (its / their) tails excitedly.

(2) Each student must bring (our / his or her) own book to class.

(3) The men are discussing (his / their) plans for the next semester.

2 다음 문장의 밑줄 친 부분을 어법에 맞게 고쳐 봅시다.

(1) Every boy handed in <u>its</u> homework on time.

(2) Each of the girls forgot <u>his</u> water bottle case at home.

(3) The students in the class are planning <u>his or her</u> class party.

3 다음 문장의 빈칸에 알맞은 대명사를 써 봅시다.

(1) Each of the cars had _____ headlights turned on.

(2) All the children should bring _____ lunch tomorrow.

(3) All of us shared _____ ideas during the meeting.

4 다음 글의 밑줄 친 부분 중 어법상 어색한 것을 골라 바르게 고쳐 봅시다.

The children decided to organize a bake sale. Each child brought ⓐ <u>his or her</u> own recipe to share. During the event, the parents helped with selling the goods. All the parents brought ⓑ <u>its</u> supplies. The sale went well, and ⓒ <u>it</u> made profits. The children donated ⓓ <u>their</u> profits to a local charity.

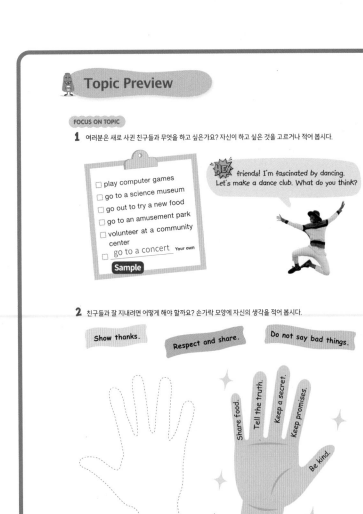

Topic Preview

FOCUS ON TOPIC

1 여러분은 새로 사귄 친구들과 무엇을 하고 싶은가요? 자신이 하고 싶은 것을 고르거나 적어 봅시다.

- ☐ play computer games
- ☐ go to a science museum
- ☐ go out to try a new food
- ☐ go to an amusement park
- ☐ volunteer at a community center
- ☐ go to a concert *Your own*

Sample

Hi friends! I'm fascinated by dancing. Let's make a dance club. What do you think?

2 친구들과 잘 지내려면 어떻게 해야 할까요? 손가락 모양에 자신의 생각을 적어 봅시다.

Show thanks.

Respect and share.

Do not say bad things.

Share food.
Tell the truth.
Keep a secret.
Keep promises.
Be kind.

교과서 16쪽

1
- ☐ 컴퓨터 게임을 한다
- ☐ 과학 박물관에 간다
- ☐ 새로운 음식을 먹어보기 위해 외출한다
- ☐ 놀이공원에 간다
- ☐ 지역 사회 센터에서 자원봉사를 한다
- ☐ (예시) 콘서트에 간다

안녕, 친구들! 나는 춤에 빠져 있어. 춤 동아리를 만들자. 어떻게 생각해?

2 *(왼쪽부터)*
- • 감사를 표현해라.
- • 존중하고 나누어라.
- • 나쁜 말을 하지 말아라.

(손바닥 새끼 손가락부터 차례로)
- • 음식을 나누어라.
- • 사실을 말해라.
- • 비밀을 지켜라.
- • 약속을 지켜라.
- • 친절해져라.

2. 친구들과 잘 지내는 방법 예시

- • Say "please" and "thank you."
  ('부탁해'와 '고마워'라고 말해라.)
- • Listen when they talk.
  (친구가 말할 때 들어주어라.)
- • Share your things.
  (자신의 물건을 나누어라.)
- • Say sorry when you're wrong.
  (네가 잘못했을 때는 미안하다고 말해라.)
- • Don't talk behind their back.
  (뒤에서 험담하지 마라.)
- • Smile often.
  (자주 미소 지어라.)

- • Be kind to everyone.
  (모두에게 친절하게 대해라.)
- • Be honest with your friends.
  (친구에게 정직해라.)
- • Share your feelings openly.
  (자신의 감정을 솔직하게 공유해라.)
- • Respect each other's opinions.
  (서로의 의견을 존중해라.)
- • Forgive and forget mistakes.
  (실수를 용서하고 잊어라.)
- • Laugh together and have fun.
  (함께 웃고 재미있게 시간을 보내라.)

어휘 amusement park 놀이공원   community 명 지역, 주민   respect 동 존중하다   share 동 나누다, 공유하다
truth 명 사실, 진실   secret 명 비밀   promise 명 약속

detective	형사, 탐정
fascinating	대단히 흥미로운, 매력적인
broadcasting	방송
outgoing	외향적인, 사교적인
tend to	…하는 경향이 있다
respond	대답하다, 반응을 보이다
riddle	수수께끼
suggest	제안하다
forwards	앞으로
backwards	뒤로
upside down	(아래위가) 거꾸로, 뒤집혀
clue	단서
as usual	평상시처럼
impress	깊은 인상을 주다
puzzled	어리둥절해하는
pleasantly	즐겁게, 유쾌하게
atmosphere	분위기, 공기
on one's way out	나가는 중에
confused	혼란스러워하는
translation	번역, 통역
national	국립의, 국가의
directly	곧장, 곧바로
astronomical	천문학의
speechless	(너무 화가 나거나 놀라서) 말을 못하는
observatory	천문대, 기상대
observe	관찰하다
impressive	인상적인
vacuum	진공
well-informed	아는 게 많은, 박식한
bring ... together	…을 화합시키다

WORDS Practice ❶ 다음 어휘나 표현의 우리말 뜻을 찾아 그 번호를 써 봅시다.

▶ Answers p. 199

01 directly	16 clue
02 observe	17 atmosphere
03 vacuum	18 respond
04 fascinating	19 impressive
05 riddle	20 astronomical
06 confused	21 speechless
07 backwards	22 puzzled
08 detective	23 pleasantly
09 national	24 forwards
10 impress	25 broadcasting
11 upside down	26 tend to
12 bring ... together	27 outgoing
13 translation	28 well-informed
14 observatory	29 suggest
15 on one's way out	30 as usual

① 분위기, 공기
② 외향적인, 사교적인
③ 제안하다
④ 관찰하다
⑤ (아래위가) 거꾸로, 뒤집혀
⑥ 인상적인
⑦ 국립의, 국가의
⑧ 혼란스러워하는
⑨ 곧장, 곧바로
⑩ 방송
⑪ 수수께끼
⑫ 형사, 탐정
⑬ 나가는 중에
⑭ 진공
⑮ 어리둥절해하는
⑯ 깊은 인상을 주다
⑰ …하는 경향이 있다
⑱ 뒤로
⑲ 앞으로
⑳ 천문학의
㉑ 평상시처럼
㉒ (너무 화가 나거나 놀라서) 말을 못하는
㉓ 번역, 통역
㉔ 대답하다, 반응을 보이다
㉕ 대단히 흥미로운, 매력적인
㉖ …을 화합시키다
㉗ 천문대, 기상대
㉘ 즐겁게, 유쾌하게
㉙ 아는 게 많은, 박식한
㉚ 단서

WORDS Practice ❷ 다음 우리말에 해당하는 어휘나 표현을 찾아 그 번호를 써 봅시다.

▶ Answers p. 199

01 앞으로	16 깊은 인상을 주다
02 진공	17 수수께끼
03 어리둥절해하는	18 천문대, 기상대
04 아는 게 많은, 박식한	19 평상시처럼
05 혼란스러워하는	20 나가는 중에
06 (너무 화가 나거나 놀라서) 말을 못하는	21 번역, 통역
07 관찰하다	22 분위기, 공기
08 국립의, 국가의	23 제안하다
09 …을 화합시키다	24 곧장, 곧바로
10 즐겁게, 유쾌하게	25 대답하다, 반응을 보이다
11 뒤로	26 인상적인
12 단서	27 대단히 흥미로운, 매력적인
13 방송	28 천문학의
14 형사, 탐정	29 (아래위가) 거꾸로, 뒤집혀
15 …하는 경향이 있다	30 외향적인, 사교적인

① confused
② observe
③ atmosphere
④ forwards
⑤ fascinating
⑥ impressive
⑦ tend to
⑧ well-informed
⑨ puzzled
⑩ clue
⑪ observatory
⑫ national
⑬ suggest
⑭ respond
⑮ upside down
⑯ bring ... together
⑰ pleasantly
⑱ directly
⑲ detective
⑳ on one's way out
㉑ impress
㉒ riddle
㉓ speechless
㉔ as usual
㉕ translation
㉖ outgoing
㉗ vacuum
㉘ broadcasting
㉙ backwards
㉚ astronomical

About Me & My Friends

❶ My name is Han Jihun, and my nickname is Sherlock Holmes, the great detective.

❷ Everybody thinks that I am not like other kids because I like books, science, and
<u>3인칭 단수 취급</u>

museums. ❸ My friends say they are boring. ❹ For me, they are <u>more fascinating than</u>
└──비교급: …보다 더 …한──┘

music, sports, and mobile games.

❺ I went on a field trip to an amusement park and a science museum last Friday with my

classmates. ❻ <u>Aram, Jade, Yunho, and I</u> were in the same group. ❼ Aram is an announcer
복수 주어

in the school broadcasting club. ❽ She likes to chat and is good at it. ❾ Jade is outgoing

and <u>a bit</u> loud, and her jokes <u>make us laugh</u>. ❿ Yunho is rather quiet. ⓫ He often prefers
조금, 다소   사역동사+목적어+동사원형

being alone. ⓬ Some people think他 is not smart because he tends to be slow to respond.
                               (that)

⓭ He likes to think carefully before speaking.

1 What is Jihun's nickname? (지훈이의 별명은 무엇인가요?)

(정답) His nickname is Sherlock Holmes. (그의 별명은 셜록 홈즈이다.)

2 Some people think Yunho is not smart because he often gives a (slow / wrong)
response.

(어떤 사람들은 윤호가 종종 늦게 반응하기 때문에 똑똑하지 않다고 생각한다.)

(Over to you) **1** What nickname matches you the most?
(어떤 별명이 여러분에게 가장 잘 어울리나요?)

(Sample) Mixer matches me the most because I am very outgoing and mix well
with others.
('믹서'가 나에게 가장 잘 어울리는데, 내가 매우 외향적이고 다른 사람들과 잘 섞
이기 때문이다.)

(어휘) **nickname** (명) 별명   **detective** (명) 형사, 탐정   **fascinating** (형) 대단히 흥미로운, 매력적인   **a field trip** 체험 학습
amusement park 놀이공원   **announcer** (명) 아나운서   **broadcasting** (명) 방송   **outgoing** (형) 외향적인, 사교적인
a bit 조금, 다소   **loud** (형) 시끄러운   **rather** (부) 꽤, 약간   **prefer** (동) …을 더 좋아하다   **tend to** …하는 경향이 있다
respond (동) 대답하다, 반응을 보이다   **carefully** (부) 신중히

똑똑한 셜록!

저와 제 친구들에 대하여

❶ 제 이름은 한지훈이고, 제 별명은 위대한 탐정인 셜록 홈즈(Sherlock Holmes)입니다. ❷ 모두 제가 다른 아이들 같지 않다고 생각하는데, 제가 책, 과학, 박물관을 좋아하기 때문이죠. ❸ 제 친구들은 그것들이 지루하다고 말해요. ❹ 저에게는 그것들이 음악, 스포츠, 모바일 게임보다 더 매력적이에요.

❺ 저는 지난 금요일에 반 친구들과 함께 놀이공원과 과학 박물관으로 체험 학습을 갔어요. ❻ 아람, 제이드, 윤호, 그리고 제가 같은 그룹이었어요. ❼ 아람이는 학교 방송부의 아나운서입니다. ❽ 그녀는 수다 떠는 것을 좋아하고 그것을 잘해요. ❾ 제이드는 외향적이고 조금 시끄러운데, 그녀의 농담은 우리를 웃게 만들어요. ❿ 윤호는 좀 조용해요. ⓫ 그는 종종 혼자 있는 것을 선호해요. ⓬ 어떤 사람들은 그가 똑똑하지 않다고 생각하는데 그가 반응을 늦게 하는 경향이 있기 때문입니다. ⓭ 그는 말하기 전에 신중하게 생각하는 것을 좋아해요.

❷ **Everybody thinks that** I am not **like** other kids because I **like** books, science, and museums.
- everybody가 주어일 때 3인칭 단수로 취급하므로 단수 동사인 thinks로 쓴다.
- 여기서 that은 목적어 역할을 하는 명사절을 이끄는 접속사이다.
- 첫 번째 like는 '…와 같이, …처럼'이라는 의미의 전치사이며, 두 번째 like는 '…을 좋아하다'라는 의미의 동사이다.

❹ For me, they are **more** fascinating **than** music, sports, and mobile games.
- more ... than은 비교급으로, 두 가지 이상의 대상을 비교할 때 사용하며 '…보다 더 …한'이라는 의미를 나타낸다.

❻ **Aram, Jade, Yunho, and I were** in the same group.
- Aram, Jade, Yunho, I가 접속사 and로 연결된 복수 주어이므로, 복수 동사인 were로 쓴다.

❾ Jade is outgoing and a bit loud, and her jokes **make us laugh**.
- 여기서 make는 사역동사로 'make+목적어+동사원형'은 '(목적어)를 …하게 만들다'라는 의미를 나타낸다.

⓬ Some people **think** he is not smart because he tends to be **slow to respond**.
- think 뒤에 목적어 역할을 하는 명사절을 이끄는 접속사 that이 생략되어 있다.
- to respond는 앞에 있는 형용사 slow를 수식하는 부사적 용법의 to 부정사이다.

Check Up

▶ Answers
p. 199

1 다음 빈칸에 알맞은 말을 골라 봅시다.

> She sings _____ an angel.

① like   ② likes   ③ likely

2 다음 중 주어진 문장의 밑줄 친 부분과 쓰임이 같은 것을 골라 봅시다.

> I am ready to start the project.

① She is fast to respond.
② He likes to help his friends.
③ They plan to visit their parents.

An Almost Spoiled Start

❶ We went to the subway station. ❷ We ran down to our train, but Yunho was too slow.

❸ The train left, and poor Yunho was still on the platform. ❹ We tried to talk to Yunho on

              형 가엾은   try+to 부정사: …하려고 노력하다

the phone, but his phone had no battery power. ❺ We did not know what to do. ❻ Then I

                                              무엇을 해야 할지(의문사+to 부정사)

had an idea. ❼ "We'll get off at the next station and wait for the next train." ❽ That is what

                                               명사절을 이끄는 관계 대명사

we did. ❾ About ten minutes later the next train came, and Yunho was on it. ❿ He was

happy to see us. ⓫ "That was very clever, Sherlock," Aram said. ⓬ That made me happy,

to 부정사의 부사적 용법(감정의 원인)

too.

3 Why couldn't they talk to Yunho on the phone?
(그들은 왜 윤호에게 전화로 이야기할 수 없었나요?)
정답 Because his phone had no battery power. (그의 전화기에 배터리가 없었기 때문이다.)

4 Yunho and his friends met at the next station. ⓣ/ F
(윤호와 그의 친구들은 다음 역에서 만났다.)

Over to you **2** What would you do if you were in Yunho's shoes?
(만약 여러분이 윤호의 상황이었다면 어떻게 했을까요?)
Sample I would ask for help from other people.
(나는 다른 사람들에게 도움을 요청했을 것이다.)

어휘 **almost** 분 거의   **spoil** 동 망치다   **poor** 형 가엾은   **still** 분 여전히   **platform** 명 플랫폼
battery power 배터리 전원   **get off** 내리다   **wait for** …을 기다리다

거의 망쳐질 뻔한 시작

❶ 우리는 지하철역으로 갔어요. ❷ 우리는 열차로 뛰어서 내려갔지만, 윤호는 너무 느렸어요. ❸ 열차는 출발했고, 가엾은 윤호는 여전히 플랫폼에 있었어요. ❹ 우리는 윤호에게 전화로 말하려고 노력했지만, 그의 전화기에 배터리가 없었어요. ❺ 우리는 무엇을 해야 할지 몰랐어요. ❻ 그때 저는 한 가지 아이디어가 있었어요. ❼ "우리는 다음 역에서 내려서 다음 열차를 기다릴 거야." ❽ 우리는 그렇게 했어요. ❾ 약 10분 후에 다음 열차가 도착했고, 윤호가 그 열차에 타고 있었어요. ❿ 그는 우리를 보고 기뻐했어요. ⓫ "그건 정말 똑똑했어, 셜록."이라고 아람이가 말했어요. ⓬ 그게 저도 기쁘게 만들었습니다.

❹ We **tried to talk** to Yunho on the phone, but his phone had no battery power.
- 'try+to 부정사'는 '…하려고 노력하다'라는 의미를 나타낸다.
  cf. try+동명사: (시험 삼아) 한번 해보다
  I **tried calling** him, but he didn't answer. (나는 그에게 전화해 봤지만, 그는 받지 않았다.)

❺ We did not know **what to do**.
- what to do는 '의문사+to 부정사' 구문으로 '무엇을 해야 할지'라는 의미를 나타낸다. 동사 know의 목적어 역할을 하고 있으며, what we should do로 바꿔 쓸 수 있다.

❽ That is **what we did**.
- 여기서 what은 보어 역할을 하는 명사절을 이끄는 관계 대명사로, what we did는 '우리가 한 것[일]'이라는 의미를 나타낸다.

❿ He was **happy to see** us.
to see는 앞에 있는 감정(happy)의 원인을 나타내는 to 부정사의 부사적 용법으로 쓰였다.

⓬ **That** made me happy, too.
여기서 That은 앞에서 아람이가 말한 "That was very clever, Sherlock,"을 가리킨다.

의문사 what vs 관계 대명사 what
의문사 what은 '무엇'이라는 의미를 나타내고, 관계 대명사 what은 선행사를 포함하는 관계 대명사로 '…하는 것'이라는 의미를 나타낸다. 관계 대명사 what은 문장에서 주어, 보어, 목적어 역할을 하는 명사절을 이끈다.
I don't know **what** to do. (나는 무엇을 해야 할지 모른다.) 〈의문사〉
That is **what** I want. (저것이 내가 원하는 것이다.) 〈관계 대명사〉

Check Up

▶ Answers
p. 199

1 다음 우리말과 같은 뜻이 되도록 괄호 안의 단어를 사용하여 문장을 완성해 봅시다. (단, 3단어로 쓸 것)

> 그녀는 무엇을 사야 할지 결정할 수 없었다.
> → She couldn't decide _____. (buy)

2 다음 중 밑줄 친 to 부정사가 감정의 원인을 나타내는 문장을 골라 봅시다.
① I decided <u>to go</u>.
② He asked me <u>to come</u>.
③ She was excited <u>to meet</u> her friends.

Riddle Time

❶ On the subway, Jade <u>suggested playing</u> riddle games. ❷ Jade's first riddle was, "What
<small>suggest+동명사: …하는 것을 제안하다</small>

are two things people never eat before breakfast?" ❸ After some thought, Yunho said, "Lunch
<small>목적격 관계 대명사 that 생략</small>

and dinner." ❹ "A great start," Aram said. ❺ The next riddle was, "What <u>4-letter</u> word is
<small>4개의 철자로 된</small>

spelled the same forwards, backwards, and upside down?" ❻ This one was really hard.

❼ Aram <u>asked Jade to give</u> us a clue. ❽ Jade said, "It starts with 'N.'" ❾ Aram said to
<small>ask+목적어+to 부정사: (목적어)가 (to 부정사)하도록 요청하다</small>

herself, "Then the word ends with 'N' as well, and the two letters in the middle must be the

same." ❿ <u>Thinking deeply</u> as usual, Yunho said, "I got it. It's NOON." ⓫ Yunho impressed
<small>분사구문(= After he thought deeply …)</small>

us again. ⓬ Jade's next riddle was a trick question: "How many bananas can you eat if your

stomach is empty?" ⓭ "Only one," I said. ⓮ <u>Seeing that</u> Aram and Yunho were puzzled, I
<small>분사구문(= When I saw that …)</small>

said to them, "After eating one banana, your stomach is no longer empty." ⓯ Aram and

Yunho were pleasantly surprised. ⓰ "<u>What a wise answer to a silly question</u>, Sherlock!"
<small>감탄문: What(+a/an)+형용사+명사(+주어+동사)!</small>

Yunho said.

---

5 What did they do on the subway? (그들은 지하철에서 무엇을 했나요?)

(정답) They played riddle games. (그들은 수수께끼 놀이를 했다.)

6 Jade asked a ___trick___ question about eating bananas.

(제이드는 바나나 먹기에 관한 속임수가 있는 질문을 했다.)

[어휘] **riddle** (명) 수수께끼   **suggest** (동) 제안하다   **thought** (명) 생각, 사고   **spell** (동) 철자를 말하다, 철자를 쓰다
forwards (부) 앞으로   **backwards** (부) 뒤로   **upside down** (아래위가) 거꾸로, 뒤집혀   **clue** (명) 단서
as well 또한, 역시   **as usual** 평상시처럼   **impress** (동) 깊은 인상을 주다   **trick** (형) (속임수를 이용한) 교묘한
stomach (명) 위, 복부   **empty** (형) 비어 있는   **puzzled** (형) 어리둥절해하는   **no longer** 더 이상 …이 아닌
pleasantly (부) 즐겁게, 유쾌하게   **silly** (형) 어리석은

수수께끼 시간

❶ 지하철에서 제이드가 수수께끼 놀이를 하자고 제안했어요. ❷ 제이드의 첫 번째 수수께끼는 "사람들이 아침 식사 전에 절대 먹지 않는 두 가지는 무엇일까?"라는 것이었어요. ❸ 잠시 생각한 후, 윤호가 말했어요. "점심과 저녁이야." ❹ "좋은 시작이야." 아람이가 말했어요. ❺ 다음 수수께끼는 "앞에서부터 읽어도, 뒤에서부터 읽어도, 위아래를 뒤집어서 읽어도 철자가 똑같은 네 글자 단어는 무엇일까?"였습니다. ❻ 이것은 정말 어려웠어요. ❼ 아람이는 우리에게 힌트를 달라고 제이드에게 부탁했어요. ❽ 제이드는 "그건 N으로 시작해."라고 말했어요. ❾ 아람이는 "그러면 그 단어는 역시 N으로 끝나고, 가운데 두 글자는 같아야 해."라고 혼잣말을 했어요. ❿ 평소처럼 깊이 생각하던 윤호가 말했어요. "알았어. 그것은 NOON(정오)이야." ⓫ 윤호는 다시 우리에게 깊은 인상을 주었죠. ⓬ 제이드의 다음 수수께끼는 속임수가 있는 질문이었어요. "네 배가 비어있으면 몇 개의 바나나를 먹을 수 있을까?" ⓭ "하나뿐이야." 제가 말했어요. ⓮ 아람이와 윤호가 어리둥절해하는 것을 보고, 제가 그들에게 말했어요. "바나나 하나를 먹고 나면 배가 더 이상 비어있지 않아." ⓯ 아람이와 윤호는 기분 좋게 놀랐어요. ⓰ "바보 같은 질문에 대한 현명한 대답이야, 셜록!" 윤호가 말했어요.

❶ On the subway, Jade **suggested playing** riddle games.
• suggest는 동명사를 목적어로 취하는 동사로, 'suggest+동명사'는 '…하는 것을 제안하다'라는 의미를 나타낸다. avoid, mind, finish, enjoy 등도 일반적으로 동명사를 목적어로 취한다.

❷ Jade's first riddle was, "What are **two things people** never eat before breakfast?"
• two things와 people 사이에 목적격 관계 대명사 that이 생략되어 있다.

❼ Aram **asked Jade to give** us a clue.
• 'ask+목적어+to 부정사' 형태의 5형식 구문으로 '(목적어)가 (to 부정사)하도록 요청하다'라는 의미를 나타낸다. 이와 같은 구문으로 tell(말하다), advise(조언하다), invite(초대하다), encourage(격려하다), expect(기대하다) 등이 쓰일 수 있다.

❿ **Thinking deeply** as usual, Yunho said, "I got it. It's NOON."
• Thinking deeply ...는 분사구문으로 After he thought deeply ...로 바꿔 쓸 수 있다. 분사구문은 종속절의 접속사와 주어를 생략하고 분사를 사용하는 구문으로, 흔히 시간이나 이유 등을 나타낸다.

⓮ **Seeing that** Aram and Yunho were puzzled, I said to them, "After eating one banana, your stomach is no longer empty."
• Seeing that ...은 분사구문으로 When I saw that ...으로 바꿔 쓸 수 있다.

⓰ "**What a wise answer** to a silly question, Sherlock!" Yunho said.
• 'What(+a/an)+형용사+명사(+주어+동사)!' 형태의 감탄문이다.

동명사를 목적어로 취하는 동사 vs to 부정사를 목적어로 취하는 동사
동명사를 취하는 동사: enjoy, avoid, mind, suggest, finish, consider, practice, recommend 등
to 부정사를 취하는 동사: want, decide, promise, hope, plan, agree, refuse, expect 등

Check Up

▶ Answers
p. 199

1 다음 우리말과 같은 뜻이 되도록 괄호 안의 단어를 사용하여 문장을 완성해 봅시다.

그녀는 밖에서 놀 것을 제안했다.
→ She suggested _____ outside. (play)

2 다음 문장의 밑줄 친 부분을 분사구문으로 바꾸어 봅시다.

When I watched the news, I was shocked.

The Amusement Park Event

❶ We finally arrived at the amusement park. ❷ There was an <u>atmosphere</u> of excitement
명 분위기, 공기

and fun in the park. ❸ We had <u>a lot of</u> fun together. ❹ We enjoyed the <u>VR</u> Gate the most.
많은　　　　　　　　　　　　　　　　　　　　　Virtual Reality의 줄임말

❺ The Skyline Ride was fantastic <u>as well</u>. ❻ It <u>gave us amazing views</u>. ❼ The roller-coaster
역시, 또한　　　　　　4형식: 수여동사+간접목적어+직접목적어

ride was <u>a little</u> scary. ❽ Aram was <u>busy taking</u> photos of us.
조금, 약간　　　　　　be busy -ing: …하느라 바쁘다

❾ <u>On our way out</u>, a tourist asked for help in Spanish. ❿ We were confused because we
나가는 중에

did not understand. ⓫ After thinking, I opened <u>a translation app</u> on my mobile phone and
번역 앱

learned˄she <u>had lost</u> her phone. ⓬ I searched for the "Lost and Found" in the park and
(that) 과거완료: had+과거분사

guided her <u>there</u>. ⓭ "You're our number one problem-solver, Sherlock!" ⓮ Jade said <u>in a</u>
to Lost and Found를 가리킴

<u>loud voice</u>.
큰 소리로

7 The tourist was looking for her phone. Ⓣ/ F
(그 관광객은 자신의 전화기를 찾고 있었다.)

Over to you 3 Have you ever helped a tourist from another country?
(여러분은 다른 나라에서 온 관광객을 도운 적이 있나요?)

Sample Yes. I once helped a tourist from Italy buy a subway ticket from a
ticket machine.
(있다. 나는 이탈리아에서 온 관광객이 티켓 자판기에서 지하철 표를 구입하는 것을
도운 적이 있다.)

어휘 **finally** 분 마침내　　**atmosphere** 명 분위기, 공기　　**excitement** 명 흥분, 신남　　**amazing** 형 놀라운　　**view** 명 경치, 풍경
a little 조금, 약간　　**scary** 형 무서운　　**be busy -ing** …하느라 바쁘다　　**on one's way out** 나가는 중에　　**tourist** 명 관광객
ask for 요청하다　　**Spanish** 명 스페인어　　**confused** 형 혼란스러워하는　　**translation** 명 번역, 통역
search for …을 찾다　　**Lost and Found** 분실물 보관소　　**voice** 명 목소리

놀이공원에서 생긴 일

❶ 우리는 마침내 놀이공원에 도착했어요. ❷ 공원은 신나고 재미있는 분위기였어요. ❸ 우리는 함께 정말 재미있는 시간을 보냈어요. ❹ 우리가 가장 즐겼던 건 VR 게이트였어요. ❺ 스카이라인 라이드도 환상적이었어요. ❻ 우리에게 놀라운 경치를 선사해 주었어요. ❼ 롤러코스터 타는 것은 조금 무서웠어요. ❽ 아람이는 우리 사진을 찍느라 바빴어요.

❾ 나가는 길에, 한 관광객이 스페인어로 도움을 요청했어요. ❿ 우리는 이해할 수 없어서 혼란스러웠죠. ⓫ 생각한 끝에, 저는 휴대전화에 있는 번역 앱을 열어서 그녀가 전화기를 잃어버렸다는 걸 알아냈어요. ⓬ 저는 공원의 분실물 보관소를 찾아서 그녀를 거기로 안내했어요. ⓭ "너는 우리의 최고의 문제 해결사야, 셜록!" ⓮ 제이드가 큰 소리로 말했어요.

❷ **There was** an atmosphere of excitement and fun in the park.
- 'there+is/are'는 '…이 있다'라는 뜻으로 어떤 곳에 특정한 것이 있음을 설명할 때 사용된다. 뒤에 오는 주어가 단수이면 there is, 주어가 복수이면 there are로 쓴다.

❹ We enjoyed the **VR** Gate the most.
- VR은 Virtual Reality의 줄임말로 컴퓨터 등을 이용한 가상 현실을 의미한다.

❻ It **gave us amazing views**.
- 'give(수여동사)+간접목적어+직접목적어' 형태의 4형식 구문으로 '(간접목적어)에게 (직접목적어)를 주다'라는 의미를 나타낸다. 이 구문은 3형식인 'give+직접목적어+to+간접목적어'의 형태인 It gave amazing views to us.로 바꿀 수 있다.

⓫ After thinking, I opened a translation app on my mobile phone and **learned she had lost** her phone.
- learned와 she 사이에 목적어 역할을 하는 명사절을 이끄는 접속사 that이 생략되었다.
- had lost는 'had+과거분사' 형태의 과거완료로, 두 가지 사건 중 먼저 일어난 일을 나타낼 때 사용한다.

⓬ I searched for the "Lost and Found" in the park and guided her **there**.
- 여기서 there는 앞의 (to) Lost and Found를 가리킨다.

⓭ "You're our **number one problem-solver**, Sherlock!"
- number one은 '최고의', problem-solver는 '문제 해결사'라는 의미를 나타낸다.

⓮ Jade said **in a loud voice**.
- in a loud voice는 '큰 소리로'라는 의미로, 부사인 loudly로 바꿔 쓸 수 있다.

Check Up

▶ Answers
p. 199

1 다음 우리말과 같은 뜻이 되도록 빈칸에 알맞은 말을 써 봅시다. (단, 2단어로 쓸 것)

교실에 많은 학생들이 있다.
→ _____ many students in the classroom.

2 다음 4형식 문장을 3형식 문장으로 바꿔 봅시다.

He gave me an apple.
→ _____

Finally at the Museum

❶ From the park we walked to <u>the National Science Museum</u>. ❷ We went directly to <u>the</u>
국립 과학 박물관

<u>Astronomical Space Hall</u>—my favorite. ❸ The 3D images of the night sky simply <u>made us</u>
천문 우주 홀   make+목적어+형용사(5형식):

<u>speechless</u>. ❹ At the observatory, we could observe Venus even in daytime! ❺ The most
(목적어)가 어떠한 상태(형용사)가 되게 하다

impressive zone was Space World. ❻ It <u>allowed us to send</u> messages into space! ❼ On our
allow+목적어+to 부정사: (목적어)가 …하는 것을 허락하다

way out, Yunho became curious and asked, "Can we have a conversation in space?" ❽ Aram

and Jade were very interested, too. ❾ With a smile, I said, "We can't talk to each other <u>there</u>
in space를 가리킴

because there is no air in space, that is, because space is a vacuum. And <u>sound waves</u> can't
음파

travel through a vacuum." ❿ Aram said, "You're so well-informed, Sherlock!" ⓫ I <u>felt</u> really
감각동사 feel+형용사: …하게 느끼다

<u>thankful</u> to my dad for giving me a book on space travel <u>as</u> a birthday gift last year.
전 …로(서)

⓬ We all had fun on our field trip. ⓭ It also <u>brought us closer together</u>.
우리 사이를 더 가깝게 했다

⓮ This school year will be great!

8 What made Jihun and his friends speechless?
(무엇이 지훈이와 친구들의 말문을 막히게 했나요?)
[정답] The 3D images of the night sky made them speechless.
(밤하늘의 3D 이미지들이 그들의 말문을 막히게 했다.)

9 Why is it impossible to have a conversation in space?
(우주에서는 왜 대화를 나누는 것이 불가능할까요?)
[정답] Because there is no air in space.[Because space is a vacuum.]
(우주에는 공기가 없기 때문이다.[우주는 진공이기 때문이다.])

[어휘] **national** 형 국립의, 국가의   **directly** 부 곧장, 곧바로   **astronomical** 형 천문학의   **simply** 부 그냥, 그저
speechless 형 (너무 화가 나거나 놀라서) 말을 못하는   **observatory** 명 천문대, 기상대   **observe** 동 관찰하다
daytime 명 낮 시간   **impressive** 형 인상적인   **allow** 동 허락하다, 허용하다   **curious** 형 호기심이 많은
conversation 명 대화   **vacuum** 명 진공   **sound wave** 음파   **through** 전 …을 통해
well-informed 형 아는 게 많은, 박식한   **bring ... together** …을 화합시키다

30 Lesson 1

마침내 박물관에

❶ 우리는 공원에서 국립 과학 박물관으로 걸어갔어요. ❷ 우리는 곧장 제가 가장 좋아하는 천문 우주 홀로 갔어요. ❸ 밤하늘의 3D 이미지들은 그저 우리의 말문을 막게 했습니다. ❹ 천문대에서, 우리는 낮 시간이었는데도 금성을 관찰할 수 있었어요! ❺ 가장 인상적인 곳은 스페이스 월드였어요. ❻ 그곳은 우리가 우주로 메시지를 보내게 해줬어요! ❼ 우리가 나오는 길에, 윤호는 궁금해하며 "우리가 우주에서 대화를 나눌 수 있을까?"라고 물었어요. ❽ 아람이와 제이드도 매우 관심을 가졌어요. ❾ 저는 미소를 지으며 말했어요. "우리는 거기에서 서로 이야기할 수 없는데 우주에는 공기가 없기 때문이야. 말하자면, 우주는 진공이기 때문이야. 그리고 음파는 진공을 지날 수 없어." ❿ 아람이는 "너는 정말 아는 것이 많구나, 셜록!"이라고 말했죠. ⓫ 저는 작년에 생일 선물로 우주 여행에 관한 책을 저에게 주신 것에 대해 아빠에게 정말 감사한 마음이 들었어요.

⓬ 우리 모두 체험 학습에서 재미있는 시간을 보냈어요. ⓭ 그것은 또한 우리를 더 가까워지게 했어요. ⓮ 올해 학년이 정말 좋을 거예요!

---

❸ The 3D images of the night sky simply **made us speechless**.
- 'make+목적어+형용사' 형태의 5형식 구문으로, '(목적어)가 어떠한 상태(형용사)가 되게 하다'라는 의미를 나타낸다.

❺ **The most impressive** zone was Space World.
- The most impressive는 최상급 표현으로 '가장 …한'이라는 의미를 나타낸다. 최상급은 'the+형용사/부사+-est', 'the most+형용사/부사'의 형태로 쓰며, impressive가 3음절 이상의 단어이므로 the most impressive로 쓴다.

❻ It **allowed us to send** messages into space!
- 'allow+목적어+to 부정사' 형태의 5형식 구문으로, '(목적어)가 …하는 것을 허락하다'라는 의미를 나타낸다.

❾ With a smile, I said, "We can't talk to each other **there** because **there is** no air in space, that is, because space is a vacuum. …"
- 첫 번째 there는 장소를 나타내는 부사로 '거기에서'라는 의미를 나타낸다. 두 번째 there는 '…이 있다'라는 의미의 'there is/are' 구문이다.

⓫ I **felt** really **thankful** to my dad for giving me a book on space travel as a birthday gift last year.
- '감각동사 feel+형용사'는 '…하게 느끼다'라는 의미를 나타낸다.

감각동사+형용사

look(보이다), sound(들리다), smell(냄새가 나다), taste(맛이 나다), feel(느끼다) 같은 감각동사는 형용사(보어)와 함께 쓰여 감정이나 상태를 나타낸다. 형용사가 아니라 부사로 쓰지 않게 유의한다.

He **looks excited**. (O) (그는 신이 난 것처럼 보인다.)
The soup **smells deliciously**. (X) (그 수프는 맛있는 냄새가 난다.)
deliciously → delicious

Check Up

▶ Answers
p. 199

1 다음 우리말과 같은 뜻이 되도록 괄호 안의 표현을 바르게 배열해 봅시다.

그 신나는 영화가 나를 행복하게 만들었다.

→ _____

(made / the exciting movie / happy / me)

2 다음 문장에서 어법상 <u>어색한</u> 부분을 찾아 바르게 고쳐 봅시다.

She looked very tiredly after the test.

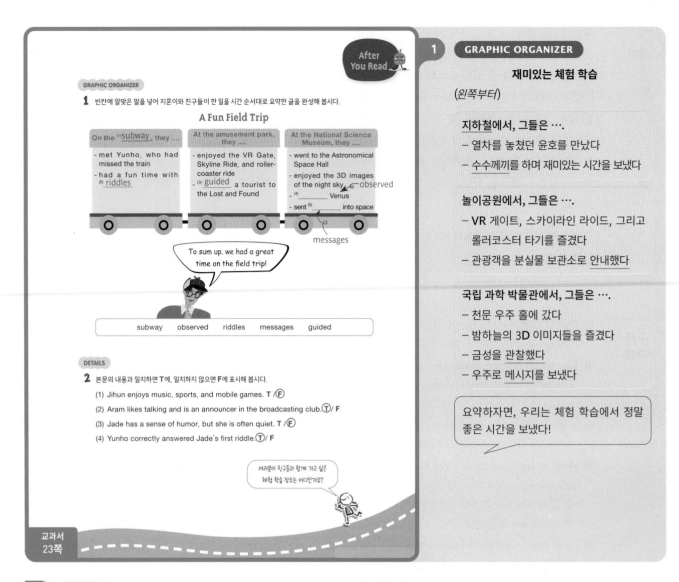

재미있는 체험 학습

(왼쪽부터)

지하철에서, 그들은 ….
– 열차를 놓쳤던 윤호를 만났다
– 수수께끼를 하며 재미있는 시간을 보냈다

놀이공원에서, 그들은 ….
– VR 게이트, 스카이라인 라이드, 그리고 롤러코스터 타기를 즐겼다
– 관광객을 분실물 보관소로 안내했다

국립 과학 박물관에서, 그들은 ….
– 천문 우주 홀에 갔다
– 밤하늘의 3D 이미지들을 즐겼다
– 금성을 관찰했다
– 우주로 메시지를 보냈다

요약하자면, 우리는 체험 학습에서 정말 좋은 시간을 보냈다!

2 DETAILS

(1) 지훈이는 음악, 스포츠, 그리고 모바일 게임을 즐긴다. (거짓)

[해설] 교과서 17쪽에서 지훈이는 책, 과학, 박물관이 음악, 스포츠, 모바일 게임보다 더 매력적이라고 말했다.

(2) 아람이는 말하는 것을 좋아하고 방송부의 아나운서이다. (진실)

(3) 제이드는 유머 감각이 있지만, 종종 조용하다. (거짓)

[해설] 교과서 17쪽에서 제이드는 외향적이고 조금 시끄럽다고 언급되어 있다.

(4) 윤호는 제이드의 첫 번째 수수께끼에 정확히 답했다. (진실)

Check Up

▶ Answers p.199

다음 괄호 안에서 본문의 내용과 일치하는 것을 골라 봅시다.

1. Yunho was (upset / happy) to see his friends on the train.

2. Yunho's answer to the first riddle was (Lunch and dinner / Soup and salad).

3. They arrived at the amusement park and felt an atmosphere of (excitement / boredom).

4. The tourist asked for help in (English / Spanish).

5. Sound waves (can / cannot) travel through a vacuum.

6. They all had fun on their (field trip / vacation).

[어휘] **to sum up** 요약해서 말하면   **sense** 명 감각   **humor** 명 유머, (재치 있는) 농담   **correctly** 부 정확하게

본문 연습 옳은 것 고르기 본문의 각 문장의 괄호 안에서 알맞은 것을 골라 봅시다.

▶ Answers p. 199

01 My name is Han Jihun, and my nickname (is / are) Sherlock Holmes, the great detective.

02 Everybody (think / thinks) that I am not like other kids because I like books, science, and museums.

03 My friends say they are (bored / boring).

04 For me, they are (more / most) fascinating than music, sports, and mobile games.

05 I went on a field trip (to / for) an amusement park and a science museum last Friday with my classmates.

06 Aram, Jade, Yunho, and I (was / were) in the same group.

07 Aram is an announcer in the school broadcasting club. She likes to chat and is good (on / at) it.

08 Jade is outgoing and a bit loud, and her jokes make us (laugh / to laugh).

09 Yunho is rather quiet. He often prefers (be / being) alone.

10 Some people (think / thinks) he is not smart because he tends to be slow to respond.

11 He likes to think (careful / carefully) before speaking.

12 We went (to / by) the subway station.

13 We ran down to our train, (but / so) Yunho was too slow.

14 The train left, and poor Yunho was (steel / still) on the platform.

15 We tried to talk to Yunho on the phone, but his phone (was / had) no battery power.

16 We did not know what (doing / to do). Then I had an idea.

17 "We'll get (on / off) at the next station and wait for the next train."

18 That is (what / when) we did.

19 About ten minutes later the next train came, and Yunho was on (it / them).

20 He was happy (seeing / to see) us.

21 "That was very (clever / cleverly), Sherlock," Aram said.

22 That made me (happy / happily), too.

23 On the subway, Jade suggested (playing / to play) riddle games.

24 Jade's first riddle was, "What (is / are) two things people never eat before breakfast?"

25 (After / Before) some thought, Yunho said, "Lunch and dinner." "A great start," Aram said.

26 The next riddle was, "What 4-letter word is (spelled / spelling) the same forwards, backwards, and upside down?"

27 This one (was / were) really hard.

28 Aram asked Jade (giving / to give) us a clue.

29 Jade said, "It starts (by / with) 'N.'"

30 Aram said to herself, "Then the word ends with 'N' as (well / well as), and the two letters in the middle must be the same."

31 (Thinking / Thought) deeply as usual, Yunho said, "I got it. It's NOON." Yunho impressed us again.

32 Jade's next riddle was a trick question: "How many bananas can you eat (if / since) your stomach is empty?" "Only one," I said.

33 Seeing that Aram and Yunho were (puzzling / puzzled), I said to them, "After eating one banana, your stomach is no longer empty."

34 Aram and Yunho were pleasantly (surprising / surprised).

35 "(How / What) a wise answer to a silly question, Sherlock!" Yunho said.

36 We finally arrived at the amusement (park / field).

37 There (was / were) an atmosphere of excitement and fun in the park.

38 We had a lot of fun together. We enjoyed the VR Gate the (more / most).

39 The Skyline Ride was fantastic as well. It gave (us / to us) amazing views.

40 The roller-coaster ride was a (few / little) scary.

41 Aram was busy (taking / to take) photos of us.

42 (At / On) our way out, a tourist asked for help in Spanish.

43 We were confused (while / because) we did not understand.

44 After thinking, I opened a translation app on my mobile phone and learned she (has / had) lost her phone.

45 I searched for the "Lost and Found" in the park and guided her (here / there).

46 "You're our number one problem-solver, Sherlock!" Jade said in a (loud / loudly) voice.

▶ Answers p. 199

47 From the park we walked to the (Nation / National) Science Museum.

48 We went (direct / directly) to the Astronomical Space Hall—my favorite.

49 The 3D images of the night sky simply made us (speechless / speechlessly).

50 At the (observation / observatory), we could observe Venus even in daytime!

51 The most (impress / impressive) zone was Space World.

52 It allowed us (sending / to send) messages into space!

53 On our way out, Yunho became (curious / curiously) and asked, "Can we have a conversation in space?"

54 Aram and Jade (was / were) very interested, too.

55 With a smile, I said, "We can't talk to each other there because there is no air in space, (it / that) is, because space is a vacuum.

56 And sound waves can't travel (though / through) a vacuum."

57 Aram said, "You're so (ill-informed / well-informed), Sherlock!"

58 I felt really (thankful / thankfully) to my dad for giving me a book on space travel as a birthday gift last year.

59 We all had fun (on / to) our field trip.

60 It also brought us (clear / closer) together. This school year will be great!

▶ Answers p. 199

01 Everybody thinks that I am not
    _____ other kids because I like
    books, science, and museums.

02 For me, they are more _____
    than music, sports, and mobile games.

03 Aram is an announcer in the school
    broadcasting club. She likes to chat
    and is _____ _____ it.

04 Yunho is _____ quiet. He often
    prefers being alone.

05 Some people think he is not smart
    because he _____ _____ be
    slow to respond.

06 We _____ _____ talk to
    Yunho on the phone, but his phone
    had no battery power.

07 We did not know _____
    _____ _____. Then I had
    an idea.

08 "We'll get off at the next station and
    _____ _____ the next
    train."

09 He was happy _____
    _____ us.

10 Jade's first riddle was, "_____
    are two things people never eat before
    breakfast?"

11 The next riddle was, "What
    4-letter word is spelled _____
    _____ forwards, backwards, and
    upside down?"

12 Aram said to herself, "Then the word
    ends with 'N' as well, and the two
    letters in the middle _____
    _____ the same."

13 Thinking deeply _____
    _____, Yunho said, "I got it. It's
    NOON."

14 Jade's next riddle was a _____
    question: "How many bananas can
    you eat if your stomach is empty?"

15 Seeing that Aram and Yunho were
    puzzled, I said to them, "After
    eating one banana, your stomach is
    _____ _____ empty."

16 "What a wise answer to a _____
    question, Sherlock!" Yunho said.

17 There was an _____ of excitement and fun in the park.

18 Aram _____ _____ _____ photos of us.

19 We were _____ because we did not understand.

20 After thinking, I opened a _____ app on my mobile phone and learned she had lost her phone.

21 I _____ _____ the "Lost and Found" in the park and guided her there.

22 "You're our _____ _____ problem-solver, Sherlock!" Jade said in a loud voice.

23 We went directly to the _____ Space Hall—my favorite.

24 The 3D images of the night sky _____ made us speechless.

25 At the _____, we could observe Venus even in daytime!

26 The most _____ zone was Space World.

27 It _____ us to send messages into space!

28 On our way out, Yunho became curious and asked, "Can we have a _____ in space?"

29 With a smile, I said, "We can't talk to each other there because there is no air in space, that is, because space is a _____.

30 And _____ _____ can't travel through a vacuum."

31 I _____ really thankful to my dad for giving me a book on space travel as a birthday gift last year.

32 It also _____ _____ _____ together. This school year will be great!

Write & Present — Meet Me

STEP 1 — STUDY THE MODEL

지훈이가 자신을 소개한 <'나' 안내서>를 읽고, 지훈이는 어떤 사람인지 알아봅시다.

I smile when
- I help others
- I play with my dog
- I am with my friends
- I read Sherlock Holmes

I get angry when
- I can't solve a puzzle
- people touch my things
- I have a lot of homework
- someone breaks a promise

I am
- curious
- brave
- kind and honest
- outgoing and loud

I am good at
- solving problems
- explaining things
- thinking creatively
- using mobile apps

교과서 24쪽

STEP 2 — BRAINSTORM YOUR IDEAS

'나' 안내서 작성하기
자기 자신에 관한 정보를 쓰는 활동을 통해 자신이 어떤 사람인지 스스로 표현할 수 있으며, 높이며 발표하는 활동을 통해 자신감을 가지고 친구들과 소통할 수 있습니다.

여러분은 어떤 사람인가요? 질문에 대한 답을 생각나는 대로 간단히 적어 봅시다.

When do you smile?
Sample
see my cat / eat something delicious / talk to my friends / help others

When do you get angry?
Sample
make a mistake / be hungry / can't find my things / my team loses a sports game

What is your personality like?
Sample
kind / creative / outgoing / humorous

What are you good at?
Sample
make cakes / tell stories / draw cartoons / fix things

원하는 단어나 표현이 생각나지 않을 때에는 온라인 사전을 이용해 보세요. 단, 예문을 통해 그 단어나 표현이 어떻게 쓰이는지도 확인하세요.

교과서 25쪽

나를 만나 보세요

STEP 1 — 모델 살펴보기

(왼쪽 상단) 나는 …할 때 웃습니다.
- 다른 사람들을 돕다
- 내 개와 놀다
- 친구들과 함께 있다
- 셜록 홈즈를 읽다

(오른쪽 상단) 나는 …할 때 화가 납니다.
- 퍼즐을 풀지 못한다
- 사람들이 내 물건들을 만진다
- 숙제가 많다
- 누군가 약속을 어긴다

(왼쪽 하단) 나는 …합니다.
- 호기심이 많은
- 용감한
- 친절하고 정직한
- 외향적이고 시끄러운

(오른쪽 하단) 나는 …을 잘합니다.
- 문제 해결하기
- 무언가를 설명하기
- 창의적으로 생각하기
- 모바일 앱 사용하기

STEP 2 — 아이디어 브레인스토밍하기

(왼쪽 상단) 여러분은 언제 웃나요?
예시 내 고양이를 보다 / 맛있는 것을 먹다 / 친구들과 이야기하다 / 다른 사람들을 돕다

(오른쪽 상단) 여러분은 언제 화가 나나요?
예시 실수를 하다 / 배가 고프다 / 내 물건들을 찾을 수 없다 / 우리 팀이 스포츠 경기에서 지다

(왼쪽 하단) 여러분의 성격은 어떤가요?
예시 친절한 / 창의적인 / 외향적인 / 유머러스한

(오른쪽 하단) 여러분은 무엇을 잘하나요?
예시 케이크를 만들다 / 이야기를 하다 / 만화를 그리다 / 물건을 고치다

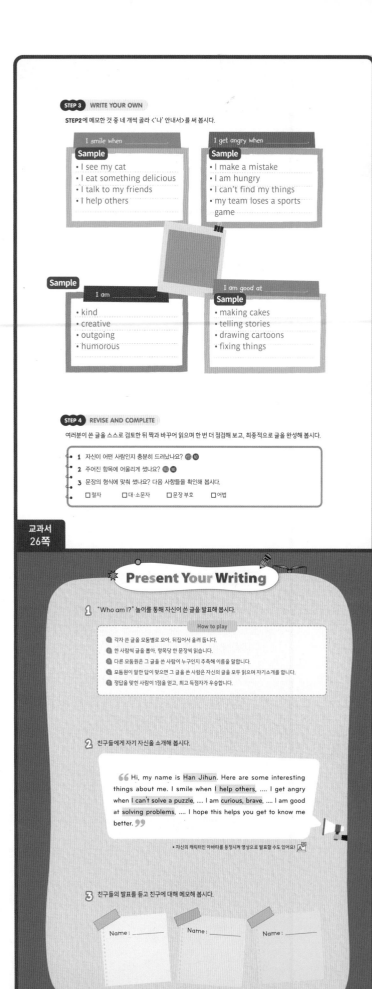

STEP 3 글쓰기

(왼쪽 상단) 나는 …할 때 웃습니다.

예시 • 내 고양이를 보다
 • 맛있는 것을 먹다
 • 친구들과 이야기하다
 • 다른 사람들을 돕다

(오른쪽 상단) 나는 …할 때 화가 납니다.

예시 • 실수를 하다
 • 배가 고프다
 • 내 물건들을 찾을 수 없다
 • 우리 팀이 스포츠 경기에서 지다

(왼쪽 하단) 나는 …합니다.

예시 • 친절한
 • 창의적인
 • 외향적인
 • 유머러스한

(오른쪽 하단) 나는 …을 잘합니다.

예시 • 케이크 만들기
 • 이야기하기
 • 만화 그리기
 • 물건 고치기

발표하기

안녕하세요, 제 이름은 한지훈입니다. 여기 저에 대해 몇 가지 흥미로운 점들이 있습니다. 저는 다른 사람들을 도울 때, …할 때 웃습니다. 저는 퍼즐을 풀지 못할 때, …할 때 화가 납니다. 저는 호기심이 많고 용감하며, …합니다. 저는 문제 해결하기, …을 잘합니다. 저는 이 발표가 여러분이 저를 더 잘 알게 되는 데 도움이 되기를 바랍니다.

Teen Vibes

Fun Time — What Do Friends Do?

친구와 관련된 표현과 예문을 제시한 '친구 사전'을 살펴본 뒤, 여러분도 '친구 사전'에 들어갈 표현과 예문을 추가하고 친구들과 공유해 봅시다.

go out

Friends **go out** together.

support

Friends **support** each other.

comfort

Friends **comfort** each other when feeling down.

laugh
Friends **laugh** at the same thing.

argue

Friends **argue** sometimes because they care.

Sample   respect   Your own

Friends **respect** each other's opinions.

교과서 28쪽

친구는 무엇을 할까요?

외출하다 친구들은 종종 함께 외출한다.	**지지하다** 친구들은 서로를 지지한다.
위로하다 친구들은 우울할 때 서로를 위로한다.	**웃다** 친구들은 같은 것에 웃는다.
다투다 친구들은 걱정하기 때문에 때때로 다툰다.	예시 **존중하다** 친구들은 서로의 의견을 존중한다.

Project Time — Make Your True Friendship Jam

STEP 1 진정한 우정을 위해 무엇이 필요한지 모둠별로 이야기해 봅시다.

Sample

For True FRIENDSHIP
Trust / Honesty / Respect / Support / Understanding / Patience / Communication / Empathy

STEP 2 진정한 우정을 위해 필요한 것을 모아 여러분만의 'True Friendship Jam'을 만들어 봅시다.

Sample

True Friendship Jam

Kindness	16%
Love	10%
Courage	8%
Trust	11%
Loyalty	10%
Responsibility	17%
Respect	13%
Similar Values	15%

100% Pure Jam

Sample

True Friendship Jam

Trust	17%
Honesty	13%
Respect	15%
Support	9%
Understanding	22%
Patience	5%
Communication	11%
Empathy	8%

100% Pure Jam

* 생성형 AI 등 온라인 협업 도구를 활용해 보세요.

STEP 3 각 모둠에서 만든 'True Friendship Jam'의 내용을 발표해 보고, 다른 모둠에서 발표한 잼의 성분 중 인상적인 것을 메모해 봅시다.

교과서 29쪽

여러분의 진정한 우정 잼을 만드세요

STEP 1

진정한 우정을 위해서

예시 신뢰 / 정직 / 존중 / 지지 / 이해 / 인내 / 소통 / 공감

STEP 2

예시

진정한 우정 잼	
친절	16%
사랑	10%
용기	8%
신뢰	11%
충의	10%
책임감	17%
존중	13%
비슷한 가치	15%

진정한 우정 잼	
신뢰	17%
정직	13%
존중	15%
지지	9%
이해	22%
인내	5%
소통	11%
공감	8%

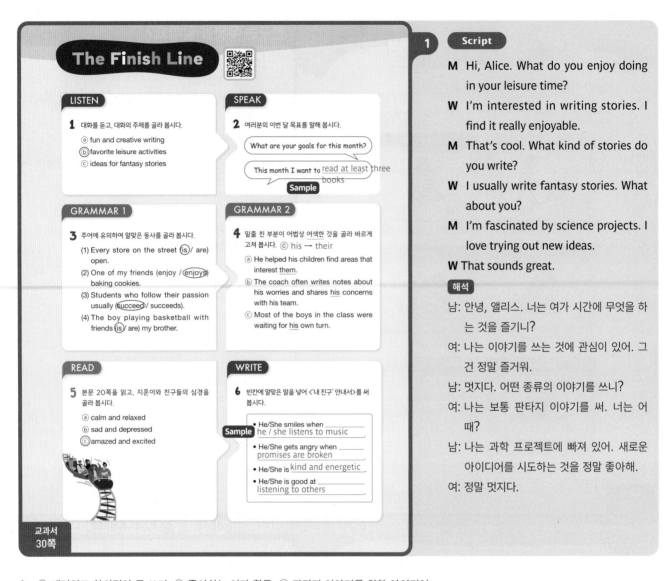

The Finish Line

LISTEN

1 대화를 듣고, 대화의 주제를 골라 봅시다.
ⓐ fun and creative writing
ⓑ favorite leisure activities
ⓒ ideas for fantasy stories

SPEAK

2 여러분의 이번 달 목표를 말해 봅시다.

What are your goals for this month?

This month I want to read at least three books
Sample

GRAMMAR 1

3 주어에 유의하여 알맞은 동사를 골라 봅시다.
(1) Every store on the street (is)/ are) open.
(2) One of my friends (enjoy / enjoys) baking cookies.
(3) Students who follow their passion usually (succeed)/ succeeds).
(4) The boy playing basketball with friends (is)/ are) my brother.

GRAMMAR 2

4 밑줄 친 부분이 어법상 어색한 것을 골라 바르게 고쳐 봅시다. ⓒ his → their
ⓐ He helped his children find areas that interest them.
ⓑ The coach often writes notes about his worries and shares his concerns with his team.
ⓒ Most of the boys in the class were waiting for his own turn.

READ

5 본문 20쪽을 읽고, 지훈이와 친구들의 심경을 골라 봅시다.
ⓐ calm and relaxed
ⓑ sad and depressed
ⓒ amazed and excited

WRITE

6 빈칸에 알맞은 말을 넣어 <'내 친구' 안내서>를 써 봅시다.
Sample
• He/She smiles when he / she listens to music .
• He/She gets angry when promises are broken .
• He/She is kind and energetic .
• He/She is good at listening to others .

교과서 30쪽

Script

M Hi, Alice. What do you enjoy doing in your leisure time?
W I'm interested in writing stories. I find it really enjoyable.
M That's cool. What kind of stories do you write?
W I usually write fantasy stories. What about you?
M I'm fascinated by science projects. I love trying out new ideas.
W That sounds great.

해석

남: 안녕, 앨리스. 너는 여가 시간에 무엇을 하는 것을 즐기니?
여: 나는 이야기를 쓰는 것에 관심이 있어. 그건 정말 즐거워.
남: 멋지다. 어떤 종류의 이야기를 쓰니?
여: 나는 보통 판타지 이야기를 써. 너는 어때?
남: 나는 과학 프로젝트에 빠져 있어. 새로운 아이디어를 시도하는 것을 정말 좋아해.
여: 정말 멋지다.

---

1. ⓐ 재미있고 창의적인 글 쓰기 ⓑ 좋아하는 여가 활동 ⓒ 판타지 이야기를 위한 아이디어

2. 이번 달 여러분의 목표는 무엇인가요? / 예시 이번 달에 나는 최소한 세 권의 책을 읽고 싶다.

3. (1) 거리의 모든 가게가 열려 있다. (every가 붙은 주어는 3인칭 단수로 여기므로 단수 동사인 is가 알맞다.)
(2) 내 친구들 중 한 명은 쿠키 굽는 것을 즐긴다.
   (주어가 One of my friends(내 친구들 중 한 명)로 단수이므로 단수 동사인 enjoys가 알맞다.)
(3) 자신의 열정을 따르는 학생들은 보통 성공한다. (주어가 Students로 복수이므로 복수 동사인 succeed가 알맞다. 주어와 동사 사이에 다른 단어나 구가 있어도 동사의 수는 주어와 일치시킨다.)
(4) 친구들과 농구를 하는 남학생은 내 동생이다. (주어가 The boy로 단수이므로 단수 동사인 is가 알맞다.)

4. ⓐ 그는 자신의 아이들이 흥미를 느끼는 영역을 찾도록 도왔다.
ⓑ 그 코치는 종종 걱정거리를 메모하여, 그의 걱정을 팀원들과 공유한다.
ⓒ 그 반에 있는 대부분의 남학생들은 자신의 차례를 기다리고 있었다.
(ⓒ 앞의 주어인 Most of the boys가 복수이므로 대명사는 its가 아니라 their로 써야 한다.)

5. ⓐ 차분하고 편안한 ⓑ 슬프고 우울한 ⓒ 놀랍고 흥분된

6. • 그/그녀는 예시 음악을 들을 때 웃는다.
• 그/그녀는 예시 약속을 어겼을 때 화를 낸다.
• 그/그녀는 예시 친절하고 활동적이다.
• 그/그녀는 예시 다른 사람의 말을 듣는 것을 잘한다.

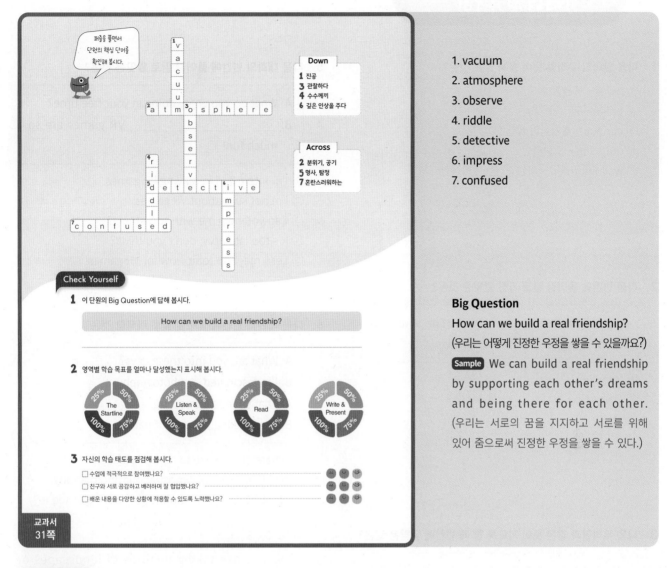

Down

1 진공
3 관찰하다
4 수수께끼
6 깊은 인상을 주다

Across

2 분위기, 공기
5 형사, 탐정
7 혼란스러워하는

1. vacuum
2. atmosphere
3. observe
4. riddle
5. detective
6. impress
7. confused

Check Yourself

1 이 단원의 Big Question에 답해 봅시다.

How can we build a real friendship?

_____

2 영역별 학습 목표를 얼마나 달성했는지 표시해 봅시다.

The Startline   Listen & Speak   Read   Write & Present

3 자신의 학습 태도를 점검해 봅시다.

☐ 수업에 적극적으로 참여했나요?
☐ 친구와 서로 공감하고 배려하며 잘 협업했나요?
☐ 배운 내용을 다양한 상황에 적용할 수 있도록 노력했나요?

교과서 31쪽

Big Question

How can we build a real friendship?
(우리는 어떻게 진정한 우정을 쌓을 수 있을까요?)

Sample We can build a real friendship by supporting each other's dreams and being there for each other.
(우리는 서로의 꿈을 지지하고 서로를 위해 있어 줌으로써 진정한 우정을 쌓을 수 있다.)

▶ Answers p. 199

Check Up

■ 다음 빈칸에 알맞은 단어를 위 퍼즐에서 찾아 써 봅시다.

1. Can you guess the answer to this _____?
   (이 수수께끼의 답을 짐작할 수 있니?)

2. The _____ at the party was lively and fun.
   (파티의 분위기는 활기차고 재미있었다.)

3. Scientists _____ changes in the weather closely.
   (과학자들은 날씨의 변화를 면밀히 관찰한다.)

4. A _____ cleaner is used to remove dust and dirt.
   (진공 청소기는 먼지와 때를 제거하는 데 사용된다.)

5. I was _____ by the sudden change in schedule.
   (나는 갑작스러운 일정 변경에 혼란스러웠다.)

6. The famous _____ solved the case in record time.
   (그 유명한 탐정은 사건을 기록적인 시간 안에 해결했다.)

7. He worked hard to _____ his boss during the meeting.
   (그는 회의 동안 상사에게 깊은 인상을 주기 위해 열심히 일했다.)

1 다음 단어의 우리말 뜻이 옳지 <u>않은</u> 것은?

① quiet – 조용한
② polite – 영리한
③ curious – 호기심이 많은
④ outgoing – 외향적인
⑤ well-informed – 아는 게 많은, 박식한

2 다음 빈칸에 들어갈 말로 가장 알맞은 것은?

> My sister is very _____. She always has lots of energy and is always moving.

① friendly   ② clever
③ energetic   ④ kind
⑤ shy

3 다음 우리말과 같은 뜻이 되도록 할 때 빈칸에 알맞은 말은?

> 그는 그 소식에 너무 충격을 받아서 완전히 말문이 막혔다.
> → He was so shocked by the news that he was completely _____.

① nervous   ② surprised
③ satisfied   ④ speechless
⑤ confused

4 다음 영영 풀이에 알맞은 말은?

> a person whose job is to find information about something or someone

① chef   ② pilot
③ designer   ④ firefighter
⑤ detective

5 다음 대화의 빈칸에 들어갈 말로 알맞은 것은?

> A: What do you enjoy doing in your free time?
> B: _____ VR games are so much fun!

① I'm interested in playing VR games.
② I'm not sure about VR games.
③ Can you help me with something?
④ It's too late now, don't you think?
⑤ Let's meet up tomorrow for VR games!

6 다음 대화의 빈칸에 들어갈 말로 <u>어색한</u> 것은?

> A: What are you into these days?
> B: I'm fascinated by photography.
> A: That sounds interesting. _____
> B: I love taking pictures of nature.

① Where do you like to take photos?
② What do you enjoy most about photography?
③ What kind of photography are you interested in?
④ How long have you been fascinated by photography?
⑤ Do you like taking pictures of landscapes or people?

7 다음 중 밑줄 친 부분이 어법상 <u>어색한</u> 것은?

① Everybody <u>thinks</u> that he or she is the best player on the team.
② Each of the boys <u>has</u> finished his homework.
③ Jade and her friends <u>were</u> at the concert last night.
④ Aram, Yunho, and I <u>are</u> planning the event together.
⑤ Every member of the group <u>are</u> excited about the trip.

8 다음 중 어법상 <u>어색한</u> 것은?

① Every mother cares for her child.
② Each woman has prepared her meal.
③ Each team has finished its project on time.
④ Every boy brought his or her homework to class.
⑤ Every student thinks his or her answer is correct.

[9-10] 다음 글을 읽고, 물음에 답해 봅시다.

My name is Han Jihun, and my nickname is Sherlock Holmes, the great detective. Everybody ⓐ think that I am not like other kids because I like books, science, and museums. My friends say they are boring. For me, they are more ⓑ fascinate than music, sports, and mobile games.

9 위 글의 밑줄 친 ⓐ와 ⓑ를 어법에 맞게 고쳐 써 봅시다.

ⓐ _____

ⓑ _____

10 위 글의 내용과 일치하도록 다음 빈칸에 알맞은 말을 써 봅시다. (단, 위 글에서 사용된 한 단어로 쓸 것)

Jihun's friends think books, science, and museums are _____, but he disagrees.

[11-14] 다음 글을 읽고, 물음에 답해 봅시다.

We went to the subway station. We ran down to our train, but Yunho was too slow. The train left, and (A) poor Yunho was still on the platform. We ⓐ tried to talk to Yunho on the phone, but his phone had no battery power. We did not know ⓑ what to do. Then I had an idea. "We'll ⓒ get off at the next station and wait for the next train." That is ⓓ what we did. About ten minutes later the next train came, and Yunho was on it. (B) 그는 우리를 보고 기뻐했다. "That was very clever, Sherlock," Aram said. That made me ⓔ happily, too.

11 다음 중 위 글의 밑줄 친 (A) poor와 같은 의미로 쓰인 것은?

① The project had poor results.
② That restaurant has poor service.
③ Poor Emily! She lost her favorite book.
④ Her grade on the test was poor.
⑤ He was too poor to buy a new phone.

12 위 글의 밑줄 친 ⓐ~ⓔ 중 어법상 어색한 것을 찾아 바르게 고쳐 봅시다.

_____ → _____

13 위 글의 밑줄 친 우리말 (B)와 같은 뜻이 되도록 괄호 안의 단어를 바르게 배열해 봅시다.

그는 우리를 보고 기뻐했다.
→ _____
(happy / was / to / us / see / he)

14 위 글에서 윤호가 열차를 놓친 이유로 가장 알맞은 것은?

① 길을 잃어버려서
② 느리게 행동해서
③ 휴대전화를 사용해서
④ 플랫폼에서 친구를 기다려서
⑤ 열차를 타고 싶지 않아서

[15-20] 다음 글을 읽고, 물음에 답해 봅시다.

We finally arrived at the amusement park. (①) There was an atmosphere of excitement and fun in the park. We had a lot of fun together. We enjoyed the VR Gate the most. (②) The Skyline Ride was fantastic as well. ⓐ 그것은 우리에게 놀라운 경치를 선사해 주었다. The roller-coaster ride was a little scary. Aram was busy taking photos of us. (③)

On our way out, a tourist asked ⓑ_____ help in Spanish. We were confused because we did not understand. (④) I searched ⓒ_____ the "Lost and Found" in the park and guided her there. (⑤) "You're our number one problem-solver, Sherlock!" Jade said ⓓ in a loud voice.

15 위 글의 ①~⑤ 중 주어진 말이 들어가기에 가장 알맞은 곳은?

After thinking, I opened a translation app on my mobile phone and learned she had lost her phone.

①   ②   ③   ④   ⑤

16 위 글의 밑줄 친 우리말 ⓐ와 같은 뜻이 되도록 괄호 안의 단어를 바르게 배열해 봅시다.

그것은 우리에게 놀라운 경치를 선사해 주었다.
→ _____
(us / it / views / gave / amazing)

17 위 글의 빈칸 ⓑ와 ⓒ에 공통으로 알맞은 단어를 써 봅시다.

_____

18 위 글의 밑줄 친 ⓓ in a loud voice를 한 단어로 바꾸어 써 봅시다.

_____

19 위 글의 첫 번째 단락의 제목으로 가장 적절한 것은?

① A Day Full of Surprises
② The Best Rides at the Park
③ An Unforgettable Adventure
④ A Scary Roller-coaster Ride
⑤ A Fun Time at the Amusement Park

20 다음 중 위 글의 내용과 일치하는 것은?

① 글쓴이와 친구들은 놀이공원에 도착한 직후에 관광객을 만났다.
② 관광객은 전화기를 도난당했다.
③ 글쓴이와 친구들은 처음에 관광객의 말을 이해하지 못했다.
④ 아람이는 공원의 분실물 보관소를 찾을 수 없었다.
⑤ 관광객은 글쓴이와 친구들의 도움으로 전화기를 찾았다.

[21-23] 다음 글을 읽고, 물음에 답해 봅시다.

From the park we walked to the National Science Museum. We went directly to the Astronomical Space Hall — my favorite. The 3D images of the night sky simply ⓐ made us speechless. At the observatory, we could observe Venus even in daytime! ⓑ The most impressive zone was Space World. It allowed us ⓒ send messages into space! On our way out, Yunho became curious and asked, "Can we have a conversation in space?" Aram and Jade were ⓓ very interested, too. With a smile, I said, "We can't talk to each other there because there is no air in space, that is, because space is a _____. And sound waves can't travel through a vacuum." Aram said, "You're so well-informed, Sherlock!" I ⓔ felt really thankfully to my dad for giving me a book on space travel as a birthday gift last year.

21 위 글의 밑줄 친 ⓐ~ⓔ 중 어법상 어색한 것을 모두 고르면?

① ⓐ   ② ⓑ   ③ ⓒ   ④ ⓓ   ⑤ ⓔ

22 위 글의 빈칸에 알맞은 말을 한 단어로 써 봅시다.

_____

23 다음 영영 풀이가 의미하는 단어를 위 글에서 찾아 써 봅시다.

> a place where people use telescopes to look at stars and planets

_____

24 자기 소개를 마무리하는 문장으로 빈칸에 가장 알맞은 것은?

Hi, my name is Han Jihun. Here are some interesting things about me. I smile when I help others. I get angry when I can't solve a puzzle. I am curious and brave. I am good at solving problems. _____

① I hope this helps you get to know me better.
② I am always looking for new challenges in life.
③ I enjoy spending time with my family and friends.
④ I often think about what I want to achieve in the future.
⑤ I am passionate about learning new skills and improving myself.

25 다음 글의 제목으로 가장 알맞은 것은?

- Friends often go out together.
- Friends support each other.
- Friends comfort each other when feeling down.
- Friends laugh at the same thing.
- Friends argue sometimes because they care.

① How Do Friends Support Each Other?
② What Do Friends Do?
③ Why Is Friendship Important?
④ What Activities Do You Enjoy?
⑤ How Can Friends Solve Their Arguments?

1 다음 중 사람의 성격이나 특징을 나타내는 단어가 <u>아닌</u> 것은?

① shy   ② clever   ③ friendly
④ national   ⑤ curious

2 다음 중 an outgoing person을 가장 잘 설명하는 문장은?

① He enjoys solving puzzles alone.
② He is always patient and waits his turn.
③ He is very shy and avoids large crowds.
④ He enjoys meeting new people and loves to talk.
⑤ He loves to stay home and read books quietly.

3 다음 빈칸에 들어갈 말로 가장 알맞은 것은?

> Jina always helps others and is very _____. She never forgets to say please and thank you.

① energetic   ② polite   ③ adventurous
④ humorous   ⑤ well-informed

4 다음 빈칸에 알맞은 말이 순서대로 바르게 짝지어진 것은?

> • Where do I get _____ for the museum?
> • The picture is hanging upside _____.

① on – off   ② down – to
③ off – down   ④ off – to
⑤ by – down

[5-6] 다음 우리말과 같은 뜻이 되도록 주어진 상자에서 알맞은 단어를 골라 문장을 완성해 봅시다.

> respond   spoil   suggest   impress

5 I _____ we go to the movies tonight.
(나는 우리가 오늘 밤에 영화를 보러 가는 걸 제안해.)

6 He will _____ to your invitation soon.
(그는 곧 당신의 초대에 대답할 것이다.)

7 다음 빈칸에 들어갈 수 <u>없는</u> 말은?

> I think the _____ was fascinating.

① show   ② movie   ③ novels
④ performance   ⑤ story

8 다음 중 밑줄 친 부분이 어법상 어색한 것은?

① Each student <u>has</u> a different idea.
② Nobody in the class <u>was</u> ready for the exam.
③ Every student <u>were</u> ready for the presentation.
④ All of the students <u>are</u> excited about the event.
⑤ Both Aram and Yunho <u>were</u> late for class today.

9 다음 중 어법상 어색한 것은?

① Each of the dogs had its own bed.
② Every child has his or her favorite toy.
③ Every team handed in its report on time.
④ Every student completed its project on time.
⑤ Each of the employees received his or her bonus.

[10-11] 다음 대화를 읽고, 물음에 답해 봅시다.

A: Hi, Jian. What do you enjoy doing in your free time?
B: _____ They're so much fun.
A: It's no surprise. VR games are popular among teenagers.
B: What about you, Yujin? What are you interested in?
A: I'm fascinated by photography these days. I like to take pictures of nature. And I'm always open to new adventures.
B: That's a fantastic attitude!

10 괄호 안의 표현을 바르게 배열하여 위 대화의 빈칸에 알맞은 말을 써 봅시다.

_____
(playing / I'm / in / VR games / interested)

11 위 대화의 내용과 일치하도록 다음 질문에 대한 답을 완성해 봅시다. (단, 위 대화에 사용된 한 단어로 쓸 것)

Q: What does Yujin enjoy doing these days?
A: Yujin enjoys _____, especially taking pictures of nature.

[12-13] 다음 대화를 읽고, 물음에 답해 봅시다.

A: Andy, what are your goals for this year?
B: Well, one of my goals _____ (be) to improve my grades, especially in math. (①)
A: Nice! I also want to get better grades in math. Do you have any other goals? (②)
B: Yes. I'd also like to attend live sporting events and concerts. (③)
A: Well, my main goal is to do volunteer work. I think it's important to help others and make a difference. (④)
B: That's a great goal to have. (⑤)

12 위 대화의 괄호에 주어진 단어를 이용하여 빈칸에 알맞은 말을 한 단어로 써 봅시다.

_____

13 위 대화의 ①~⑤ 중 주어진 말이 들어가기에 가장 알맞은 곳은?

What about you?

①   ②   ③   ④   ⑤

[14-16] 다음 글을 읽고, 물음에 답해 봅시다.

I went on a field trip to an amusement park and a science museum last Friday with my classmates. Aram, Jade, Yunho, and I ⓐ were in the same group. Aram is an announcer in the school broadcasting club. She likes to chat and is good ⓑ at it. Jade is outgoing and a bit loud, and her jokes make us ⓒ to laugh. Yunho is rather quiet. He often prefers ⓓ being alone. Some people think he is not smart because (A) 그는 반응을 늦게 하는 경향이 있다. He likes to think carefully before ⓔ speaking.

14 위 글의 밑줄 친 ⓐ~ⓔ 중 어법상 어색한 것은?

① ⓐ　　② ⓑ　　③ ⓒ　　④ ⓓ　　⑤ ⓔ

15 위 글의 밑줄 친 우리말 (A)와 같은 뜻이 되도록 괄호 안의 단어를 바르게 배열해 봅시다.

> 그는 반응을 늦게 하는 경향이 있다
> → _____
> (to / he / be / tends / respond / to / slow)

16 위 글에서 아람이가 좋아하는 것은?

① 농담하기　　② 수다 떨기
③ 혼자 있기　　④ 신중하게 생각하기
⑤ 말없이 듣기

[17-20] 다음 글을 읽고, 물음에 답해 봅시다.

On the subway, Jade ⓐ suggested playing riddle games. Jade's first riddle was, "What are two things people never eat before breakfast?" After some thought, Yunho said, "Lunch and dinner." "A great start," Aram said. The next riddle was, "What 4-letter word is spelled the same forwards, backwards, and upside down?" This one was really hard. Aram asked Jade ⓑ to give us a clue. Jade said, "It starts with 'N.'" Aram said to herself, "Then the word ends with 'N' as well, and the two letters in the middle must be the same." ⓒ Thinking deeply as usual, Yunho said, "(A) I got it. It's NOON." Yunho impressed us again. Jade's next riddle was a trick question: "How many bananas can you eat ⓓ if your stomach is empty?" "Only one," I said. ⓔ Seen that Aram and Yunho were puzzled, I said to them, "After eating one banana, your stomach is no longer empty." Aram and Yunho were pleasantly surprised. "(B) _____ a wise answer to a silly question, Sherlock!" Yunho said.

17 위 글의 밑줄 친 ⓐ~ⓔ 중 어법상 어색한 것을 골라 바르게 고쳐 봅시다.

_____ → _____

18 위 글의 밑줄 친 (A) I got it. 대신 쓸 수 없는 것은?

① I got over it.
② I solved it.
③ I figured it out.
④ I understand now.
⑤ I've got the answer.

19 위 글의 빈칸 (B)에 알맞은 말을 넣어 감탄문을 완성해
봅시다.

> _____ a wise answer to a silly question,
> Sherlock!

20 위 글을 읽고, 답할 수 있는 질문은?

① What game did Jade suggest playing on the
subway?
② What did Jade think about the first riddle?
③ What was Yunho's favorite food?
④ Why did Aram feel hungry after the game?
⑤ Where did Yunho meet Jade and Aram?

[21-25] 다음 글을 읽고, 물음에 답해 봅시다.

> From the park we walked to the National Science
> Museum. We went directly to the Astronomical Space
> Hall — my favorite. The 3D images of the night
> sky simply made us ⓐ s_____. (①) At the
> observatory, we could observe Venus even in daytime!
> The most impressive zone was Space World. It allowed
> us ⓑ send / to send messages into space! (②) On our
> way out, Yunho became curious and asked, "Can we
> have a conversation in space?" Aram and Jade were
> very ⓒ interesting / interested , too. (③) Aram said,
> "You're so well-informed, Sherlock!" (④) I felt really
> thankful to my dad for ⓓ give / giving me a book on
> space travel as a birthday gift last year. (⑤)
>
> We all had fun on our field trip. It also brought us
> closer together. This school year will be great!

21 다음 영영풀이를 참고하여 위 글의 빈칸 ⓐ에 알맞은 말을
써 봅시다. (단, 주어진 철자로 시작하는 한 단어로 쓸 것)

> unable to speak because of anger, surprise, etc.

s_____

22 위 글의 ①~⑤ 중 주어진 말이 들어가기에 가장 알맞은 곳은?

> With a smile, I said, "We can't talk to each other
> there because there is no air in space, that is,
> because space is a vacuum. And sound waves
> can't travel through a vacuum."

①   ②   ③   ④   ⑤

23 위 글의 ⓑ~ⓓ에서 어법상 알맞은 것끼리 짝지어진 것은?

        ⓑ   ⓒ   ⓓ

① send   – interested – give
② send   – interested – giving
③ to send – interesting – give
④ to send – interested – give
⑤ to send – interested – giving

24 다음 중 위 글을 읽고 알 수 없는 것은?

① 그들이 공원에서 국립 과학 박물관으로 간 방법
② 천문 우주 홀에서 그들의 말문을 막히게 한 것
③ 국립 과학 박물관에서 그들에게 가장 인상적인 곳
④ 우주에서 대화를 할 수 없는 이유
⑤ 그들이 국립 과학 박물관을 나와서 간 곳

25 다음 중 글쓴이가 아버지에게 감사해하는 이유로 알맞은 것은?

① 국립 과학 박물관에 데려가 줘서
② 우주에 대해 가르쳐 줘서
③ 우주 여행에 관한 책을 생일 선물로 줘서
④ 우주 프로젝트에 참가하게 해주어서
⑤ 우주 여행에 대한 영화를 보여줘서

Lesson 2

Into the K-Culture

K-컬쳐 속으로

Big Question

How does culture shape our thoughts and actions?

문화는 우리의 생각과 행동을 어떻게
형성할까요?

The Startline

Exploring Korea
한국 탐험하기

Listen & Speak

• Experience Korean
Culture 한국 문화를 경험하세요

F 의도 표현하기

• Enjoy the K-Culture
Festival! F 동의하기
K-컬쳐 축제를 즐겨요!

Read

How About a Game of
Yunnori?
윷놀이 한판 어때요?

V 다의어

G 접속사 / 병렬 구조

Write & Present

Create Your Own Rule!
여러분만의 규칙을 만들어 보세요!

Teen Vibes

- Living in a Different Country　Fun Time
  다른 나라에 사는 것
- Around the World in Games　Project Time
  놀이 속 세계 여행

The Startline **Exploring Korea**

GET READY

우리 문화를 상징하는 것에는 어떤 것이 있는지 알아봅시다.

Street Cheering

Five-day Markets

Haenyeo

Onggi

Ondol

Kimchi

한국 탐험하기

준비 활동

우리 문화를 상징하는 것을 알아보는 활동이다. 이 활동을 통해 우리 문화에 대한 이해를 넓힘과 동시에 세계 각지에는 다양한 문화가 존재하고, 각 문화는 독특한 전통과 가치를 가지고 있음을 이해할 수 있다.

- Street Cheering – 길거리 응원
- Five-day Markets – 오일장
- *Haenyeo* – 해녀
- *Onggi* –옹기
- *Ondol* – 온돌
- Kimchi – 김치

배경지식 LEVEL UP

1. 길거리 응원

한국의 길거리 응원은 스포츠 경기, 특히 축구 월드컵이나 올림픽 같은 국제 대회 때 사람들이 거리로 나와 함께 응원하는 독특한 문화이다. 대형 스크린 앞에 모여들어 응원가를 부르고 붉은 티셔츠를 입고 응원 도구를 사용해 열정적으로 응원하며, 시민들이 하나로 모여 단합과 열기를 느낄 수 있는 특별한 순간을 만든다.

2. 오일장

매 5일마다 열리는 전통적인 장터로, 농산물, 해산물, 의류, 생활용품 등 다양한 상품을 판매하는 시장이다. 오랜 역사를 가진 오일장은 한국 고유의 상거래와 공동체 문화를 보여주는 중요한 전통 중 하나이다.

3. 해녀

주로 제주도에서 활동하는 여성 잠수부들로, 특별한 장비 없이 맨몸으로 바다에 들어가 해산물을 채취한다. 해녀들은 숨을 오래 참으며 깊은 바다에서 전복, 소라, 미역 등 다양한 해산물을 수확하며 독특한 잠수 기술과 강한 체력을 자랑한다.

4. 옹기

옹기는 한국의 전통 도자기로, 주로 장(간장, 된장), 김치 등을 저장하는 데 사용된다. 숨을 쉬는 특성이 있어 발효가 잘되며 음식 보관에 탁월해 한국의 식문화를 대표하고 있다.

5. 온돌

온돌은 한국의 전통 난방 방식으로, 아궁이에 불을 때면 열기가 방바닥 아래 설치된 돌과 굴뚝을 통해 전달되어 방 전체를 따뜻하게 데우는 구조이다. 온돌 난방 덕분에 한국에서는 바닥에 앉거나 누워서 생활하는 문화가 발달했으며, 이는 다른 국가와 구별되는 독특한 주거 문화로 자리 잡았다.

6. 김치

김치는 한국의 대표적인 발효 음식으로, 보통 배추나 무에 고춧가루, 마늘, 생강 등을 넣어 양념한 뒤 발효시켜 만든다. 독특한 맛과 영양가가 높아 한국인의 식탁에서 빼놓을 수 없는 음식이며, 세계적으로도 사랑받는 한국 문화의 상징이다.

어휘 cheer ⑧ 응원하다   market ⑲ 시장

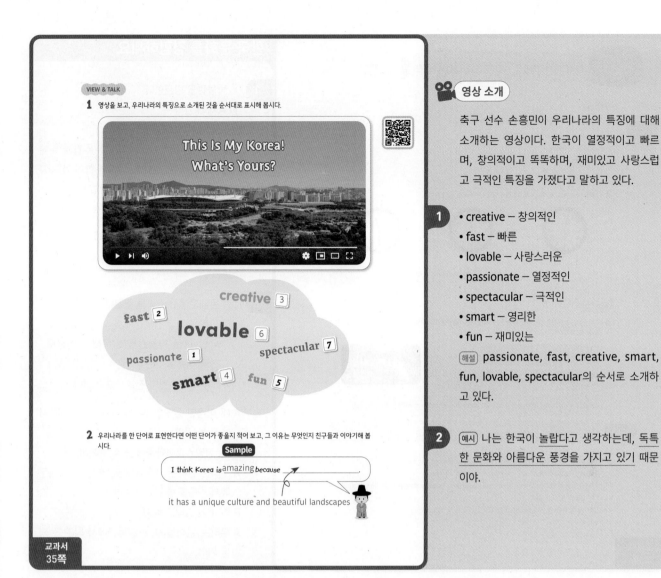

Video Script

This Is My Korea! What's Yours?

M Everyone knows I'm passionate. Know why? Look at how passionate Koreans are. You know I'm fast. Don't blink! Korea moves fast, too. I'm creative on the pitch because I was born creative. Hey, I'm Korean. Being creative is what we do. People say I'm smart. Well, just look how smart Korea is. Why am I so fun? It's because Korea is so much fun. Lovable? Wait! Me? How can you not love Korea? I aim to be spectacular for the fans, and what's more spectacular than Korea? This is my Korea. What's yours?

해석

이것이 저의 한국입니다! 여러분의 한국은 무엇인가요?

남: 제가 열정적인 건 모두가 다 알아요. 왜 그런지 아시나요? 한국인들이 얼마나 열정적인지 보세요. 여러분이 아시다시피 저는 빨라요. 눈을 깜빡이지 마세요! 한국도 빠르게 움직이죠. 저는 창의적으로 태어났기 때문에 경기장에서도 창의적이에요. 이봐요, 저는 한국인이잖아요. 창의적인 게 바로 우리들이 하는 일이죠. 사람들은 제가 똑똑하다고 말해요. 음, 그냥 한국이 얼마나 똑똑한지 보세요. 제가 왜 그렇게 재미있냐고요? 왜냐하면 한국이 정말 재미있기 때문이죠. 사랑스럽다고요? 잠깐! 제가요? 여러분이 어떻게 한국을 사랑하지 않을 수 있겠어요? 저는 팬들에게 극적인 모습을 보여드리는 게 목표인데, 한국보다 더 극적인 것이 무엇일까요? 이것이 저의 한국이에요. 여러분의 한국은 무엇인가요?

어휘 passionate ⑱ 열정적인　　blink ⑧ 눈을 깜박이다　　creative ⑱ 창의적인　　pitch ⑲ (일부 스포츠의) 경기장　　smart ⑱ 영리한
lovable ⑱ 사랑스러운　　aim to …하는 것을 목표로 하다　　spectacular ⑱ 극적인

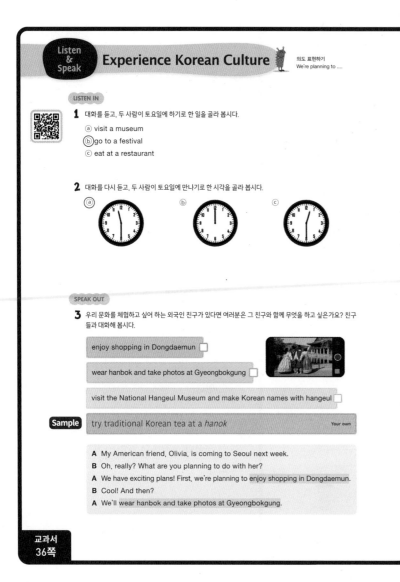

1
ⓐ 박물관을 방문한다
ⓑ 축제에 간다
ⓒ 식당에서 식사를 한다

해설 여자는 광화문에서 열리는 K-컬쳐 축제에 갈 계획이라고 했으며, 남자가 함께 가도 되냐고 묻자 승낙하면서 약속을 잡고 있다.

2 해설 두 사람은 광화문역에서 토요일 11시 30분에 만나기로 약속했다.

3
☐ 동대문에서 쇼핑을 즐긴다
☐ 한복을 입고 경복궁에서 사진을 찍는다
☐ 국립 한글 박물관을 방문해서 한글로 한국 이름을 만든다

예시 한옥에서 한국 전통차를 마신다

A 내 미국인 친구인 올리비아가 다음 주에 서울에 올 거야.
B 아, 정말? 그녀와 무엇을 할 계획이니?
A 우리는 신나는 계획들이 있어! 먼저, 동대문에서 쇼핑을 즐길 계획이야.
B 멋지다! 그러고 나서?
A 우리는 한복을 입고 경복궁에서 사진을 찍을 거야.

Listening Script

M Hey, what are you planning to do this Saturday?

W I'm planning to go to Gwanghwamun for the K-Culture Festival.

M K-Culture Festival? What's that?

W It's a festival that presents Korean culture through music, food, and dance performances.

M Wow, that's a great opportunity to learn about Korean culture. Can I go with you?

W Sure! The festival starts at noon. Let's meet at Gwanghwamun Station on Saturday at 11:30.

M OK. See you then!

해석

남: 이봐, 이번 주 토요일에 무엇을 할 계획이야?

여: 나는 K-컬쳐 축제를 위해 광화문에 갈 계획이야.

남: K-컬쳐 축제? 그게 뭐야?

여: 그건 음악, 음식, 그리고 춤 공연을 통해 한국의 문화를 보여주는 축제야.

남: 와, 한국 문화에 대해 배울 수 있는 좋은 기회구나. 내가 너와 함께 가도 될까?

여: 물론이지! 축제는 정오에 시작해. 광화문역에서 토요일 11시 30분에 만나자.

남: 그래. 그때 봐!

어휘 culture 몡 문화   festival 몡 축제   present 동 보여주다   through 전 …을 통해   performance 몡 공연
opportunity 몡 기회   national 형 국립의, 국가의

Enjoy the K-Culture Festival!

🎤 동의하기
That's right.

LISTEN IN

1 대화를 듣고, 두 사람이 가장 먼저 방문할 곳을 골라 봅시다.

ⓐ the K-Food booth
ⓑ the K-Beauty booth
ⓒ the K-Webtoon booth

2 대화를 다시 듣고, 괄호 안에서 각각 알맞은 것을 골라 봅시다.

Q Where is the K-Webtoon booth?
A It's (next to / in front of) (the K-Beauty booth / the K-Food booth).

SPEAK OUT

3 우리나라를 방문한 외국인이 적은 메모를 보며, 우리 문화에 대해 친구들과 대화해 봅시다.

Hanbok
• beautiful
• has pretty lines and shapes

Korean food
• colorful
• comes with lots of side dishes

K-Pop
• dynamic
• has cool dance moves

A What do you think of hanbok?
B I think hanbok is beautiful.
A What makes you think so?
B It's because it has pretty lines and shapes.
A That's right.

교과서 37쪽

K-컬처 축제를 즐겨요!

1 ⓐ K-푸드 부스
ⓑ K-뷰티 부스
ⓒ K-웹툰 부스

2 Q: K-웹툰 부스는 어디에 있는가?
A: 그건 <u>K-푸드 부스</u> <u>바로 옆</u>에 있다.

3 (왼쪽부터)

한복
• 아름다운 • 예쁜 선과 모양을 가지고 있다

한국 음식
• 다채로운 • 많은 반찬이 함께 나온다

K-팝
• 역동적인 • 멋진 춤 동작을 가지고 있다

A 너는 한복에 대해 어떻게 생각하니?
B 나는 한복이 아름답다고 생각해.
A 왜 그렇게 생각하니?
B 왜냐하면 그건 예쁜 선과 모양을 가지고 있기 때문이야.
A 맞아.

Listening Script

M Wow, there're so many people and event booths here.

W Look at all the people at the K-Beauty booth. I think K-Beauty products are the best in the world.

M That's right. I totally agree with you. By the way, where's the smell coming from? It must be *buchimgae*, Korean pancake.

W I love Korean food so much! Why don't we go to the K-Food booth first?

M That's a good idea. I'm really hungry.

W Me, too. We can go to the K-Webtoon booth after some food.

M That sounds perfect! The map says it's right next to the K-Food booth.

해석

남: 와, 여기 정말 많은 사람들과 이벤트 부스가 있어.

여: K-뷰티 부스에 있는 사람들 좀 봐. 나는 K-뷰티 제품들이 세계에서 최고라고 생각해.

남: 맞아. 네 말에 전적으로 동의해. 그런데, 이 냄새가 어디에서 나는 거지? 이건 한국식 팬케이크인 부침개가 틀림없어.

여: 나는 한국 음식을 정말 좋아해! 우리 K-푸드 부스에 먼저 가는 게 어때?

남: 좋은 생각이야. 나 정말 배고파.

여: 나도 그래. 우리 음식을 좀 먹은 후에 K-웹툰 부스에 가자.

남: 그거 정말 좋다! 그곳은 K-푸드 부스 바로 옆이라고 지도에 나와 있어.

어휘 **booth** 몡 (칸막이를 한) 작은 공간, 부스　**product** 몡 상품, 제품　**totally** 분 전적으로　**by the way** 그런데　**smell** 몡 냄새　**hungry** 형 배고픈　**perfect** 형 완벽한　**next to** … 바로 옆에　**in front of** …의 앞쪽에　**shape** 몡 모양　**colorful** 형 다채로운　**side dish** 곁들임 요리, 반찬　**dynamic** 형 역동적인

1 의도 표현하기

A **What are you planning to** do this afternoon?
(너는 오늘 오후에 무엇을 할 계획이니?)

B **I'm planning to** go to a traditional market to buy some snacks.
(나는 간식을 사러 전통 시장에 갈 계획이야.)

What are you planning to ...?(너는 무엇을 …할 계획이니?)는 상대방의 의도나 계획을 물을 때 사용하는 표현으로 What are you going to ...?(너는 무엇을 …할 거니?), What's your plan for ...?(…을 위한 너의 계획은 뭐니?) 등과 함께 비슷한 의미로 사용할 수 있다. I'm planning to ...(나는 …할 계획이다), I'm going to ...(나는 …할 것이다), My plan is ...(내 계획은 …이다) 등으로 응답하며 자신의 의도나 계획을 표현할 수 있다.

Check Up

▶ Answers p. 202

1 다음 대화의 빈칸에 들어갈 말로 알맞은 것을 골라 봅시다.

> A What are you planning to do this summer vacation?
> B _____

① Vacation is always too short.
② The weather is really hot in August.
③ I'm going to learn how to surf.
④ Summer vacation starts in July.
⑤ She's planning to visit her cousins abroad.

2 다음 대화의 빈칸에 알맞지 <u>않은</u> 것을 골라 봅시다.

> A What's your plan for tomorrow?
> B _____ go to the movies with my friends.

① I'll
② I'm going to
③ I'm planning to
④ I didn't
⑤ My plan is to

3 다음이 자연스러운 대화가 되도록 순서대로 번호를 써 봅시다.

> _____ Oh, really? What are you planning to do with him?
>
> _____ We'll explore the local shops in Myeongdong and try some street food.
>
> _____ My Japanese friend, Hiroshi, is coming to Seoul next month.
>
> _____ Cool! And then?
>
> _____ We have exciting plans! First, we're planning to visit Namsan Tower and enjoy the view.

A I think Seoul is the best city for shopping.
(나는 서울이 쇼핑하기에 최고의 도시라고 생각해.)
B That's right. There are so many amazing shops.
(맞아! 놀라운 가게들이 정말 많아.)

That's right.(맞아.)은 상대방의 의견에 동의할 때 사용하는 표현이다. I totally agree with you.(너에게 전적으로 동의해.), I couldn't agree with you more.(너에게 완전히 동의해.), You can say that again. (네 말이 맞아.), That's exactly what I think.(나도 정확히 그렇게 생각해.), I'm with you on that.(네 의견에 동의해.) 등의 표현도 비슷한 의미로 사용할 수 있다.

Check Up

▶ Answers p. 203

1 다음 대화의 빈칸에 들어갈 말로 알맞지 <u>않은</u> 것을 골라 봅시다.

> **A** I think Korea is one of the best places for food lovers.
> **B** _____ Korean food is so tasty and diverse.

① That's right.
② I'm with you on that.
③ I couldn't agree with you more.
④ That's exactly what I think.
⑤ You can't say that again.

2 다음 대화의 밑줄 친 우리말과 같은 뜻이 되도록 괄호 안의 단어를 바르게 배열해 봅시다.

> **A** <u>너는 K-Pop에 대해 어떻게 생각하니?</u>
> **B** I think K-Pop is dynamic because it has cool dance moves.
> **A** I totally agree with you.

_____

(do / think / K-Pop / what / you / of)

3 다음이 자연스러운 대화가 되도록 순서대로 번호를 써 봅시다.

> _____ Yes, I have! It's so beautiful and feels elegant.
> _____ Have you ever worn hanbok before?
> _____ That's exactly what I think. The colors and designs are amazing.
> ___4___ I agree! It really highlights Korean culture.

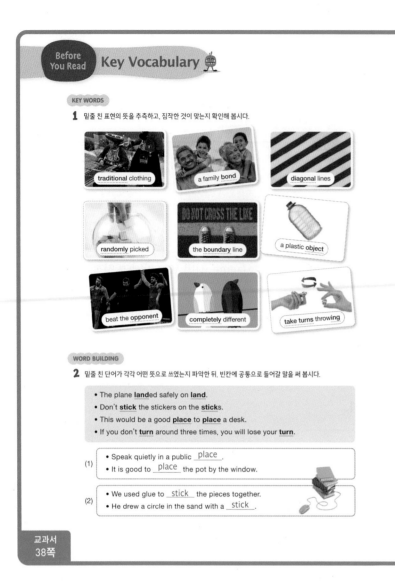

Key Words

traditional clothing 전통 의상
a family bond 가족간의 유대
diagonal lines 대각선
randomly picked 무작위로 뽑은
the boundary line 경계선
a plastic object 플라스틱으로 된 물건
beat the opponent 상대를 이기다
completely different 완전히 다른
take turns throwing 교대로 던지다

2 Word Building: 다의어

- 비행기가 땅에 안전하게 착륙했다.
- 그 막대기에 스티커를 붙이지 마라.
- 이곳은 책상을 놓기에 좋은 장소일 것이다.
- 만약 네가 세 번 돌지 않는다면, 너의 차례를 잃게 될 것이다.

(1) • 공공장소에서는 조용히 말해라.
   • 창문 옆에 그 냄비를 놓는 것이 좋다.
(2) • 그 조각들을 붙이기 위해 우리는 접착제를 사용했다.
   • 그는 막대기로 모래에 동그라미를 그렸다.

Key Words 예문

- **Traditional** music often uses unique instruments.
  (전통 음악은 종종 독특한 악기를 사용한다.)
- Friendship can create a strong **bond** between people.
  (우정은 사람들 사이에 강한 유대감을 만들어 낼 수 있다.)
- She drew a **diagonal** line across the square.
  (그녀는 정사각형에 대각선을 그렸다.)
- The colors appear **randomly** on the screen.
  (화면에 색상이 무작위로 나타난다.)
- The river forms the natural **boundary** between the two countries.
  (그 강은 두 나라 사이의 자연 경계를 이룬다.)
- She collects antique **objects** from around the world.
  (그녀는 전 세계에서 골동품들을 수집한다.)
- The team played against a strong **opponent** in the finals.
  (그 팀은 결승에서 강한 상대와 경기를 했다.)

- The house was **completely** renovated.
  (그 집은 완전히 리모델링되었다.)
- Let's **take turns** cooking dinner this week.
  (이번 주에는 저녁을 교대로 요리하자.)

Word Building 추가 예시

하나의 단어가 여러 가지 의미를 나타내는 다의어
- 기본 의미에서 확장된 경우: experience(경험 / 경험하다), complete(완전한 / 완성하다)
- 다른 의미를 나타내는 경우: close(가까운 / 닫다), present(선물 / 현재의 / 주다), book(책 / 예약하다)

어휘 beat ⑧ 이기다   land ⑧ (땅에) 내려앉다 ⑨ 땅   stick ⑧ 붙이다 ⑨ 막대기   place ⑨ 장소 ⑧ 놓다, 두다
turn ⑧ 돌다 ⑨ 차례, 순번   quietly ⑨ 조용히   public ⑨ 공공의   glue ⑨ 접착제   circle ⑨ 동그라미, 원

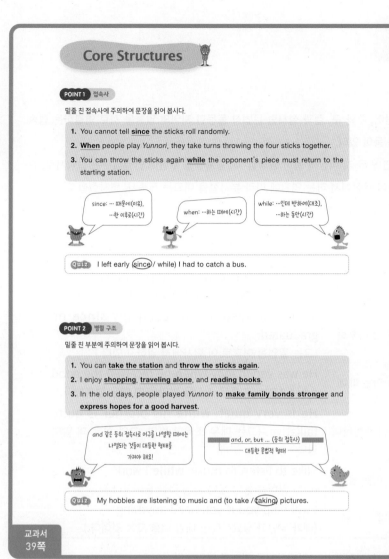

Core Structures

POINT 1 접속사

밑줄 친 접속사에 주의하여 문장을 읽어 봅시다.

1. You cannot tell **since** the sticks roll randomly.
2. **When** people play *Yunnori*, they take turns throwing the four sticks together.
3. You can throw the sticks again **while** the opponent's piece must return to the starting station.

> since: … 때문에(이유),
> …한 이후로(시간)

> when: …하는 때에(시간)

> while: …인데 반하여(대조),
> …하는 동안(시간)

> **Quiz** I left early (since)/ while) I had to catch a bus.

POINT 2 병렬 구조

밑줄 친 부분에 주의하여 문장을 읽어 봅시다.

1. You can **take the station** and **throw the sticks again**.
2. I enjoy **shopping**, **traveling alone**, and **reading books**.
3. In the old days, people played *Yunnori* to **make family bonds stronger** and **express hopes for a good harvest**.

> and 같은 등위 접속사로 어구를 나열할 때에는 나열되는 것들이 대등한 형태를 가져야 해요!

> and, or, but … (등위 접속사)
> └─ 대등한 문법적 형태 ─┘

> **Quiz** My hobbies are listening to music and (to take /(taking) pictures.

교과서 39쪽

---

① 접속사

1. 막대기들이 무작위로 구르기 때문에 당신은 알 수 없다.
2. 사람들은 윷놀이를 할 때, 교대로 4개의 막대기들을 함께 던진다.
3. 상대편의 말은 시작점으로 돌아가야 하지만, 당신은 막대기들을 다시 던질 수 있다.

Quiz. 나는 버스를 타야 했기 때문에 일찍 떠났다.

② 병렬 구조

1. 당신은 그 역을 차지하고 막대기들을 다시 던질 수 있다.
2. 나는 쇼핑하기, 혼자 여행하기, 그리고 책 읽기를 즐긴다.
3. 옛날에, 사람들은 가족 간의 유대를 더 강하게 하고 좋은 수확에 대한 기원을 표현하기 위해서 윷놀이를 했다.

Quiz. 내 취미는 음악 듣기와 사진 찍기이다.

POINT 1 접속사 예문 해설

1. 접속사가 이끄는 절이 이유를 나타내고 있으므로, '… 때문에'라는 의미로 이유를 나타내는 접속사 since가 쓰였다.

2. 접속사가 이끄는 절이 '사람들이 윷놀이를 할 때'라는 의미로 시간을 나타내고 있으므로, '…하는 때에'라는 의미로 시간을 나타내는 접속사 when이 쓰였다.

3. 접속사를 사이에 두고 두 절이 대조의 의미를 나타내고 있다. 따라서 '…인데 반하여'라는 의미로 대조를 나타내는 접속사 while이 쓰였다.

POINT 2 병렬 구조 예문 해설

1. 동사구인 take the station과 throw the sticks again이 조동사 can 뒤에서 병렬 구조를 이루고 있다. 등위 접속사인 and로 연결된 구조이다.

2. 목적어인 shopping, traveling alone, reading books가 동사 뒤에서 병렬 구조를 이루고 있다. 등위 접속사인 and로 연결되어 있으며, 문법적인 형태가 같아야 하므로 모두 동명사로 쓰였다.

3. to 부정사구인 to make family bonds stronger와 (to) express hopes for a good harvest가 등위 접속사 and로 연결되어 있다. 이렇게 to 부정사가 병렬 구조를 이룰 때, 접속사 뒤에 오는 to는 생략되는 경우가 많다.

어휘 tell ⑤ 알다　roll ⑤ 구르다　piece ⑲ (체스나 장기 같이 판에서 하는 놀이에 쓰이는) 말, 조각　return ⑤ 돌아오다　express ⑤ 표현하다　harvest ⑲ 수확 ⑤ 수확하다

Point 1

접속사

등위 접속사: 단어와 단어, 구와 구, 절과 절처럼 문법상 동등한 지위의 말들을 서로 연결하는 접속사로 and, or, but, so 등이 있다.

종속 접속사: 한 문장 안에 두 개 이상의 절이 등장할 때, 종속절을 주절에 연결해주는 접속사로, 종속 접속사가 이끄는 절이 문장에서 하는 역할에 따라 부사절을 이끄는 접속사, 명사절을 이끄는 접속사 등으로 구분된다.

• 부사절을 이끄는 접속사

since	이유	… 때문에	**Since** it's raining, we should stay indoors. (비가 오니까, 우리는 실내에 있어야 한다.)
	시간	…한 이후로	He has worked at this company **since** he graduated. (그는 졸업한 이후로 이 회사에서 일하고 있다.)
when	시간	…하는 때에	He was very happy **when** he received the good news. (그는 그 좋은 소식을 받았을 때 매우 행복했다.)
while	대조	…인데 반하여	He is very quiet, **while** his brother is quite talkative. (그는 매우 조용한 반면, 그의 형은 꽤 말이 많다.)
	시간	…하는 동안	I like to listen to music **while** I work. (나는 일하는 동안 음악 듣는 것을 좋아한다.)
if	조건	만약 …라면	I will help you **if** you need anything. (네가 무언가 필요하다면 내가 너를 도울 것이다.)

시간과 조건을 나타내는 부사절에서는 현재시제로 미래를 나타낸다.

• **If** it <u>rains</u> tomorrow, we will cancel the picnic. (○)

(내일 비가 온다면, 우리는 소풍을 취소할 것이다.)

• **If** it <u>will rain</u> tomorrow, we will cancel the picnic. (✕)

Check Up

1 다음 괄호 안에서 알맞은 것을 골라 봅시다.

(1) (If / While) you practice every day, you will get better at playing the piano.

(2) They have been friends (if / since) they were children.

(3) (While / Since) he was cooking dinner, the phone rang.

2 다음 문장의 밑줄 친 부분을 어법에 맞게 고쳐 봅시다.

(1) If you <u>won't</u> study hard, you won't pass the exam.

(2) When the concert <u>will start</u>, we will remain in our seats.

▶ Answers p. 203

Point 2

병렬 구조

등위 접속사인 and, or, but 등에 의해 연결되는 말은 문법적으로 대등한 성분 또는 형태여야 한다.

- **Tom** and **Jerry** are famous cartoon characters. → 단어와 단어
  (톰과 제리는 유명한 만화 캐릭터이다.)
- She loves **reading books** and **watching movies**. → 구와 구
  (그녀는 책 읽는 것과 영화 보는 것을 아주 좋아한다.)

동사가 병렬 구조를 이룰 때, 접속사 뒤에서 조동사가 반복되면 이를 생략하는 경우가 많다. 또한 to 부정사가 병렬 구조를 이룰 때, 접속사 뒤에 오는 to는 생략되는 경우가 많다.

- They **can swim in the pool** and (can) play basketball later.
  (그들은 수영장에서 수영을 하고, 나중에 농구를 할 수 있다.)
- Artists create paintings **to express their emotions** and **(to) inspire others**.
  (예술가들은 자신의 감정을 표현하고, 다른 사람들에게 영감을 주기 위해 그림을 그린다.)

두 개 이상의 표현이 짝을 이룬 접속사인 상관 접속사로 연결되는 말은 문법적 형태가 동일해야 한다. 자주 쓰이는 상관 접속사로는 both *A* and *B*(A와 B 둘 다), not *A* but *B*(A가 아니라 B), not only *A* but (also) *B*(A뿐만 아니라 B도) 등이 있다.

- Both **the teacher** and **the students** enjoyed the field trip.
  (선생님과 학생들 모두 체험 학습을 즐겼다.)
- She is not **sleeping** but **reading a book**.
  (그녀는 자고 있는 것이 아니라 책을 읽고 있다.)

Check Up

1 밑줄 친 부분과 병렬 구조로 연결된 부분을 찾아 밑줄을 긋고 문장을 우리말로 해석해 봅시다.

(1) She is interested in both cooking and baking.

→ _____

(2) You can choose to go for a walk or stay at home.

→ _____

2 괄호 안의 단어를 이용하여 다음 문장을 완성해 봅시다.

(1) She is interested in not only learning new languages but also _____ to new places.
(travel)

(2) Mina enjoys cooking dinner but _____ washing dishes. (hate)

▶ **Answers** p. 203

Grammar Practice / 문법 연습

접속사

1 다음 괄호 안에서 알맞은 것을 골라 봅시다.

(1) (If / While) you work hard, you'll achieve your goals.

(2) (Since / If) I missed the bus, I had to walk to school.

(3) I was really surprised (if / when) I heard the news.

(4) He listens to music (since / while) he works out at the gym.

2 밑줄 친 부분이 어법상 맞으면 ○표시를 하고, 틀리면 어법에 맞게 고쳐 봅시다.

(1) When he <u>will arrive</u> at the airport, I'll pick him up.

(2) She'll join us for the trip if she <u>feels</u> better tomorrow.

(3) If we <u>won't</u> hurry, we'll miss the bus.

3 밑줄 친 접속사의 의미에 유의하여 다음 문장을 우리말로 해석해 봅시다.

(1) He enjoys outdoor activities, <u>while</u> she prefers staying indoors.

→ _____

(2) <u>While</u> we were waiting for the train, we played a card game.

→ _____

(3) <u>Since</u> I joined the club, I've learned so much about photography.

→ _____

(4) I went to bed early <u>since</u> I was feeling tired.

→ _____

4 다음 우리말과 같은 뜻이 되도록 괄호 안의 표현을 바르게 배열해 봅시다. (단, 접속사로 문장을 시작할 것)

(1) 그녀가 책을 읽고 있는 동안, 아기는 잠들었다.

→ _____

(reading / the baby / a book / while / fell asleep / she was)

(2) 그가 다른 도시로 이사간 이후로, 나는 그를 보지 못했다.

→ _____

(to another city / haven't seen / he / him / since / I / moved)

병렬 구조

Memo

1 다음 괄호 안에서 알맞은 것을 골라 봅시다.

(1) She likes to read novels and (watch / watching) movies in her free time.

(2) You can have tea or (choose / choosing) coffee, but not both.

(3) She decided to not only bake cookies but also (make / making) a cake.

(4) The manager is looking for someone who is both creative and (help / helpful).

2 다음 문장의 밑줄 친 부분을 어법에 맞게 고쳐 봅시다.

(1) She is energetic and passion about her work.

(2) We go hiking or staying home and relax on the weekend.

(3) Would you prefer to travel by bus or taking the train?

(4) He wanted to not only finish his project on time but also to hand it in correctly.

3 괄호 안의 단어를 이용하여 다음 문장을 완성해 봅시다. (단, 바꿀 필요가 없으면 그대로 쓸 것)

(1) I'll take a sandwich or _____ a salad for lunch. (bring)

(2) He enjoys running in the park or _____ his bike. (ride)

(3) I look forward to seeing my friends and _____ time with family. (spend)

(4) He decided to not only improve his health but also _____ on his studies. (focus)

4 다음 우리말과 같은 뜻이 되도록 괄호 안의 단어를 바르게 배열해 봅시다.

(1) 그는 책을 읽고 이야기를 쓰는 데 시간을 보낸다.

→ He spends time on _____.

(and / stories / reading / writing / books)

(2) 그는 춤추기뿐만 아니라 노래도 잘한다.

→ He is _____.

(singing / at / also / not / dancing / but / only / good)

Topic Preview

FOCUS ON TOPIC

1 우리나라 전통 놀이의 규칙으로 알맞은 것을 연결해 봅시다.

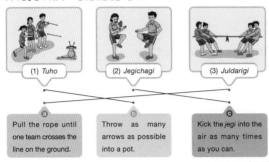

(1) *Tuho*　　(2) *Jegichagi*　　(3) *Juldarigi*

ⓐ Pull the rope until one team crosses the line on the ground.

ⓑ Throw as many arrows as possible into a pot.

ⓒ Kick the *jegi* into the air as many times as you can.

2 윷놀이에 대해 여러분이 알고 있는 사실에 모두 V 표시를 해 봅시다.

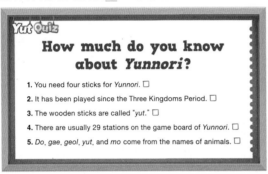

Yut Quiz

How much do you know about *Yunnori*?

1. You need four sticks for *Yunnori*. ☐
2. It has been played since the Three Kingdoms Period. ☐
3. The wooden sticks are called "*yut*." ☐
4. There are usually 29 stations on the game board of *Yunnori*. ☐
5. *Do, gae, geol, yut,* and *mo* come from the names of animals. ☐

교과서 40쪽

1

(1) 투호
(2) 제기차기
(3) 줄다리기
ⓐ 한 팀이 땅 위의 선을 넘을 때까지 줄을 당겨라.
ⓑ 가능한 한 많은 화살을 항아리에 던져라.
ⓒ 제기를 공중에서 할 수 있는 만큼 많이 차라.

2 윷 퀴즈

여러분은 윷놀이에 대해 얼마나 많이 아시나요?

1. 윷놀이에는 4개의 막대기가 필요하다.
2. 이것은 삼국시대부터 행해지고 있다.
3. 나무로 된 막대기는 '윷'이라고 불린다.
4. 윷놀이의 게임 판에는 보통 29개의 역이 있다.
5. 도, 개, 걸, 윷, 모는 동물들의 이름으로부터 유래되었다.

배경지식 LEVEL UP

한국의 전통 놀이

1. 투호
투호는 우리나라의 전통 놀이 중 하나로, 땅에 세운 큰 항아리에 멀리서 화살 모양의 막대를 던져 넣는 놀이이다. 예로부터 주로 명절이나 특별한 행사에서 가족이나 친구들이 함께 즐기던 놀이이며, 집중력과 정확성을 요구하는 것이 특징이다.

2. 제기차기
우리나라의 전통 놀이인 제기차기는 발로 제기를 차서 공중에 오래 띄우는 놀이이다. 제기는 엽전이나 쇠붙이에 얇고 질긴 종이나 천을 접어서 싼 다음, 끝을 여러 갈래로 찢어 너풀거리게 한 놀이 기구로, 제기차기는 흔히 설날이나 명절에 친구나 가족들과 함께 즐긴다. 제기차기는 균형 감각과 발목 힘을 길러주며, 겨울철 운동으로도 인기가 많았다.

3. 줄다리기
줄다리기는 여러 사람이 두 편으로 나뉘어 줄을 당겨 승부를 겨루는 놀이로, 벼농사 문화권에서 주로 행해졌다. 각 팀은 강한 힘과 협력으로 상대 팀을 자신이 위치한 쪽으로 끌어당겨 승패를 가린다. 보통 명절 때나 축제에서 즐기며, 팀워크와 힘을 겨루는 운동으로 전통적인 공동체 활동의 일환으로 여겨졌다. 우리나라의 줄다리기는 2015년에 캄보디아, 필리핀, 베트남과 공동으로 유네스코 인류무형문화유산에 등재되었다.

4. 윷놀이
윷놀이는 우리나라의 전통적인 보드게임으로, 정월 초하루부터 대보름까지 즐기며, 4개의 윷을 던지고 그 결과에 따라 말을 사용하여 승부를 겨루는 민속놀이이다. 윷놀이는 운과 전략이 결합된 놀이로, 가족 간의 유대감을 강화하는 중요한 전통 놀이이다.

어휘 rope 몡 밧줄　　cross 동 건너다, 가로지르다　　arrow 몡 화살　　possible 혱 가능한　　wooden 혱 나무로 된
usually 튀 보통, 대개　　station 몡 역, 정거장　　come from …에서 생겨나다

NEW WORDS

본문의 주요 어휘와 표현을 익혀 봅시다.

traditional	전통의, 전통적인	randomly	무작위로
used to	…하곤 했다	boundary	경계, 경계선
lunar	달의	object	물건, 물체
bond	유대, 끈	take turns -ing	교대로 …하다
harvest	수확; 수확하다	depending on	…에 따라
continue	계속되다	additional	추가의
remain	남다, 남아 있다	opponent	상대
stick	막대기; 붙이다	return	돌아오다
piece	(체스나 장기 같이 판에서 하는 놀이에 쓰이는) 말, 조각	imaginative	창의적인, 상상력이 풍부한
come in	…한 형태로 나오다	mission	임무
diagonal	대각선의; 대각선	completely	완전히
throw	던지다; 던지기	turn around	돌다, 회전하다
based on	…에 근거하여	similar	비슷한, 유사한
result	결과	creative	창의적인
land	(땅에) 내려앉다; 땅	attractive	매력적인

WORDS Practice ❶

다음 어휘나 표현의 우리말 뜻을 찾아 그 번호를 써 봅시다.

▶ Answers p. 204

01 remain	16 additional
02 mission	17 attractive
03 diagonal	18 creative
04 traditional	19 opponent
05 similar	20 turn around
06 throw	21 imaginative
07 come in	22 depending on
08 harvest	23 based on
09 completely	24 object
10 land	25 boundary
11 take turns -ing	26 randomly
12 used to	27 result
13 continue	28 return
14 lunar	29 stick
15 piece	30 bond

① 경계, 경계선
② …한 형태로 나오다
③ 상대
④ 던지다; 던지기
⑤ 창의적인
⑥ 교대로 …하다
⑦ 임무
⑧ 완전히
⑨ 물건, 물체
⑩ 매력적인
⑪ 수확; 수확하다
⑫ 창의적인, 상상력이 풍부한
⑬ …하곤 했다
⑭ 추가의
⑮ 돌아오다
⑯ (체스나 장기 같이 판에서 하는 놀이에 쓰이는) 말, 조각
⑰ …에 근거하여
⑱ 막대기; 붙이다
⑲ (땅에) 내려앉다; 땅
⑳ …에 따라
㉑ 결과
㉒ 무작위로
㉓ 돌다, 회전하다
㉔ 유대, 끈
㉕ 비슷한, 유사한
㉖ 남다, 남아 있다
㉗ 계속되다
㉘ 달의
㉙ 대각선의; 대각선
㉚ 전통의, 전통적인

01 계속되다	16 …한 형태로 나오다
02 완전히	17 임무
03 교대로 …하다	18 경계, 경계선
04 추가의	19 …에 근거하여
05 돌아오다	20 비슷한, 유사한
06 매력적인	21 남다, 남아 있다
07 (땅에) 내려앉다; 땅	22 전통의, 전통적인
08 물건, 물체	23 수확; 수확하다
09 무작위로	24 상대
10 결과	25 돌다, 회전하다
11 창의적인	26 …하곤 했다
12 대각선의; 대각선	27 유대, 끈
13 던지다; 던지기	28 창의적인, 상상력이 풍부한
14 달의	29 막대기; 붙이다
15 (체스나 장기 같이 판에서 하는 놀이에 쓰이는) 말, 조각	30 …에 따라

① attractive
② return
③ come in
④ similar
⑤ lunar
⑥ completely
⑦ used to
⑧ opponent
⑨ based on
⑩ take turns -ing
⑪ randomly
⑫ piece
⑬ mission
⑭ continue
⑮ result
⑯ remain
⑰ creative
⑱ traditional
⑲ diagonal
⑳ turn around
㉑ object
㉒ boundary
㉓ harvest
㉔ additional
㉕ bond
㉖ depending on
㉗ throw
㉘ stick
㉙ imaginative
㉚ land

How About a Game of Yunnori?

교과서 41쪽

❶ Have you ever played *Yunnori*? ❷ It is a traditional board game that Koreans used to
현재완료(경험)

play from New Year's Day to the First Full Moon of the lunar calendar. ❸ Did you know
from A to B: A부터 B까지

that the game has a long history? ❹ It is believed that the game has been played since
명사절을 이끄는 접속사 ㅤㅤㅤㅤㅤㅤㅤㅤㅤㅤㅤㅤㅤㅤㅤㅤ현재완료의 수동태: have[has] been+과거분사

the Three Kingdoms Period. ❺ In the old days, people played *Yunnori* to make family
ㅤㅤㅤㅤㅤㅤㅤㅤㅤㅤㅤㅤㅤㅤㅤㅤㅤㅤㅤㅤㅤㅤㅤㅤ5형식: make+목적어+형용사

bonds stronger and express hopes for a good harvest. ❻ This tradition has continued, and

Yunnori remains a popular board game that many people still enjoy.
ㅤㅤㅤㅤㅤㅤㅤㅤㅤㅤㅤㅤㅤㅤㅤㅤㅤ목적격 관계 대명사

1 Why did people play *Yunnori* in the old days? (옛날에 사람들은 왜 윷놀이를 했나요?)

정답 People played it to make family bonds stronger and express hopes for a good harvest.
ㅤㅤ(사람들은 가족 간의 유대를 더 강하게 하고 좋은 수확에 대한 기원을 표현하기 위해서 윷놀이를 했다.)

Over to you 1 Have you ever played *Yunnori* before? (여러분은 예전에 윷놀이를 해본 적이 있나요?)

Sample Yes, I have. I play *Yunnori* with my family every New Year's Day.
ㅤㅤ(해본 적이 있다. 나는 매해 설날에 가족들과 함께 윷놀이를 한다.)

어휘 **traditional** 형 전통의, 전통적인ㅤㅤ**used to** …하곤 했다ㅤㅤ**full moon** 보름달ㅤㅤ**lunar** 형 달의ㅤㅤ**calendar** 명 달력
the Three Kingdoms Period 삼국시대ㅤㅤ**bond** 명 유대, 끈ㅤㅤ**express** 동 표현하다ㅤㅤ**harvest** 명 수확 동 수확하다
tradition 명 전통ㅤㅤ**continue** 동 계속되다ㅤㅤ**remain** 동 남다, 남아 있다ㅤㅤ**popular** 형 인기 있는

윷놀이 한판 어때요?

❶ 당신은 윷놀이를 해본 적이 있는가? ❷ 이것은 한국인들이 음력으로 설날부터 정월 대보름까지 하곤 했던 전통 보드게임이다. ❸ 당신은 이 게임이 긴 역사를 가지고 있다는 것을 알고 있었는가? ❹ 이 게임은 삼국시대부터 해왔다고 여겨지고 있다. ❺ 옛날에, 사람들은 가족 간의 유대를 더 강하게 하고 좋은 수확에 대한 기원을 표현하기 위해서 윷놀이를 했다. ❻ 이 전통은 계속되었고, 윷놀이는 많은 사람들이 여전히 즐기는 인기 있는 보드게임으로 남아있다.

구문 해설

❶ **Have you ever played** *Yunnori*?
- 'Have you (ever) + 과거분사 ...?'는 '당신은 …해본 적이 있나요?'라는 의미로 경험을 나타내는 현재완료이다. 경험을 나타내는 현재완료에는 ever, never, before, once 등이 함께 쓰이는 경우가 많다.

❷ It is a traditional board game **that** Koreans **used to play** from New Year's Day to the First Full Moon of the lunar calendar.
- 여기서에서 that은 목적격 관계 대명사로 생략이 가능하다.
- 'used to+동사원형'은 '(과거에) …하곤 했다'라는 의미로 과거에 있었던 상황이나 습관을 나타내는 데 사용된다.

❸ Did you know **that** the game has a long history?
- 여기서 that은 명사절을 이끄는 접속사로 뒤에는 '주어+동사'의 어순을 갖춘 완벽한 절이 나오며, 이 명사절은 동사 know의 목적어 역할을 한다.

❹ **It** is believed **that** the game **has been played** since the Three Kingdoms Period.
- '가주어—진주어' 구문으로, 주어가 길어지는 것을 피하기 위해 진주어인 that절을 뒤로 보내고 가주어 it을 문장 맨 앞으로 보낸 구조이다.
- has been played는 현재완료 수동태로, 현재완료(have[has]+과거분사)와 수동태(be+과거분사)가 합쳐져 'have[has] been+과거분사'의 형태로 쓰이며 '…되어져 왔다'로 해석한다.

❺ In the old days, people played *Yunnori* **to make family bonds stronger and express hopes for a good harvest**.
- to make ...와 (to) express ...는 to 부정사의 부사적 용법 중 목적을 나타내며 '…하기 위해'라고 해석한다.
- to 부정사구인 to make family bonds stronger와 (to) express hopes for a good harvest가 등위 접속사 and로 연결되어 병렬 구조를 이루고 있다.

❻ This tradition **has continued**, and *Yunnori* remains a popular board game that many people still enjoy.
- has continued는 현재완료의 계속적 용법으로 과거부터 현재까지 계속되는 일을 나타낸다. 계속을 나타내는 현재완료는 for, since, how long 등과 자주 쓰인다.

문법 톡톡

used to vs be used to
- used to+동사원형 : (과거에) …하곤 했다
  She **used to live** in London. (그녀는 런던에 살았다.)
- be used to+동사원형: …하는 데 사용되다
  Salt is **used to preserve** food. (소금은 음식을 보존하는 데 사용된다.)

Check Up

▶ Answers
p. 204

1 다음 우리말과 같은 뜻이 되도록 괄호 안에서 알맞은 말을 골라 봅시다.

우리는 어릴 때 여름마다 캠핑을 가곤 했다.
→ We (used to / were used to) go camping every summer when we were kids.

2 밑줄 친 부분에 유의하여 다음 문장을 우리말로 해석해 봅시다.

The house has been cleaned for two hours.

❶ To play *Yunnori*, you need a board, four wooden sticks, and a set of game pieces.
to 부정사의 부사적 용법(목적)

❷ The board for the game is called *yutpan*. ❸ It <u>comes in</u> different sizes and shapes, but it
···한 형태로 나오다

is usually a square with two diagonal lines. ❹ <u>As</u> you can see below, a total of 29 stations
접 ···다시피, ···듯이

are on the board.

2 What do you need to play *Yunnori*? (윷놀이를 하기 위해서 여러분은 무엇이 필요한가요?)

정답 To play *Yunnori*, we[I] need a board, four wooden sticks, and a set of game pieces.
　　(윷놀이를 하기 위해서 우리는[나는] 판, 4개의 나무 막대기, 그리고 게임 말 세트가 필요하다)

3 The *yutpan* always has the same size and shape. T /Ⓕ
　(윷판은 항상 같은 크기와 모양을 가진다.)

어휘 **wooden** 형 나무로 된　　**stick** 명 막대기 동 붙이다　　**piece** 명 (체스나 장기 같이 판에서 하는 놀이에 쓰이는) 말, 조각
　　　come in ···한 형태로 나오다　　**shape** 명 모양　　**usually** 부 흔히, 대개　　**square** 명 정사각형　　**diagonal** 형 대각선의 명 대각선
　　　below 부 아래에　　**a total of** 전부, 총　　**station** 명 정거장, 역

❶ 윷놀이를 하기 위해서, 당신은 판, 4개의 나무 막대기, 그리고 게임 말 세트가 필요하다. ❷ 게임을 위한 판은 '윷판'이 라고 불린다. ❸ 이것은 다양한 크기와 모양으로 나오지만, 보통 2개의 대각선이 있는 정사각형이다. ❹ 아래에서 볼 수 있듯 이, 모두 29개의 역이 판에 있다.

❶ **To play** *Yunnori*, you need **a board, four wooden sticks, and a set of game pieces**.
- To play는 to 부정사의 부사적 용법 중 목적을 나타내며 '…하기 위해'라고 해석한다.
- 윷놀이에 필요한 세 가지를 나타내는 명사구—판(a board), 4개의 나무 막대기(four wooden sticks), 게임 말 세트(a set of game pieces)—가 등위 접속사인 and로 연결된 병렬 구조이다.

❷ The board for the game **is called** *yutpan*.
- 'be동사+과거분사' 형태의 수동태로 쓰인 문장이며, is called는 '…라고 불린다'라고 해석한다.

❸ **It comes in** different sizes and shapes, but **it** is usually a square with two diagonal lines.
- 여기서 It[it]은 앞 문장의 *yutpan*을 가리킨다.
- come in은 '…한 형태로 나오다'라는 의미를 나타낸다.

❹ **As** you can see below, a total of 29 stations are on the board.
- 여기서 As는 '…다시피, …듯이'라는 의미의 접속사로 쓰였다. 접속사 as는 이 외에도 '…하는 동안에, …대로, … 때문 에' 등 다양한 의미를 나타낼 수 있다.

수동태
'be동사+과거분사(+by+행위자)'의 형태로 행위자가 아닌 행위의 대상이나 사건을 강조할 때 사용하며, 주어가 행위의 영향 을 받거나 당하는 것을 나타낸다.
She **wrote** this book. (그녀가 이 책을 썼다.) → 능동태
This book **was written by her**. (이 책은 그녀에 의해 쓰여졌다.) → 수동태

접속사 as의 다양한 의미
- **As** you know, my uncle is leaving soon. (너도 알다시피, 우리 삼촌이 곧 떠날 거야.)
- **As** I was walking home, it started to rain. (내가 집에 걸어 가는 동안에 비가 오기 시작했다.)
- Do it **as** I told you. (내가 너에게 말한대로 해라.)
- **As** it was getting late, we decided to leave. (늦어지고 있기 때문에 우리는 떠나기로 결정했다.)

Check Up

▶ Answers
p. 204

1 괄호 안의 단어를 이용하여 빈칸에 알맞은 말을 써 봅시다. (단, 2단어로 쓸 것)

The cake _____ by my mom yesterday. (bake)

2 다음 빈칸에 공통으로 알맞은 접속사를 골라 봅시다.

- _____ she is very kind, everyone likes her.
- _____ she spoke, everyone listened carefully.
- Everything happened _____ we expected.

① Because[because]   ② As[as]   ③ When[when]   ④ While[while]

❶ When your board is ready, you need four wooden sticks. ❷ The sticks, <u>called</u> *yut*, are
　　　　　　　　　　　　　　　　　　　　　　　　　　　　= which are called *yut*
flat on <u>one side</u> and rounded on <u>the other</u>. ❸ You throw the sticks on the floor. ❹ Then you
　　　　　└─둘 중 하나는 one, 나머지 하나는 the other─┘

move game pieces on the board based on the result of each throw. ❺ How many sticks will

land with the flat side up? ❻ You cannot tell <u>since</u> the sticks roll randomly. ❼ This adds to
　　　　　　　　　　　　　　　　　　접 … 때문에

the excitement of the game. ❽ All the sticks must stay inside the boundary; <u>if not</u>, you lose
　　　　　　　　　　　　　　　　　　　　　　= if the sticks don't stay inside the boundary

a turn.

4　What does *yut* look like? (윷은 어떻게 생겼나요?)
　　정답 It is flat on one side and rounded on the other. (그것은 한 면은 평평하고 다른 한 면은 둥글다.)
5　Players can move game pieces on the board before throwing the sticks. T /Ⓕ
　　(참가자들은 막대기를 던지기 전에 판 위에서 게임 말을 이동시킬 수 있다.)

Korean Name		Result	Meaning	
do	▨▨▨▨	1 flat side up, 3 rounded sides up	+1	Move 1 space.
gae	▨▨▨▨	2 flat sides up, 2 rounded sides up	+2	Move 2 spaces.
geol	▨▨▨▨	3 flat sides up, 1 rounded side up	+3	Move 3 spaces.
yut	▨▨▨▨	4 flat sides up	+4	Move 4 spaces.
mo	▨▨▨▨	4 rounded sides up	+5	Move 5 spaces.
back-do	▨▨▨▨	1 specially marked flat side up, 3 rounded sides up	−1	Move 1 space back.

Get another turn.

어휘 **flat** 형 평평한　　**rounded** 형 둥근　　**throw** 동 던지다 명 던지기　　**floor** 명 바닥　　**based on** …에 근거하여　　**result** 명 결과
land 동 (땅에) 내려앉다 명 땅　　**tell** 동 알다　　**roll** 동 구르다　　**randomly** 부 무작위로　　**add to** …에 더하다
excitememt 명 흥분, 신남　　**inside** 전 …의 안에　　**boundary** 명 경계, 경계선　　**turn** 명 차례, 순번 동 돌다　　**mark** 동 표시하다

해석

❶ 판이 준비되었다면, 당신은 4개의 나무 막대기가 필요하다. ❷ '윷'이라고 불리는 이 막대기들은 한 면은 평평하고 다른 한 면은 둥글다. ❸ 당신은 그 막대기들을 바닥에 던진다. ❹ 그런 다음 당신은 각각 던진 결과에 근거하여 게임 말을 판 위에서 이동한다. ❺ 얼마나 많은 막대기가 평평한 면을 위로 하여 착지할 것인가? ❻ 막대기들이 무작위로 구르기 때문에 당신은 알 수 없다. ❼ 이것이 게임의 흥미를 더한다. ❽ 모든 막대기는 경계선 안에 있어야 한다. 그렇지 않으면, 당신은 차례를 잃는다.

한글 이름		결과	의미	
도		1개의 평평한 면이 위를 향하고, 3개의 둥근 면이 위를 향함	+1	1칸 이동하세요.
개		2개의 평평한 면이 위를 향하고, 2개의 둥근 면이 위를 향함	+2	2칸 이동하세요.
걸		3개의 평평한 면이 위를 향하고, 1개의 둥근 면이 위를 향함	+3	3칸 이동하세요.
윷		4개의 평평한 면이 위를 향함	+4	4칸 이동하세요.
모		4개의 둥근 면이 위를 향함	+5	5칸 이동하세요.
백도		1개의 특별하게 표시된 평평한 면이 위를 향하고, 3개의 둥근 면이 위를 향함	−1	

또 한번의 차례를 얻는다.

구문 해설

❷ The sticks, **called** *yut*, are flat on **one side** and rounded on **the other.**
- called *yut*은 과거분사구로, 원래 which are called *yut*의 관계 대명사절이 삽입되어 있었지만 주격 관계 대명사와 be동사가 생략되어 과거분사구만 남은 형태이다.
- 윷의 두 면의 차이점을 대조하여 설명하기 위해 둘 중 하나를 one side, 나머지 하나는 the other (side)로 표현했다. 둘 중 하나는 one, 나머지 하나는 the other로 쓴다.

❸ You **throw** the sticks on the floor.
- 여기서 throw는 동사로 '던지다'라는 의미를 나타낸다.

❹ Then you move game pieces on the board **based on** the result of each **throw.**
- based on은 '…에 근거하여'라는 뜻으로 어떤 사실이나 조건을 근거로 설명할 때 사용하는 표현이다.
- 여기서 throw는 명사로 '던지기'라는 의미를 나타낸다.

❺ How many sticks will land **with the flat side up**?
- 'with+(대)명사+부사(구)'는 동시동작을 나타내며 '…가 …한 채로'의 의미를 지닌다. 이 문장에서는 '평평한 면을 위로 한 채로(위로 하여)'라고 해석된다.

❻ You cannot **tell since** the sticks roll randomly.
- 여기서 tell은 '알다'라는 의미로 해석된다.
- 여기서 since는 이유를 나타내는 접속사로 '… 때문에'라는 의미를 나타낸다.

❼ **This** adds to the excitement of the game.
- 이 문장에서 This는 앞 문장인 You cannot tell since the sticks roll randomly.를 가리킨다.

❽ All the sticks must stay inside the boundary; **if not**, you lose a turn.
- if not은 '만약 그렇지 않으면'이라는 뜻으로 여기에서는 세미콜론(;) 앞부분의 '모든 막대기는 경계선 안에 있어야 한다'라는 조건과 연결되어, 문맥상 if the sticks don't stay inside the boundary를 의미한다.

Check Up

▶ Answers
p. 204

1 다음 문장에서 어법상 어색한 부분을 찾아 바르게 고쳐 봅시다.

The sticks, calling *yut*, are flat on one side and rounded on the other.

❶ The game pieces, called *mal*, should be small so that you can place them on stations.
= which are called *mal*

❷ Any small objects can be used as game pieces. ❸ Each player usually has four pieces, but
조동사가 있는 수동태: 조동사+be+과거분사

the sets of pieces should look different from player to player.

❹ When people play *Yunnori*, they take turns throwing the four sticks together. ❺ Players
└─교대로 …하다─┘

move game pieces on the board depending on the result of each throw. ❻ In each turn, a

player can move a piece already on the board or place an additional piece on the board. ❼ If
형 추가의

a piece lands on an opponent's station, you can take the station and throw the sticks again

while the opponent's piece must return to the starting station. ❽ If a piece lands on one of
접 …인데 반하여

your own pieces, both can move together as one. ❾ When a piece is on a corner or in the
     (pieces)

center, the player can choose which way to move. ❿ The player who moves all the pieces
어느 방향으로 움직일지

back to the starting station first wins.

6 *Mal* should be ____small____ and look ____different____ from player to player.
　(말은 작아야 하고, 참가자마다 다르게 보여야 한다.)

> *Yunnori can also be played in teams.*
> (윷놀이는 팀으로도 경기할 수 있어요.)

Possible Routes

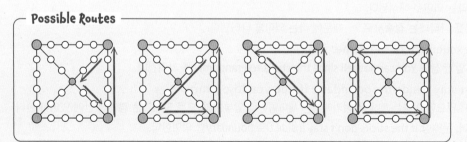

어휘 so that …하기 위해서, …할 수 있도록　　place 동 놓다, 두다 명 장소　　object 명 물건, 물체　　take turns -ing 교대로 …하다
together 부 함께　　depending on …에 따라　　already 부 이미, 벌써　　additional 형 추가의　　opponent 명 상대
return 동 돌아오다　　corner 명 모서리, 모퉁이　　choose 동 선택하다

❶ '말'이라고 불리는 게임 말은 역 위에 놓일 수 있도록 작아야 한다. ❷ 어떤 작은 물체든 게임 말로 쓰일 수 있다. ❸ 각 참가자는 보통 4개의 말을 가지는데, 말의 세트들은 참가자마다 다르게 보여야 한다.

❹ 사람들은 윷놀이를 할 때, 교대로 4개의 막대기들을 함께 던진다. ❺ 참가자들은 각각 던진 결과에 따라 게임 말을 판 위에서 이동시킨다. ❻ 각 차례마다, 참가자는 이미 판에 올려져 있는 말을 이동시키거나 추가의 말을 판 위에 놓을 수 있다. ❼ 만약 말이 상대편의 역에 도착하면, 상대편의 말은 시작점으로 돌아가야 하지만, 당신은 그 역을 차지하고 막대기들을 다시 던질 수 있다. ❽ 만약 말이 당신 자신의 말들 중 하나에 도착하면, 두 개의 말은 하나처럼 함께 움직일 수 있다. ❾ 말이 모서리나 중앙에 있을 때, 참가자는 어느 방향으로 움직일지 선택할 수 있다. ❿ 모든 말들을 시작점으로 가장 먼저 되돌아오게 한 참가자가 이긴다.

❶ The game pieces, **called** *mal,* should be small **so that you can place** them on stations.
- called *mal*은 과거분사구로, 원래 which are called *mal*의 관계 대명사절이 삽입되어 있었지만 주격 관계 대명사와 be동사가 생략되어 과거분사구만 남은 형태이다.
- 'so that+주어+동사' 구문은 '…하기 위해서, …할 수 있도록'이라는 뜻의 목적을 나타내며, 'in order that+주어+동사', 또는 'to+동사원형', 'in order to+동사원형'으로 바꿔 쓸 수 있다.

❷ Any small objects **can be used** as game pieces.
- can be used는 조동사가 있는 문장의 수동태로, '조동사+be+과거분사'의 형태이다. 조동사 can의 의미를 포함하여 '…이 되어질 수 있다'라고 해석된다.

❸ **Each player** usually **has** four pieces, but the sets of pieces should **look different** from player to player.
- each는 '각각의'라는 의미로 뒤에 단수 명사를 쓰며, 주어로 쓰일 경우, 단수 동사로 수 일치를 해야 한다.
- look different는 '감각동사(look)+형용사'의 형태로 '…하게 보이다'라고 해석한다. 우리말로는 부사처럼 '…하게'라고 해석되지만 부사가 아닌 형용사와 함께 써야 한다는 사실에 유의한다.

❼ If a piece lands on an opponent's station, you can **take the station and throw the sticks again while** the opponent's piece must return to the starting station.
- 동사구인 take the station과 throw the sticks again이 등위 접속사 and로 연결되어 병렬 구조를 이루고 있다.
- 여기서 접속사 while은 대조의 의미를 나타내며 '…인데 반하여'라고 해석된다.

❽ If a piece lands on **one of your own pieces**, both can move together as one.
- 'one of+복수 명사'는 '…중에 하나'라는 의미를 나타낸다.

❾ When a piece is **on a corner or in the center**, the player can choose **which way to move**.
- 전치사구인 on a corner와 in the center가 등위 접속사 or로 연결되어 병렬 구조를 이루고 있다.
- which way to move는 의문 형용사 which가 포함된 명사구로, which가 뒤의 명사 way를 수식하여 '어느 방향으로 움직일지'라는 의미를 나타낸다.

❿ The player **who moves all the pieces back to the starting station first** wins.
- 여기서 who는 주격 관계 대명사로, who가 이끄는 절(who ... first)이 선행사인 The player를 수식하고 있다.

so that+주어+동사 vs so+형용사/부사+that+주어+동사
'so that+주어+동사'는 목적을 나타내며, '…하기 위해서, …할 수 있도록'이라고 해석한다. 'so+형용사/부사+that+주어+동사'는 결과를 나타내며, '매우 (형용사/부사)해서 …하다'라고 해석한다
- She saved money **so that** she could buy a new car. (그녀는 새 차를 사기 위해서 돈을 모았다.)
- The movie was **so** funny **that** everyone laughed. (그 영화는 너무 재미있어서 모든 사람들이 웃었다.)

Check Up

▶ Answers
p. 204

1 다음 두 문장이 같은 뜻이 되도록 빈칸에 알맞은 말을 써 봅시다. (단, 2단어로 쓸 것)

> *Mal* should be small so that you can place them on stations.
> = *Mal* should be small in ＿＿＿＿＿＿＿＿＿＿ place them on stations.

❶ You can be imaginative and have more fun with *Yunnori*. ❷ You can create your own board. ❸ For example, some of the stations can have special missions for players, or your
예를 들어(= For instance)

board can look completely different from a traditional <u>one</u>. ❹ Also, you can introduce
board를 가리킴

exciting rules such as "Speak only in English during the game." ❺ To add more excitement,

you can <u>make players turn</u> around three times before each throw. ❻ If you learn more
5형식: 사역동사+목적어+동사원형

about similar board games from around the world, such as Pachisi from ancient India

or Barjis in Syria, you will <u>be able to</u> get some really creative ideas. ❼ <u>Even</u> in the age of
…할 수 있다   ㉺ …도, …조차

modern technology, board games can still be attractive and fun.

7 You can make *Yunnori* more fun by creating your own ___board___ and introducing exciting ___rules___.
(여러분은 자신만의 판을 만들고 흥미진진한 규칙들을 도입함으로써 윷놀이를 더 재미있게 만들 수 있다.)

Over to you 2 Why do people play board games around the world? (전 세계에서 사람들은 왜 보드게임을 할까요?)
Sample I think they play board games to enjoy spending time with friends and family.
(나는 사람들이 친구 및 가족과 시간을 즐겁게 보내기 위해 보드게임을 한다고 생각한다.)

어휘 imaginative ⑲ 창의적인, 상상력이 풍부한   create ⑧ 창조하다   mission ⑲ 임무   completely ㉺ 완전히
different from …와 다른   introduce ⑧ 소개하다, 도입하다   such as …와 같은   during ㉑ … 동안
turn around 돌다, 회전하다   similar ⑲ 비슷한, 유사한   ancient ⑲ 고대의   creative ⑲ 창의적인   modern ⑲ 현대의
technology ⑲ (과학) 기술   attractive ⑲ 매력적인

❶ 당신은 윷놀이를 통해 상상력을 발휘하고, 더 많은 즐거움을 누릴 수 있다. ❷ 당신은 자신만의 판을 만들 수 있다. ❸ 예를 들어, 일부 역에 참가자들을 위한 특별 임무가 있거나, 당신의 판이 전통적인 것과는 완전히 달라 보이게 할 수 있다. ❹ 또한, "게임 중에는 영어로만 말하세요."와 같은 흥미진진한 규칙들을 도입할 수도 있다. ❺ 더 많은 흥미를 더하기 위해, 참가자들이 매번 던지기 전에 3번 회전하게 할 수 있다. ❻ 만약 당신이 고대 인도의 파치시나 시리아의 바지스와 같은 전 세계의 유사한 보드게임들에 대해 더 많이 알게 된다면, 몇 가지 정말 창의적인 아이디어를 얻을 수 있을 것이다. ❼ 현대 기술의 시대에서도, 보드게임은 여전히 매력적이고 재미있을 수 있다.

구문 해설

❸ **For example**, some of the stations can have special missions for players, or your board can look completely different from a traditional **one**.
- For example은 '예를 들어'라는 뜻으로 For instance와 바꾸어 쓸 수 있다.
- 부정대명사 one은 이미 언급된 단수 명사를 대체하여 같은 단어를 반복하지 않기 위해 사용한다. 이는 문장을 더 자연스럽고 간결하게 만들며, 여기서 one은 board를 가리킨다.

❹ Also, you can introduce **exciting** rules such as "Speak only in English during the game."
- exciting은 excite라는 동사에 -ing를 붙여 만든 현재분사로 감정을 일으키는 원인을 설명하여 '신이 나게 하는'이라는 뜻을 나타낸다. 반면 과거분사인 excited는 '신이 난, 기분이 좋은'이라는 뜻으로 느끼는 감정을 설명할 때 사용한다.

❺ **To add** more excitement, you can **make players turn** around three times before each throw.
- To add는 to 부정사의 부사적 용법 중 목적을 나타내어 '···하기 위해'라고 해석한다.
- 'make(사역동사)+목적어+동사원형'은 '(목적어)가 ···하도록 만들다, 시키다'라는 의미로 5형식 문장이다.

❻ **If** you **learn** more about similar board games from around the world, such as Pachisi from ancient India or Barjis in Syria, you **will be able to get** some really creative ideas.
- 접속사 if는 '만약 ···라면'이라는 뜻으로 조건을 나타낸다. 시간이나 조건을 나타내는 접속사절은 미래의 일을 나타낸다고 하더라도 현재시제(learn)를 써야 한다.
- 'will be able to+ 동사원형'은 '···할 수 있을 것이다'라는 의미로 해석된다.

❼ Even in the age of modern technology, board games can still be **attractive and fun**.
- 형용사인 attractive와 fun이 등위 접속사 and로 연결되어 병렬 구조를 이루고 있다.

문법 톡톡

사역동사의 목적격 보어

'···하게 하다, 시키다'의 의미를 가진 사역동사 make, have, let은 목적격 보어 자리에 동사원형 또는 과거분사를 쓴다.
- 목적어와 목적격 보어의 관계가 능동인 경우: 동사원형

  My mom **made me do** the dishes. (우리 엄마는 나에게 설거지를 하게 하셨다.) → 능동
- 목적어와 목적격 보어의 관계가 수동인 경우: 과거분사

  I **had my computer repaired**. (나는 내 컴퓨터를 수리받았다.) → 수동

Check Up

▶ Answers p. 204

1 다음 괄호 안에서 알맞은 것을 골라 봅시다.

The (exciting / excited) news spread quickly across the town.

2 다음 문장에서 어법상 어색한 부분을 찾아 바르게 고쳐 봅시다.

His speech made me thought deeply about the issue.

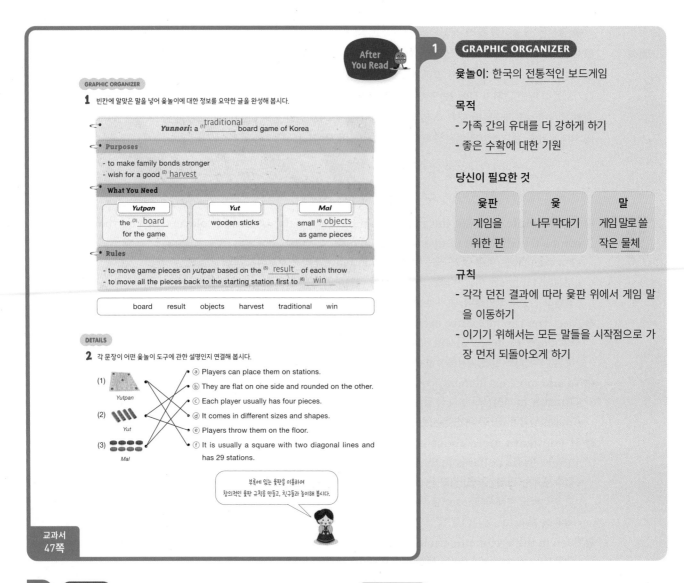

GRAPHIC ORGANIZER

1 빈칸에 알맞은 말을 넣어 윷놀이에 대한 정보를 요약한 글을 완성해 봅시다.

Yunnori: a (1) traditional board game of Korea

Purposes
- to make family bonds stronger
- wish for a good (2) harvest

What You Need

Yutpan	*Yut*	*Mal*
the (3) board for the game	wooden sticks	small (4) objects as game pieces

Rules
- to move game pieces on *yutpan* based on the (5) result of each throw
- to move all the pieces back to the starting station first to (6) win

board   result   objects   harvest   traditional   win

DETAILS

2 각 문장이 어떤 윷놀이 도구에 관한 설명인지 연결해 봅시다.

(1) *Yutpan*
(2) *Yut*
(3) *Mal*

ⓐ Players can place them on stations.
ⓑ They are flat on one side and rounded on the other.
ⓒ Each player usually has four pieces.
ⓓ It comes in different sizes and shapes.
ⓔ Players throw them on the floor.
ⓕ It is usually a square with two diagonal lines and has 29 stations.

부록에 있는 윷판을 이용하여
창의적인 윷판 규칙을 만들고, 친구들과 놀이해 봅시다.

교과서
47쪽

---

1 GRAPHIC ORGANIZER

윷놀이: 한국의 전통적인 보드게임

목적
- 가족 간의 유대를 더 강하게 하기
- 좋은 수확에 대한 기원

당신이 필요한 것

윷판	윷	말
게임을 위한 판	나무 막대기	게임 말로 쓸 작은 물체

규칙
- 각각 던진 결과에 따라 윷판 위에서 게임 말을 이동하기
- 이기기 위해서는 모든 말들을 시작점으로 가장 먼저 되돌아오게 하기

---

2 DETAILS

(1) 윷판 (2) 윷 (3) 말

ⓐ 참가자들은 그것들을 역 위에 놓을 수 있다. → 말

(해설) 교과서 45쪽 The game pieces, called *mal*, should be small so that you can place them on stations.에서 알 수 있다.

ⓑ 그것들은 한 면은 평평하고 다른 한 면은 둥글다. → 윷

(해설) 교과서 43쪽 The sticks, called *yut*, are flat on one side and rounded on the other.에서 알 수 있다.

ⓒ 각 참가자는 보통 4개를 가지고 있다. → 말

(해설) 교과서 45쪽 Each player usually has four pieces에서 알 수 있다.

ⓓ 그것은 다양한 크기와 모양으로 나온다. → 윷판

(해설) 교과서 42쪽 It comes in different sizes and shapes에서 알 수 있다.

ⓔ 참가자들은 바닥에 그것들을 던진다. → 윷

(해설) 교과서 43쪽 You throw the sticks on the floor.에서 알 수 있다.

ⓕ 그것은 보통 2개의 대각선이 있는 정사각형이고, 29개의 역을 가지고 있다. → 윷판

(해설) 교과서 42쪽 it is usually a square with two diagonal lines, a total of 29 stations are on the board에서 알 수 있다.

Check Up

▶ Answers p. 204

■ 다음 각 문장이 본문의 내용과 일치하면 T, 일치하지 않으면 F에 동그라미 해 봅시다.

1. *Yunnori* is traditionally played throughout the year in Korea. T / F

2. There are 29 stations on the *Yutpan* board. T / F

3. You can predict how many sticks will land with the flat side up. T / F

4. If any stick lands outside the boundary, you lose a turn.
   T / F

5. Players in *Yunnori* must use specially designed game pieces called *mal*. T / F

6. Learning about games like Pachisi and Barjis might inspire new ideas for *Yunnori*. T / F

▶ Answers p. 204

01 Have you ever (playing / played) *Yunnori*?

02 It is a traditional board game that Koreans used to (play / played) from New Year's Day to the First Full Moon of the lunar calendar.

03 Did you know (that / what) the game has a long history?

04 It is believed that the game has been played (since / during) the Three Kingdoms Period.

05 In the old days, people played *Yunnori* to make family bonds stronger and (express / expressing) hopes for a good harvest.

06 This tradition has (contained / continued), and *Yunnori* remains a popular board game that many people still enjoy.

07 (To / For) play *Yunnori*, you need a board, four wooden sticks, and a set of game pieces.

08 The board for the game is (calling / called) *yutpan*.

09 It comes (at / in) different sizes and shapes, but it is usually a square with two diagonal lines.

10 As you can see (below / belong), a total of 29 stations are on the board.

11 (When / While) your board is ready, you need four wooden sticks.

12 The sticks, called *yut*, are flat on one side and rounded on (others / the other).

13 You throw the sticks on the (flour / floor).

14 Then you move game pieces on the board based (on / for) the result of each throw.

15 How (many / much) sticks will land with the flat side up?

16 You cannot tell (if / since) the sticks roll randomly.

17 This adds to the (excite / excitement) of the game.

18 All the sticks (must / must not) stay inside the boundary; if not, you lose a turn.

19 The game pieces, called *mal*, should be small (because / so that) you can place them on stations.

20 Any small (projects / objects) can be used as game pieces.

21 Each player usually has four pieces, but the sets of pieces should look (different / differently) from player to player.

22 When people play *Yunnori*, they take turns (throw / throwing) the four sticks together.

23 Players move game pieces on the board (depending / depending on) the result of each throw.

24 In each turn, a player can move a piece already on the board or place an (addition / additional) piece on the board.

▶ Answers p. 204

25 If a piece lands on an opponent's station, you can take the station and throw the sticks again (since / while) the opponent's piece must return to the starting station.

26 If a piece lands on one of your own (piece / pieces), both can move together as one.

27 When a piece is on a corner or in the center, the player can choose (what / which) way to move.

28 The player (who / whom) moves all the pieces back to the starting station first wins.

29 You can be (imagined / imaginative) and have more fun with *Yunnori*.

30 You can (create / be created) your own board.

31 For example, some of the stations can have special missions for players, or your board can look completely different from a traditional (one / ones).

32 Also, you can introduce exciting rules (except / such as) "Speak only in English during the game."

33 To add more excitement, you can make players (turn / turning) around three times before each throw.

34 (If / While) you learn more about similar board games from around the world, such as Pachisi from ancient India or Barjis in Syria, you will be able to get some really creative ideas.

35 Even in the age of modern technology, board games can still be (attracted / attractive) and fun.

01 Have you _____ played *Yunnori*?

02 It is a _____ board game that Koreans used to play from New Year's Day to the First Full Moon of the lunar calendar.

03 Did you know that the game has a long _____?

04 It _____ _____ that the game has been played since the Three Kingdoms Period.

05 In the old days, people played *Yunnori* to make family _____ stronger and express hopes for a good harvest.

06 This tradition has _____, and *Yunnori* remains a popular board game that many people still enjoy.

07 To play *Yunnori*, you need a board, four wooden sticks, and a set of game _____.

08 The _____ for the game is called *yutpan*.

09 It comes in different sizes and shapes, but it is usually a square with two _____ lines.

10 As you can see below, _____ _____ _____ 29 stations are on the board.

11 When your board is _____, you need four wooden sticks.

12 The sticks, called *yut*, are _____ on one side and rounded on the other.

13 You _____ the sticks on the floor.

14 Then you move game pieces on the board _____ _____ the result of each throw.

15 How many sticks will _____ with the flat side up?

16 You cannot tell since the sticks roll _____.

17 This _____ _____ the excitement of the game.

18 All the sticks must stay inside the _____; if not, you lose a turn.

19 The game pieces, called *mal*, should be small _____ _____ you can place them on stations.

20 Any small _____ can be used as game pieces.

21 Each player usually has four pieces, but the sets of pieces should look different _____ player _____ player.

22 When people play *Yunnori*, they _____ _____ _____ the four sticks together.

23 Players move game pieces on the board _____ _____ the result of each throw.

24 In each turn, a player can move a piece already on the board or place an _____ piece on the board.

▶ Answers p. 204

25 If a piece lands on an _____ station, you can take the station and throw the sticks again while the opponent's piece must return to the starting station.

26 If a piece lands on one of your own pieces, both can move together _____ _____.

27 When a piece is on a corner or in the center, the player can _____ which way to move.

28 The player _____ moves all the pieces back to the starting station first wins.

29 You can be _____ and have more fun with *Yunnori*.

30 You can _____ your own board.

31 For example, some of the stations can have special _____ for players, or your board can look completely different from a traditional one.

32 Also, you can _____ exciting rules such as "Speak only in English during the game."

33 To add more excitement, you can make players _____ _____ three times before each throw.

34 If you learn more about similar board games from around the world, such as Pachisi from ancient India or Barjis in Syria, you will be able to get some really _____ ideas.

35 Even in the age of modern _____, board games can still be attractive and fun.

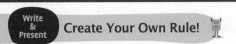

Write & Present: Create Your Own Rule!

STEP 1 STUDY THE MODEL

우리나라의 전통 놀이에 새로운 규칙을 더해 소개하는 카드 뉴스를 읽고, 각 항목이 어떤 내용으로 구성되어 있는지 살펴봅시다.

1. 전통 놀이 이름

The Name of the Game:

TTAKJICHIGI,
Traditional Korean Game

Today, I'm going to tell you about *Ttakjichigi.*

2. 놀이에 필요한 준비물

What You Need:

2 pieces of paper

When you play this game, you will need **2 pieces of paper** to make a *ttakji.*

3. 놀이 방법

How to Play:

Flip over the other's *ttakji* first!

Players **take turns hitting each other's** *ttakji.* The player who **flips over the other's** *ttakji* **first** wins.

4. 나만의 새로운 규칙

My New Rule:

English Only

I have a new rule for the game. It is **to use English only** during the game. If players fail to keep this rule, they will **lose their turn**.

교과서 48쪽

우리나라의 전통 놀이를 소개하는 '카드 뉴스' 만들기
우리나라의 전통 놀이를 소개하는 카드 뉴스 쓰기 활동으로 우리 문화에 대한 이해를 높이고, 매체를 활용한 정보 전달 능력을 키울 수 있습니다.

STEP 2 BRAINSTORM YOUR IDEAS

여러분은 어떤 전통 놀이를 소개하고 싶은가요? 항목별로 간단히 메모해 봅시다.

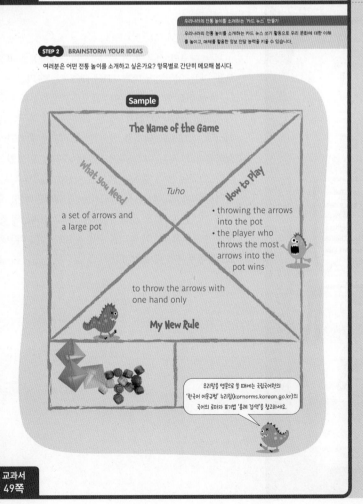

Sample

The Name of the Game

What you Need
a set of arrows and a large pot

Tuho

How to Play
• throwing the arrows into the pot
• the player who throws the most arrows into the pot wins

to throw the arrows with one hand only

My New Rule

우리말을 영문으로 쓸 때에는 국립국어원의 '한국어 어문규범' 누리집(kornorms.korean.go.kr)의 국어의 로마자 표기법 '용례 검색'을 참고하세요.

교과서 49쪽

여러분만의 규칙을 만들어 보세요!

STEP 1 모델 살펴보기

1. 놀이 이름
딱지치기, 한국 전통 놀이
오늘, 저는 여러분께 딱지치기에 대해 말씀드리겠습니다.

2. 여러분이 필요한 것
종이 2장
이 놀이를 할 때, 여러분은 딱지를 만들 2장의 종이가 필요할 것입니다.

3. 놀이 방법
상대방의 딱지를 먼저 뒤집으세요!
참가자들은 교대로 서로의 딱지를 칩니다. 상대방의 딱지를 가장 먼저 뒤집는 참가자가 승리합니다.

4. 나만의 새로운 규칙
영어만 사용하세요!
저는 이 놀이에 새로운 규칙을 만들었습니다. 그것은 놀이 중에는 영어만 사용하는 것입니다. 만약 참가자들이 이 규칙을 지키는 데 실패한다면, 그들은 차례를 잃게 될 것입니다.

STEP 2 아이디어 브레인스토밍하기

예시

1. 놀이 이름
투호

2. 여러분이 필요한 것
화살 세트와 큰 항아리

3. 놀이 방법
화살을 항아리에 던지기
가장 많은 화살을 항아리에 넣은 참가자가 이긴다

4. 나만의 새로운 규칙
한 손으로만 화살 던지기

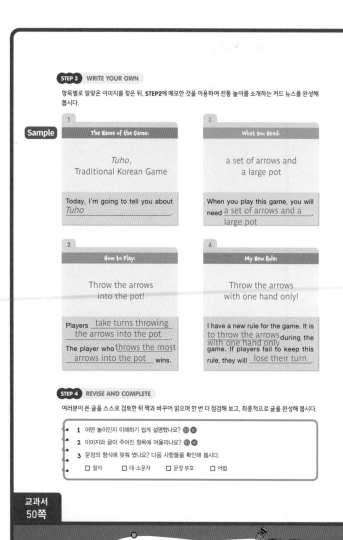

STEP 3 WRITE YOUR OWN

항목별로 알맞은 이미지를 찾은 뒤, **STEP2**에 메모한 것을 이용하여 전통 놀이를 소개하는 카드 뉴스를 완성해 봅시다.

Sample

1

The Name of the Game:

Tuho,
Traditional Korean Game

Today, I'm going to tell you about *Tuho* _____.

2

What You Need:

a set of arrows and
a large pot

When you play this game, you will need a set of arrows and a large pot .

3

How to Play:

Throw the arrows
into the pot!

Players take turns throwing the arrows into the pot . The player who throws the most arrows into the pot wins.

4

My New Rule:

Throw the arrows
with one hand only!

I have a new rule for the game. It is to throw the arrows during the with one hand only game. If players fail to keep this rule, they will lose their turn .

STEP 4 REVISE AND COMPLETE

여러분이 쓴 글을 스스로 검토한 뒤 짝과 바꾸어 읽으며 한 번 더 점검해 보고, 최종적으로 글을 완성해 봅시다.

1 어떤 놀이인지 이해하기 쉽게 설명했나요?
2 이미지와 글이 주어진 항목에 어울리나요?
3 문장의 형식에 맞게 썼나요? 다음 사항들을 확인해 봅시다.
☐ 철자   ☐ 대·소문자   ☐ 문장 부호   ☐ 어법

교과서
50쪽

Present Your Writing

1 여러분이 쓴 글을 발표하기 위해 아래의 도움말을 참고해 봅시다.

Tips for Presentation

1 발표 전에 실제처럼 연습해 보세요. 동영상으로 촬영하면 좋아요.
2 청중들에게 반갑게 인사하세요.
3 작성한 카드를 그대로 보고 읽지 마세요. 카드의 내용을 자신의 말로 설명하세요.

2 전통 놀이를 소개하는 카드 뉴스를 발표하고, 우리 반 자료실에 게시해 봅시다.

Let me introduce one of the traditional Korean games. Today, I'm going to tell you about *Ttakjichigi*. When you play this game, you will need 2 pieces of paper to make a *ttakji*. Players take turns hitting each other's *ttakji*. The player who flips over the other's *ttakji* first wins. I have a new rule for the game. It is to use English only during the game. If players fail to keep this rule, they will lose their turn. When you and your friends are bored, why don't you give this game a try? Thank you for listening!

3 친구들의 발표를 듣고 전통 놀이에 대해 메모해 봅시다.

교과서
51쪽

88 Lesson 2

STEP 3 글쓰기

예시

1. 놀이 이름
투호, 한국 전통 놀이
오늘, 저는 여러분께 투호에 대해 말씀드리겠습니다.

2. 여러분이 필요한 것
화살 세트와 큰 항아리
이 놀이를 할 때, 여러분은 화살 세트와 큰 항아리가 필요할 것입니다.

3. 놀이 방법
화살을 항아리에 던지세요!
참가자들은 교대로 화살을 항아리에 던집니다. 가장 많은 화살을 항아리에 던진 참가자가 승리합니다.

4. 나만의 새로운 규칙
한 손으로만 화살을 던지세요!
저는 이 놀이에 새로운 규칙을 만들었습니다. 그것은 놀이 중에는 한 손으로만 화살을 던지는 것입니다. 만약 참가자들이 이 규칙을 지키는 데 실패한다면, 그들은 차례를 잃게 될 것입니다.

발표하기

저는 한국의 전통 놀이 중 하나를 소개하겠습니다. 오늘, 저는 여러분께 딱지치기에 대해 말씀드리겠습니다. 이 놀이를 할 때, 여러분은 딱지를 만들 2장의 종이가 필요할 것입니다. 참가자들은 교대로 서로의 딱지를 칩니다. 상대방의 딱지를 가장 먼저 뒤집는 참가자가 승리합니다. 저는 이 놀이에 새로운 규칙을 만들었습니다. 그것은 놀이 중에는 영어만 사용하는 것입니다. 만약 참가자들이 이 규칙을 지키는 데 실패한다면, 그들은 차례를 잃게 될 것입니다. 여러분과 여러분의 친구들이 지루할 때, 이 놀이를 한번 해보는 것이 어떨까요? 들어주셔서 감사합니다!

Teen Vibes

Fun Time | Living in a Different Country

우리나라를 방문한 외국인이 겪은 문화 충격에 대해 읽고, 그들이 놀란 이유를 말해 봅시다.

How creative! Koreans use scissors to cut food!

Do you take off shoes before entering a house?

Is this a PC room or a restaurant?

Are all these side dishes free?

You can order food even at the park?

교과서 52쪽

다른 나라에 사는 것

(왼쪽 상단)
정말 창의적이야! 한국인들은 음식을 자르기 위해 가위를 사용해!

(오른쪽 상단)
집에 들어가기 전에 신발을 벗어?

(왼쪽 하단)
여기가 PC방이야, 아니면 식당이야?

(하단 중앙)
이 모든 반찬들이 무료라고?

(오른쪽 하단)
심지어 공원에서도 음식을 주문할 수 있다고?

Project Time | Around the World in Games

STEP 1 다른 나라의 놀이를 모둠별로 조사해 봅시다.

The Game We Want to Introduce

* 놀이 이름과 국가, 규칙 등 구체적인 정보를 검색해 봅시다.

STEP 2 위의 내용을 바탕으로 동영상 촬영을 위한 스토리보드를 만든 뒤, 동영상을 촬영해 봅시다.

 We are going to introduce the egg and spoon game. It is played in England and other countries.

 For this game, you will need eggs and spoons.

 In the egg and spoon race, you have to hold an egg on a spoon and walk or run to the finish line without dropping it.

 If the egg is dropped, you must go back to the starting line and try again.

 The first person to cross the finish line with an egg on a spoon wins.

STEP 3 모둠별로 동영상을 발표한 후, 어느 모둠이 소개한 놀이가 가장 흥미로웠는지 투표해 봅시다.

교과서 53쪽

놀이 속 세계 여행

STEP 1
우리가 소개하고 싶은 놀이

STEP 2

저희는 계란과 숟가락 놀이를 소개하겠습니다. 영국과 다른 나라에서 이 놀이를 합니다.

이 놀이를 위해서, 여러분은 계란과 숟가락이 필요할 것입니다.

계란과 숟가락 경주에서, 여러분은 숟가락 위에 계란 한 개를 올리고서 그것을 떨어뜨리지 않고 결승선까지 걷거나 달려야 합니다.

만약 계란이 떨어진다면, 여러분은 시작점으로 돌아가서 다시 시도해야 합니다.

숟가락 위에 계란을 가지고 결승선을 가장 먼저 통과한 사람이 우승합니다.

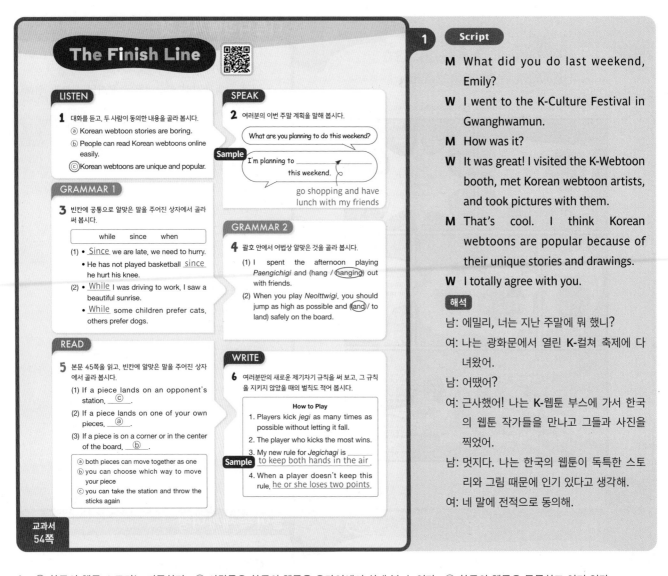

The Finish Line

LISTEN

1 대화를 듣고, 두 사람이 동의한 내용을 골라 봅시다.
ⓐ Korean webtoon stories are boring.
ⓑ People can read Korean webtoons online easily.
ⓒ Korean webtoons are unique and popular.

GRAMMAR 1

3 빈칸에 공통으로 알맞은 말을 주어진 상자에서 골라 써 봅시다.

while	since	when

(1) • <u>Since</u> we are late, we need to hurry.
• He has not played basketball <u>since</u> he hurt his knee.
(2) • <u>While</u> I was driving to work, I saw a beautiful sunrise.
• <u>While</u> some children prefer cats, others prefer dogs.

READ

5 본문 45쪽을 읽고, 빈칸에 알맞은 말을 주어진 상자에서 골라 봅시다.

(1) If a piece lands on an opponent's station, ⓒ .
(2) If a piece lands on one of your own pieces, ⓐ .
(3) If a piece is on a corner or in the center of the board, ⓑ .

ⓐ both pieces can move together as one
ⓑ you can choose which way to move your piece
ⓒ you can take the station and throw the sticks again

교과서 54쪽

SPEAK

2 여러분의 이번 주말 계획을 말해 봅시다.

What are you planning to do this weekend?

Sample I'm planning to _____ this weekend.

go shopping and have lunch with my friends

GRAMMAR 2

4 괄호 안에서 어법상 알맞은 것을 골라 봅시다.

(1) I spent the afternoon playing *Paengichigi* and (hang /(hanging)) out with friends.
(2) When you play *Neolttwigi*, you should jump as high as possible and ((and)/ to land) safely on the board.

WRITE

6 여러분만의 새로운 제기차기 규칙을 써 보고, 그 규칙을 지키지 않았을 때의 벌칙도 적어 봅시다.

How to Play
1. Players kick *jegi* as many times as possible without letting it fall.
2. The player who kicks the most wins.
3. My new rule for *Jegichagi* is **Sample** to keep both hands in the air .
4. When a player doesn't keep this rule, he or she loses two points .

1 **Script**

M What did you do last weekend, Emily?
W I went to the K-Culture Festival in Gwanghwamun.
M How was it?
W It was great! I visited the K-Webtoon booth, met Korean webtoon artists, and took pictures with them.
M That's cool. I think Korean webtoons are popular because of their unique stories and drawings.
W I totally agree with you.

해석

남: 에밀리, 너는 지난 주말에 뭐 했니?
여: 나는 광화문에서 열린 K-컬쳐 축제에 다녀왔어.
남: 어땠어?
여: 근사했어! 나는 K-웹툰 부스에 가서 한국의 웹툰 작가들을 만나고 그들과 사진을 찍었어.
남: 멋지다. 나는 한국의 웹툰이 독특한 스토리와 그림 때문에 인기 있다고 생각해.
여: 네 말에 전적으로 동의해.

1. ⓐ 한국의 웹툰 스토리는 지루하다. ⓑ 사람들은 한국의 웹툰을 온라인에서 쉽게 볼 수 있다. ⓒ 한국의 웹툰은 독특하고 인기 있다.

2. 너는 이번 주말에 무엇을 할 계획이니? [예시] 나는 이번 주말에 친구들과 함께 쇼핑하고 점심을 먹을 계획이야.

3. (1) • 늦었기 때문에, 우리는 서둘러야 한다.
• 그는 무릎을 다친 이후로 농구를 하지 않는다.
(2) • 차를 몰고 출근하는 동안, 나는 아름다운 일출을 보았다.
• 어떤 아이들은 고양이를 더 좋아하는 반면, 어떤 아이들은 개를 더 좋아한다.

4. (1) 나는 팽이치기를 하고 친구들과 어울리며 오후를 보냈다.
(2) 널뛰기를 할 때, 당신은 가능한 한 높이 뛰어올라 판 위에 안전하게 착지해야 한다.

5. (1) 만약 말이 상대편의 역에 도착하면,
(2) 만약 말이 당신 자신의 말들 중 하나에 도착하면,
(3) 만약 말이 판의 모서리나 중앙에 있다면,

ⓐ 두 개의 말은 하나처럼 함께 움직일 수 있다.
ⓑ 당신은 어느 쪽으로 당신의 말을 이동할지 선택할 수 있다.
ⓒ 당신은 그 역을 차지하고 막대기들을 다시 던질 수 있다.

6. 놀이 방법
1. 참가자들은 제기가 떨어지지 않도록 최대한 많이 제기를 찬다.
2. 가장 많이 찬 참가자가 승리한다.
3. 제기차기에 대한 나의 새로운 규칙은 [예시] 양손을 공중에 들고 있는 것이다.
4. 참가자가 이 규칙을 지키지 않으면, [예시] 그 또는 그녀는 2점을 잃는다.

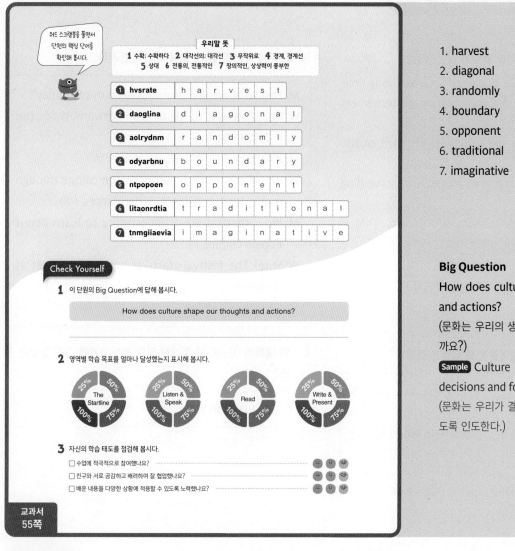

워드 스크램블을 풀면서 단원의 핵심 단어를 확인해 봅시다.

우리말 뜻

1 수확; 수확하다 2 대각선의; 대각선 3 무작위로 4 경계, 경계선
5 상대 6 전통의, 전통적인 7 창의적인, 상상력이 풍부한

❶ hvsrate | h | a | r | v | e | s | t |
❷ daoglina | d | i | a | g | o | n | a | l |
❸ aolrydnm | r | a | n | d | o | m | l | y |
❹ odyarbnu | b | o | u | n | d | a | r | y |
❺ ntpopoen | o | p | p | o | n | e | n | t |
❻ litaonrdtia | t | r | a | d | i | t | i | o | n | a | l |
❼ tnmgiiaevia | i | m | a | g | i | n | a | t | i | v | e |

1. harvest
2. diagonal
3. randomly
4. boundary
5. opponent
6. traditional
7. imaginative

Check Yourself

1 이 단원의 Big Question에 답해 봅시다.

How does culture shape our thoughts and actions?

_____

2 영역별 학습 목표를 얼마나 달성했는지 표시해 봅시다.

The Startline | Listen & Speak | Read | Write & Present
(각 25% 50% 75% 100%)

3 자신의 학습 태도를 점검해 봅시다.

☐ 수업에 적극적으로 참여했나요? ……………………………
☐ 친구와 서로 공감하고 배려하며 잘 협업했나요? ……………
☐ 배운 내용을 다양한 상황에 적용할 수 있도록 노력했나요? …

Big Question

How does culture shape our thoughts and actions?
(문화는 우리의 생각과 행동을 어떻게 형성할까요?)

Sample Culture guides us in making decisions and forming opinions.
(문화는 우리가 결정을 내리고 의견을 형성하도록 인도한다.)

교과서 55쪽

Check Up

▶ Answers p. 204

■ 다음 빈칸에 알맞은 단어를 위 퍼즐에서 찾아 써 봅시다.

1. He drew a _____ line across the page. (그는 종이 위에 대각선을 그렸다.)

2. The dance was part of a _____ ceremony. (그 춤은 전통적인 의식의 일부였다.)

3. We picked apples during the _____ season. (우리는 수확철 동안 사과를 땄다.)

4. His _____ stories are always fun to listen to. (그의 창의적인 이야기는 항상 듣기에 재미있다.)

5. The numbers are arranged _____ on the board. (그 숫자들은 판 위에 무작위로 배열되어 있다.)

6. My team played against a strong _____ in the match. (우리 팀은 경기에서 강한 상대와 싸웠다.)

7. We need to respect the _____ between work and personal life. (우리는 일과 개인 생활 사이의 경계를 존중해야 한다.)

1 다음 중 단어의 영영 풀이로 알맞지 <u>않은</u> 것은?

① ancient: having lived or existed for a very long time
② diagonal: a line connecting two opposite corners of a shape
③ harvest: to put a seed, flower, or plant in the ground to grow
④ similar: almost the same as someone or something else
⑤ opponent: a person, team, group, etc., that is competing against another in a contest

2 다음 빈칸에 공통으로 들어갈 말로 알맞은 것은?

• You need to _____ these two papers together with glue.
• A walking _____ can help when hiking on rough trails.

① bond   ② land   ③ object
④ stick   ⑤ place

3 다음 담화의 밑줄 친 ⓐ~ⓔ의 우리말 뜻이 알맞지 <u>않은</u> 것은?

Everyone knows I'm ⓐ <u>passionate</u>. Know why? Look at how passionate Koreans are. You know I'm fast. Don't ⓑ <u>blink</u>! Korea moves fast, too. I'm ⓒ <u>creative</u> on the pitch because I was born creative. Hey, I'm Korean. Being creative is what we do. People say I'm smart. Well, just look how smart Korea is. Why am I so fun? It's because Korea is so much fun. ⓓ <u>Lovable</u>? Wait! Me? How can you not love Korea? I ⓔ <u>aim to</u> be spectacular for the fans, and what's more spectacular than Korea? This is my Korea. What's yours?

① ⓐ – 열정적인   ② ⓑ – 빤히 쳐다보다
③ ⓒ – 창의적인   ④ ⓓ – 사랑스러운
⑤ ⓔ – …하는 것을 목표로 하다

[4-5] 다음 대화를 읽고, 물음에 답해 봅시다.

M: Hey, what are you planning to do this Saturday?
W: I'm planning to go to Gwanghwamun for the K-Culture Festival. (①)
M: K-Culture Festival? What's that? (②)
W: It's a festival that presents Korean culture through music, food, and dance performances. (③)
M: Wow, that's a great opportunity to learn about Korean culture. (④)
W: Sure! The festival starts at noon. Let's meet at Gwanghwamun Station on Saturday at 11:30. (⑤)
M: OK. See you then!

4 위 대화의 ①~⑤ 중 주어진 말이 들어가기에 가장 알맞은 곳은?

Can I go with you?

①   ②   ③   ④   ⑤

5 다음 중 위 대화의 내용과 일치하지 <u>않는</u> 것은?

① The festival will be held at Gwanghwamun.
② The festival starts at noon on Saturday.
③ The man already knew about K-Culture Festival.
④ The man thinks the festival is a good chance to learn about Korean culture.
⑤ The man and the woman are planning to meet at Gwanghwamun Station at 11:30.

6 다음 대화의 빈칸에 들어갈 말로 알맞은 것은?

> A: My American friend, Olivia, is coming to Seoul next week.
> B: Oh, really? _____
> A: We have exciting plans! First, we're planning to enjoy shopping in Dongdaemun.
> B: Cool! And then?
> A: We'll wear hanbok and take photos at Gyeongbokgung.

① Can you tell me about her?
② Has she been to Seoul before?
③ How often does she visit Seoul?
④ What are you planning to do with her?
⑤ Since when have you been friends with her?

7 위 대화의 밑줄 친 부분과 바꿔 쓸 수 있는 것은?

① I have no idea.
② I don't think so.
③ I'm sorry to hear that.
④ I don't know what to do.
⑤ I couldn't agree with you more.

8 두 사람이 대화를 마친 후, 바로 할 일로 알맞은 것은?

① K-뷰티 부스에서 화장품 사기
② K-뷰티 부스에서 제품 구경하기
③ K-웹툰 부스에서 사진 찍기
④ K-웹툰 부스에서 웹툰 보기
⑤ K-푸드 부스에 가서 음식 먹기

[7-8] 다음 대화를 읽고, 물음에 답해 봅시다.

> A: Wow, there're so many people and event booths here.
> B: Look at all the people at the K-Beauty booth. I think K-Beauty products are the best in the world.
> A: That's right. I totally agree with you. By the way, where's the smell coming from? It must be *buchimgae*, Korean pancake.
> B: I love Korean food so much! Why don't we go to the K-Food booth first?
> A: That's a good idea. I'm really hungry.
> B: Me, too. We can go to the K-Webtoon booth after some food.
> A: That sounds perfect! The map says it's right next to the K-Food booth.

9 다음이 자연스러운 대화가 되도록 ⓐ~ⓓ를 바르게 배열해 봅시다.

> What do you think of hanbok?
> ⓐ That's right.
> ⓑ It's because it has pretty lines and shapes.
> ⓒ What makes you think so?
> ⓓ I think hanbok is beautiful.

_____ → _____ → _____ → _____

10 다음 대화의 밑줄 친 우리말과 같은 뜻이 되도록 괄호 안의 표현을 배열해 봅시다.

> A: What did you do last weekend, Emily?
> B: I went to the K-Culture Festival in Gwanghwamun.
> A: How was it?
> B: It was great! I visited the K-Webtoon booth, met Korean webtoon artists, and took pictures with them.
> A: That's cool. 나는 한국의 웹툰이 독특한 스토리와 그림 때문에 인기 있다고 생각해.
> B: I totally agree with you.

> _____
> _____
> (their unique stories / I think / are popular / and drawings / because of / Korean webtoons)

11 다음 중 어법상 어색한 문장은?

① If it rains tomorrow, we will stay indoors.
② They will start the meeting when everyone arrives.
③ He enjoys reading novels and writing short stories.
④ She is interested in learning English, playing the guitar, and makes friends.
⑤ Jane likes listening to music, watching movies, and reading novels in her free time.

[12-14] 다음 글을 읽고, 물음에 답해 봅시다.

> Have you ever played *Yunnori*? It is a traditional board game that Koreans (A) used to / were used to play from New Year's Day to the First Full Moon of the lunar calendar. Did you know ⓐ that the game has a long history? It is believed that the game has been played (B) for / since the Three Kingdoms Period. In the old days, people played *Yunnori* (C) make / to make family bonds stronger and express hopes for a good harvest. This tradition has continued, and *Yunnori* remains a popular board game that many people still enjoy.

12 다음 중 위 글의 주제로 알맞은 것은?

① 한국 전통 놀이인 윷놀이의 역사
② 한국의 설날과 다양한 명절 음식
③ 삼국시대의 다양한 문화 유산
④ 가족 간의 유대감을 키우는 방법
⑤ 한국의 인기 있는 보드게임 종류

13 위 글의 (A)~(C)에서 어법상 알맞은 것끼리 짝지어진 것은?

	(A)	(B)	(C)
①	used to	– for –	make
②	used to	– since –	to make
③	used to	– since –	make
④	were used to	– since –	to make
⑤	were used to	– for –	to make

14 다음 중 위 글의 밑줄 친 ⓐ that과 쓰임이 같은 것은?

① I heard that she passed the exam.
② That is the book I wanted to read.
③ She wore a dress that was very elegant.
④ The movie that we watched was amazing.
⑤ I can't believe that car is so expensive!

[15-17] 다음 글을 읽고, 물음에 답해 봅시다.

To play *Yunnori*, you need a board, four wooden sticks, and a set of game pieces. The board for the game ⓐ is called *yutpan*. It comes in different sizes and shapes, but it is usually a square with two diagonal lines. As you can see below, a total of 29 stations are on the board.

When your board is ready, you need four wooden sticks. The sticks, called *yut*, are flat on one side and rounded on the other. You (A) _____ the sticks on the floor. Then you move game pieces on the board based on the result of each (B) _____. How many sticks will land with the flat side up? You cannot tell since the sticks ⓑ roll randomly. This adds to the excitement of the game. All the sticks must stay inside the boundary; if not, you lose a turn.

The game pieces, called *mal*, should be small so that you can place them on stations. Any small objects ⓒ can be used as game pieces. Each player usually ⓓ has four pieces, but the sets of pieces should ⓔ look differently from player to player.

15 위 글의 밑줄 친 ⓐ~ⓔ 중 어법상 어색한 것은?

① ⓐ　　② ⓑ　　③ ⓒ　　④ ⓓ　　⑤ ⓔ

16 위 글의 빈칸 (A)와 (B)에 공통으로 알맞은 말은?

① piece　　② turn　　③ result
④ throw　　⑤ tell

17 다음 중 위 글을 읽고 답할 수 없는 질문은?

① What is the name of the board used in *Yunnori*?
② How many stations are there on the *Yunnori* board?
③ What shape is the *Yunnori* board usually?
④ How many sticks do you need to play *Yunnori*?
⑤ How long does it take to play a game of *Yunnori*?

[18-20] 다음 글을 읽고, 물음에 답해 봅시다.

When people play *Yunnori*, they ⓐ take turns throwing the four sticks together. Players move game pieces on the board ⓑ depending on the result of each throw. In each turn, a player can move a piece already on the board or place an ⓒ additional piece on the board. If a piece lands on an opponent's station, you can take the station and throw the sticks again while the opponent's piece ⓓ must return to the starting station. If a piece lands on one of your own pieces, both can move together as one. When a piece is on a corner or in the center, the player can choose ⓔ which way to move. The player who moves all the pieces back to the starting station first wins.

18 위 글의 밑줄 친 ⓐ~ⓔ 중 우리말 해석이 옳지 않은 것은?

① ⓐ – 교대로 던지다
② ⓑ – …에 따라
③ ⓒ – 추가의
④ ⓓ – …임에 틀림없다
⑤ ⓔ – 어느 방향으로 움직일지

19 다음 중 위 글의 내용과 일치하는 것은?

① Players can throw the sticks as many times as they want each turn.
② A player can place a new piece on the board only after a piece already on the board returns to the starting point.
③ If a piece lands on an opponent's station, it must return to the starting station, and you lose a turn.
④ If a piece lands on a corner, it must stay there for a turn.
⑤ If one of your pieces lands on another of your pieces, they can be moved together.

20 다음 질문에 대한 답을 위 글에서 찾아 써 봅시다.

Q: Who wins the game in *Yunnori*?
A: _____
_____

▶ Answers pp. 205~206

[21-23] 다음 글을 읽고, 물음에 답해 봅시다.

You can be imaginative and have more fun with *Yunnori*. You can create your own board. For example, some of the stations can have special missions for players, or your board can ⓐ look completely different from a traditional one. Also, you can introduce ⓑ exciting rules (A) _____ "Speak only in English during the game." (B) To add more excitement, you can make players ⓒ turning around three times before each throw. If you ⓓ learn more about similar board games from around the world, (C) _____ Pachisi from ancient India or Barjis in Syria, you ⓔ will be able to get some really creative ideas. Even in the age of modern technology, board games can still be attractive and fun.

21 위 글의 밑줄 친 ⓐ~ⓔ 중 어법상 어색한 것은?

① ⓐ ② ⓑ ③ ⓒ ④ ⓓ ⑤ ⓔ

22 위 글의 빈칸 (A)와 (C)에 공통으로 들어갈 말로 알맞은 것은?

① out of
② far from
③ such as
④ instead of
⑤ because of

23 위 글의 밑줄 친 (B)와 어법상 쓰임이 같은 것은?

① She grew up to become a teacher.
② I have a book to read on the weekend.
③ She exercises regularly to stay healthy.
④ To finish homework on time is important.
⑤ He was surprised to see his friends at the party.

[24-25] 다음 글을 읽고, 물음에 답해 봅시다.

Let me introduce one of the traditional Korean games. Today, I'm going to tell you about *Ttakjichigi*. (①) When you play this game, you will need 2 pieces of paper to make a *ttakji*. (②) Players take turns hitting each other's *ttakji*. (③) The player who flips over the other's *ttakji* first wins. (④) I have a new rule for the game. (⑤) If players fail to keep this rule, they will lose their turn. When you and your friends are bored, why don't you give this game a try? Thank you for listening!

24 위 글의 ①~⑤ 중 주어진 말이 들어가기에 가장 알맞은 곳은?

It is to use English only during the game.

① ② ③ ④ ⑤

25 다음 중 위 글의 내용과 일치하지 않는 것은?

① 딱지치기는 한국의 전통 놀이 중 하나이다.
② 딱지를 만들려면 종이 두 장이 필요하다.
③ 참가자는 번갈아 가며 상대의 딱지를 친다.
④ 딱지치기의 목표는 상대의 딱지를 뒤집는 것이다.
⑤ 새로 추가된 규칙을 지키지 않으면 즉시 패배한다.

1 다음 상자 속 단어들과 같은 관계인 것은?

> tradition – traditional

① strong – stronger
② excite – excitement
③ random – randomly
④ passion – passionate
⑤ imagine – imaginative

2 다음 빈칸에 공통으로 들어갈 말로 알맞은 것은?

> • I can't find a quiet _____ to study.
> • Could you _____ the book on the table?

① turn   ② land   ③ object
④ stick   ⑤ place

3 다음 영영 풀이에 해당하는 단어로 알맞은 것은?

> a line or point that marks the limit or edge of an area, defining where one area ends and another begins

① lunar   ② result   ③ return
④ similar   ⑤ boundary

4 다음 담화의 밑줄 친 ⓐ~ⓔ 중 전체 흐름상 어색한 것은?

> Everyone knows I'm passionate. Know why? ⓐ Look at how passionate Koreans are. You know I'm fast. Don't blink! Korea moves fast, too. ⓑ Korea's "hurry-up" culture can cause stress and mistakes. I'm creative on the pitch because I was born creative. Hey, I'm Korean. Being creative is what we do. People say I'm smart. ⓒ Well, just look how smart Korea is. Why am I so fun? ⓓ It's because Korea is so much fun. Lovable? Wait! Me? ⓔ How can you not love Korea? I aim to be spectacular for the fans, and what's more spectacular than Korea? This is my Korea. What's yours?

① ⓐ   ② ⓑ   ③ ⓒ   ④ ⓓ   ⑤ ⓔ

5 다음 중 어법상 옳은 문장만 고른 것은?

> ⓐ We will have dinner when the show ends.
> ⓑ If you will study hard, you will pass the exam.
> ⓒ They planned the trip, packed their bags, and to visit famous places.
> ⓓ She is famous not only for her intelligence but also for her leadership.
> ⓔ My goal is to exercise regularly, to eat healthily, and to live a balanced life.

① ⓐ, ⓑ, ⓒ   ② ⓐ, ⓑ, ⓔ
③ ⓐ, ⓓ, ⓔ   ④ ⓑ, ⓒ, ⓔ
⑤ ⓒ, ⓓ, ⓔ

6 다음 빈칸에 공통으로 들어갈 말로 알맞은 것은?

> • _____ they had no money, they couldn't buy the tickets.
> • I have known him _____ we were children.

① If[if]
② As[as]
③ When[when]
④ Since[since]
⑤ While[while]

8 다음 중 위 대화의 밑줄 친 ⓑ와 쓰임이 같은 것은?

① She studied hard to pass the exam.
② He woke up early to catch the train.
③ I am saving money to buy a new car.
④ They eat vegetables to stay healthy.
⑤ There are many places to visit in this city.

9 위 대화의 주제로 알맞은 것은?

① How to get to Gwanghwamun Station
② Korean traditional food recipes
③ A dance performance competition
④ The ways to learn about Korean culture
⑤ A visit to a Festival in Gwanghwamun

[7-9] 다음 대화를 읽고, 물음에 답해 봅시다.

> A: Hey, what are you planning to do this Saturday?
> B: ⓐ _____ go to Gwanghwamun for the K-Culture Festival.
> A: K-Culture Festival? What's that?
> B: It's a festival that presents Korean culture through music, food, and dance performances.
> A: Wow, that's a great opportunity ⓑ to learn about Korean culture. Can I go with you?
> B: Sure! The festival starts at noon. Let's meet at Gwanghwamun Station on Saturday at 11:30.
> A: OK. See you then!

7 위 대화의 빈칸 ⓐ에 들어갈 말로 가장 알맞은 것은?

① I didn't
② I have been to
③ I was about to
④ I'm planning to
⑤ I look forward to

10 다음 대화의 밑줄 친 우리말과 같은 뜻이 되도록 괄호 안의 표현을 바르게 배열해 봅시다.

> A: My American friend, Olivia, is coming to Seoul next week.
> B: Oh, really? 너는 그녀와 무엇을 할 계획이니?
> A: We have exciting plans! First, we're planning to enjoy shopping in Dongdaemun.
> B: Cool! And then?
> A: We'll wear hanbok and take photos at Gyeongbokgung.

> _____
> (to / planning / you / what / do / are / with her)

[11-12] 다음 대화를 읽고, 물음에 답해 봅시다.

> A: Wow, there're so many people and event booths here. (①)
>
> B: Look at all the people at the K-Beauty booth. (②)
>
> A: That's right. I totally agree with you. (③) ⓐ <u>By the way</u>, where's the smell coming from? (④) It ⓑ <u>must be</u> *buchimgae*, Korean pancake.
>
> B: I love Korean food so much! ⓒ <u>Why don't we</u> go to the K-Food booth first? (⑤)
>
> A: That's a good idea. I'm really hungry.
>
> B: Me, too. We can go to the K-Webtoon booth after some food.
>
> A: That ⓓ <u>sounds</u> perfect! The map says it's ⓔ <u>right</u> next to the K-Food booth.

11 위 대화의 ①~⑤ 중 주어진 말이 들어가기에 가장 알맞은 곳은?

> I think K-Beauty products are the best in the world.

①   ②   ③   ④   ⑤

12 위 대화의 밑줄 친 ⓐ~ⓔ의 우리말 해석이 옳지 않은 것은?

① ⓐ – 그런데
② ⓑ – …임에 틀림없다
③ ⓒ – 우리 …하는 게 어때?
④ ⓓ – …하게 들린다
⑤ ⓔ – 오른쪽

13 다음 대화의 빈칸에 공통으로 들어갈 말로 알맞은 것은?

> A: _____ do you think of hanbok?
>
> B: I think hanbok is beautiful.
>
> A: _____ makes you think so?
>
> B: It's because it has pretty lines and shapes.
>
> A: That's right.

① Why   ② How   ③ When
④ What   ⑤ Where

[14-15] 다음 글을 읽고, 물음에 답해 봅시다.

> ⓐ <u>Have you ever played</u> *Yunnori*? It is a traditional board game that Koreans ⓑ <u>used to play</u> from New Year's Day to the First Full Moon of the lunar calendar. Did you know that the game has a long history? (A) <u>It</u> is believed that the game ⓒ <u>has played</u> since the Three Kingdoms Period. In the old days, people played *Yunnori* ⓓ <u>to make family bonds stronger</u> and express hopes for a good harvest. This tradition ⓔ <u>has continued</u>, and *Yunnori* remains a popular board game that many people still enjoy.

14 위 글의 밑줄 친 ⓐ~ⓔ 중 어법상 어색한 것은?

① ⓐ   ② ⓑ   ③ ⓒ   ④ ⓓ   ⑤ ⓔ

15 다음 중 위 글의 밑줄 친 (A)와 쓰임이 다른 것은?

① It is clear that he made a mistake.
② It is the book that I borrowed yesterday.
③ It is surprising that she passed the exam.
④ It is true that exercise is good for your health.
⑤ It is natural that parents worry about their children.

[16-18] 다음 글을 읽고, 물음에 답해 봅시다.

To play *Yunnori*, you need a board, four wooden sticks, and a set of game pieces. The board for the game is called *yutpan*. It comes in different sizes and shapes, but it is usually a square with two diagonal lines. As you can see below, a total of 29 stations are on the board.

When your board is ready, you need four wooden sticks. The sticks, called *yut*, are flat on one side and rounded on the other. (①) You throw the sticks on the floor. (②) Then you move game pieces on the board based on the result of each throw. (③) How many sticks will land with the flat side up? (④) You cannot tell since the sticks roll randomly. (⑤) All the sticks must stay inside the boundary; if not, you lose a turn.

The game pieces, called *mal*, should be small (A) so that you can place them on stations. Any small objects can be used as game pieces. Each player usually has four pieces, but the sets of pieces should look different from player to player.

16 위 글의 제목으로 가장 알맞은 것은?

① The History of *Yunnori*
② How to Make *Yut* Sticks
③ Strategies for Winning *Yunnori*
④ Types of Traditional Korean Games
⑤ Three Things Needed to Play *Yunnori*

17 위 글의 ①~⑤ 중 주어진 말이 들어가기에 가장 알맞은 곳은?

This adds to the excitement of the game.

①   ②   ③   ④   ⑤

18 위 글의 밑줄 친 (A)와 같은 뜻이 되도록 빈칸에 알맞은 말을 써 봅시다. (단, 3단어로 쓸 것)

so that you can place them on stations
= _____ you can place them on stations

[19-20] 다음 글을 읽고, 물음에 답해 봅시다.

When people play *Yunnori*, they take turns throwing the four sticks together. ⓐ Players move game pieces on the board depending on the result of each throw. ⓑ The sticks are traditionally made of bamboo or other lightweight materials. ⓒ In each turn, a player can move a piece already on the board or place an additional piece on the board. ⓓ If a piece lands on an opponent's station, you can take the station and throw the sticks again while the opponent's piece must return to the starting station. ⓔ If a piece lands on one of your own pieces, both can move together as one. When a piece is on a corner or in the center, (A) 참가자는 어느 방향으로 움직일지 선택할 수 있다. The player who moves all the pieces back to the starting station first wins.

19 위 글의 밑줄 친 ⓐ~ⓔ 중 전체 글의 흐름상 어색한 것은?

① ⓐ   ② ⓑ   ③ ⓒ   ④ ⓓ   ⑤ ⓔ

20 위 글의 밑줄 친 우리말 (A)와 같은 뜻이 되도록 괄호 안의 표현을 바르게 배열해 봅시다.

_____
_____

(which / can / the player / way / move / choose / to)

[21-23] 다음 글을 읽고, 물음에 답해 봅시다.

ⓐ _____ You can create your own board. For example, some of the stations can have special missions for players, or your board can look completely different from a traditional one. Also, you can introduce exciting rules such as "Speak only in English during the game." To add more excitement, you can make players turn around three times before each throw. ⓑ If you will learn more about similar board games from around the world, such as Pachisi from ancient India or Barjis in Syria, you will be able to get some really creative ideas. Even in the age of modern technology, board games can still be attractive and fun.

21 위 글의 빈칸 ⓐ에 들어갈 말로 가장 알맞은 것은?

① Modern board games are better than *Yunnori*.
② *Yunnori* is a game that requires skill and luck.
③ Creativity is not necessary when playing *Yunnori*.
④ The traditional rules of *Yunnori* cannot be changed.
⑤ You can be imaginative and have more fun with *Yunnori*.

22 위 글의 밑줄 친 ⓑ에서 어법상 어색한 부분을 찾아 바르게 고쳐 봅시다.

_____ → _____

23 다음 중 위 글의 내용과 일치하는 것은?

① 윷놀이의 판은 반드시 전통적인 사각형 모양이어야 한다.
② 윷놀이에서 영어로만 말하는 규칙은 전통적인 규칙 중 하나이다.
③ 현대 기술이 발달하면서 윷놀이와 같은 보드게임은 더 이상 인기가 없다.
④ 윷놀이와 비슷한 보드게임은 한국 이외의 다른 나라에서는 찾아볼 수 없다.
⑤ 윷놀이를 더 재미있게 만들기 위해 특별한 임무나 규칙을 추가할 수 있다.

[24-25] 다음 글을 읽고, 물음에 답해 봅시다.

Let me introduce one of the traditional Korean games. Today, I'm going to tell you about *Ttakjichigi*. When you play this game, you will need 2 pieces of paper to make *ttakji*. Players take turns hitting each other's *ttakji*. The player who flips over the other's *ttakji* first wins. I have a new rule for the game. It is to use English only during the game. If players fail to keep this rule, they will lose their turn. When you and your friends are bored, why don't you give this game a try? Thank you for listening!

24 다음 중 위 글의 주제로 알맞은 것은?

① 다양한 딱지 접는 방법
② 딱지치기의 국제적인 인기
③ 전통 놀이인 딱지치기의 중요성
④ 딱지치기의 기본 규칙과 창의적인 변형
⑤ 딱지치기에 사용되는 다양한 종이의 종류

25 다음 중 위 글을 읽고 답할 수 없는 것은?

① How do players win a game of *Ttakjichigi*?
② What materials are needed to make a *ttakji*?
③ What is the new rule introduced for *Ttakjichigi*?
④ What can happen if players fail to follow the new rule?
⑤ How many people can play *Ttakjichigi* at the same time?

Hit the Road!
여행을 떠나자!

Big Question

What can we learn by traveling?
우리는 여행을 통해 무엇을 배울 수 있을까요?

TIME TO TRAVEL

The Startline

Exciting Holidays
신나는 휴가

Listen & Speak

- What Do You Want to Do? Ⓕ 바람, 소원, 요망 표현하기
  여러분은 무엇을 하고 싶나요?
- Share Your Travel Experience
  Ⓕ 만족이나 불만족 표현하기
  여러분의 여행 경험을 공유하세요

Read

다채로운 여행지 탐방
A Tour of Colorful Destinations
Ⓥ 사람을 만드는 접미사 -er, -or, -ist
Ⓖ 관계 대명사 / 관계 대명사 what

Write & Present

Planning a Field Trip
체험 학습 계획하기

Teen Vibes

- **Get Creative with Photos!** `Fun Time`
  사진으로 창의력을 발휘해 보세요!
- **Playing Travel-Idiom Cards** `Project Time`
  여행 관용구 카드 게임하기

The Startline Exciting Holidays 🐛

GET READY

사람들이 여행을 하는 이유는 무엇일까요? 다양한 이유를 읽고, 자신만의 이유를 말해 봅시다.

교과서 58쪽

신나는 휴가

준비 활동

사람들이 여행을 하는 다양한 이유에 대해 생각해 보고, 자신만의 이유를 말해 보는 활동이다. 더불어 여행을 통해 얻을 수 있는 가치와 즐거움에 대해서도 생각해 볼 수 있다.

I travel .... (나는 여행한다.)
• to relax (휴식을 취하기 위해서)
• to have fun (즐기기 위해서)
• to escape from everyday life
  (일상생활에서 벗어나기 위해서)
• to experience something new and different
  (새롭고 다른 것을 경험하기 위해서)
• to make new friends
  (새 친구들을 사귀기 위해서)
• 예시 to see the sights
  (명소를 구경하기 위해서)

여행을 하는 다양한 이유들

• to see beautiful nature
  (아름다운 자연을 보기 위해서)
• to learn about new cultures
  (새로운 문화를 배우기 위해서)
• to rest and refresh the mind
  (쉬고 마음을 새롭게 하기 위해서)
• to do a hobby I love
  (내가 좋아하는 취미를 즐기기 위해서)
• to get new ideas
  (새로운 아이디어를 얻기 위해서)
• to enjoy adventure and excitement
  (모험과 흥분을 즐기기 위해서)
• to spend time with family or friends
  (가족이나 친구들과 시간을 보내기 위해서)
• to taste different foods
  (다양한 음식을 맛보기 위해서)

• to celebrate a special event
  (특별한 일을 기념하기 위해서)
• to learn about history
  (역사를 배우기 위해서)
• to witness unique landmarks
  (독특한 명소를 보기 위해서)

> The world is a book, and those who do not travel read only one page.
> (세상은 하나의 책과 같고, 여행하지 않는 사람은 그 책의 한 페이지만 읽는 것이다.)
> — Saint Augustine

어휘 relax 동 휴식을 취하다   escape 동 탈출하다   experience 동 경험하다

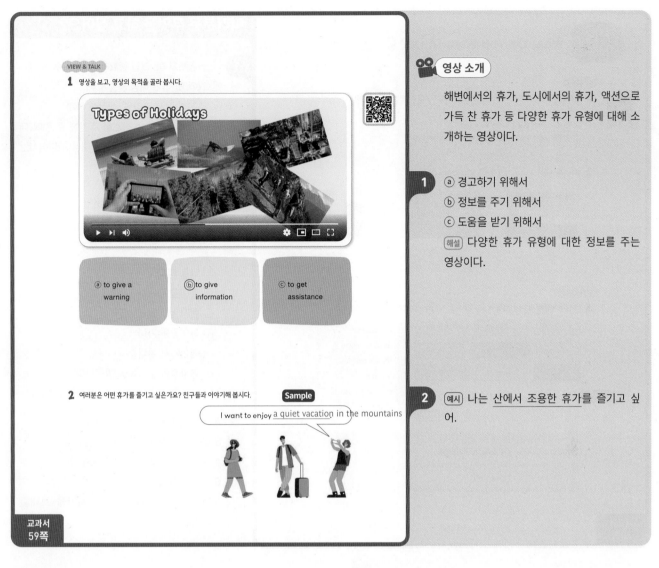

1 영상을 보고, 영상의 목적을 골라 봅시다.

Types of Holidays

ⓐ to give a warning

ⓑ to give information

ⓒ to get assistance

2 여러분은 어떤 휴가를 즐기고 싶은가요? 친구들과 이야기해 봅시다.

Sample

I want to enjoy a quiet vacation in the mountains

교과서 59쪽

영상 소개

해변에서의 휴가, 도시에서의 휴가, 액션으로 가득 찬 휴가 등 다양한 휴가 유형에 대해 소개하는 영상이다.

1 ⓐ 경고하기 위해서

ⓑ 정보를 주기 위해서

ⓒ 도움을 받기 위해서

[해설] 다양한 휴가 유형에 대한 정보를 주는 영상이다.

2 [예시] 나는 산에서 조용한 휴가를 즐기고 싶어.

Video Script

Types of Holidays

M Are you planning your next vacation and wondering what type of holiday to choose? Let's take a look at some popular options. First, imagine a beach holiday. Relax on the sandy shore, have fun in the sun, try surfing, or learn water skiing. Prefer exploring a city? A city break might be just what you're looking for. See famous sights, visit museums, take great photos, or shop at local stores. Looking for an exciting adventure? How about an action-packed holiday? Go hiking, enjoy camping under the stars, or even try rock climbing. So, whether you want to relax on the beach, explore a city, or try thrilling activities, there's a perfect holiday type for everyone.

해석

휴가의 유형

남: 다음 휴가를 계획하면서 어떤 유형의 휴가를 선택해야 할지 생각 중이신가요? 몇 가지 인기 있는 선택지를 살펴봅시다. 먼저, 해변에서의 휴가를 상상해 보세요. 모래 해변에서 휴식을 취하고, 햇살 아래에서 즐거운 시간을 보내고, 서핑을 해보거나 수상 스키를 배워 보세요. 도시를 탐험하는 것을 선호하시나요? 도시에서의 휴가가 바로 여러분이 찾는 것일 수 있습니다. 유명한 명소를 구경하고, 박물관을 방문하고, 멋진 사진을 찍거나 현지 상점에서 쇼핑을 해보세요. 흥미진진한 모험을 찾고 계신가요? 액션으로 가득 찬 휴가는 어떨까요? 하이킹을 하거나, 별 아래에서 캠핑을 즐기거나, 암벽 등반에도 도전해 보세요. 그러니까 여러분이 해변에서 휴식을 취하고 싶든, 도시를 탐험하고 싶든, 스릴 넘치는 활동을 해보고 싶든, 모든 사람에게 완벽한 휴가 유형이 있습니다.

[어휘] **wonder** ⑧ …할까 생각하다, 궁금해하다 **choose** ⑧ 선택하다 **popular** ⑱ 인기 있는 **option** ⑲ 선택, 선택권 **imagine** ⑧ 상상하다 **sandy** ⑱ 모래로 뒤덮인 **shore** ⑲ 해안 **surfing** ⑲ 파도타기 **explore** ⑧ 탐험하다 **break** ⑲ 휴식 **local** ⑱ 지역의, 현지의 **adventure** ⑲ 모험 **action-packed** 액션이 많은 **whether** ㉑ …이든, …인지 **thrilling** ⑱ 황홀한, 아주 신나는 **perfect** ⑱ 완벽한 **activity** ⑲ 활동

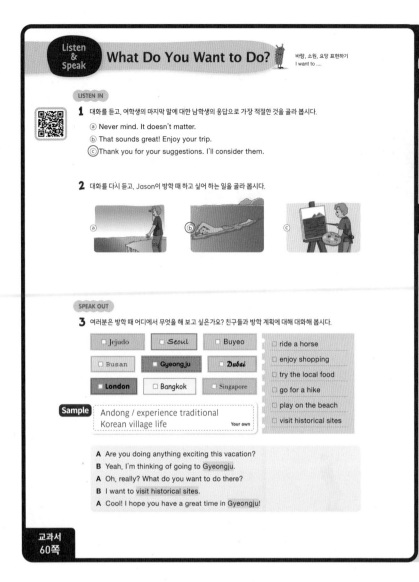

LISTEN IN

1 대화를 듣고, 여학생의 마지막 말에 대한 남학생의 응답으로 가장 적절한 것을 골라 봅시다.

ⓐ Never mind. It doesn't matter.
ⓑ That sounds great! Enjoy your trip.
ⓒ Thank you for your suggestions. I'll consider them.

2 대화를 다시 듣고, Jason이 방학 때 하고 싶어 하는 일을 골라 봅시다.

SPEAK OUT

3 여러분은 방학 때 어디에서 무엇을 해 보고 싶은가요? 친구들과 방학 계획에 대해 대화해 봅시다.

☐ Jejudo	☐ Seoul	☐ Buyeo
☐ Busan	☐ Gyeongju	☐ Dubai
☐ London	☐ Bangkok	☐ Singapore

☐ ride a horse
☐ enjoy shopping
☐ try the local food
☐ go for a hike
☐ play on the beach
☐ visit historical sites

Sample Andong / experience traditional Korean village life   Your own

A Are you doing anything exciting this vacation?
B Yeah, I'm thinking of going to Gyeongju.
A Oh, really? What do you want to do there?
B I want to visit historical sites.
A Cool! I hope you have a great time in Gyeongju!

교과서 60쪽

여러분은 무엇을 하고 싶어요?

1 ⓐ 신경쓰지 마. 그건 중요하지 않아.
ⓑ 그거 멋지다! 여행 즐겁게 해.
ⓒ 추천해 줘서 고마워. 생각해 볼게.
[해설] 여행하기 좋은 장소를 추천해 준 것에 대한 대답이므로 고마워한다는 내용이 이어지는 것이 자연스럽다.

3
• 제주도	• 서울	• 부여
• 부산	• 경주	• 두바이
• 런던	• 방콕	• 싱가포르

☐ 말을 타다
☐ 쇼핑을 즐기다
☐ 현지 음식을 맛보다
☐ 하이킹을 가다
☐ 해변에서 놀다
☐ 역사적인 장소들을 방문하다

[예시] 안동 / 전통 한국 마을 생활을 경험하다

A 이번 방학에 뭔가 신나는 일이 있니?
B 응, 나는 경주에 갈까 생각 중이야.
A 아, 정말? 거기서 무엇을 하고 싶니?
B 나는 역사적인 장소들을 방문하고 싶어.
A 멋지다! 경주에서 즐거운 시간을 보내길 바라!

Listening Script

W Jason, where do you want to go for your vacation?
M I want to go to a beach.
W Oh. What kind of activities do you want to enjoy while at the beach?
M I want to relax, swim, and lie in the sun.
W Sounds interesting! Do you have any destination in mind?
M Not yet. Can you suggest a good place?
W Sure! How about Sokcho or Haeundae? Both are known for their beautiful beaches.
M Thank you for your suggestions. I'll consider them.

해석

여: 제이슨, 너는 방학 때 어디에 가고 싶니?
남: 나는 해변에 가고 싶어.
여: 오. 해변에서 어떤 종류의 활동을 즐기고 싶니?
남: 휴식을 취하고, 수영을 하고, 햇볕에 누워있고 싶어.
여: 재미있겠다! 생각하고 있는 목적지가 있니?
남: 아직 없어. 좋은 장소를 추천해 줄 수 있니?
여: 물론이지! 속초나 해운대는 어때? 둘 다 아름다운 해변으로 알려져 있어.
남: 추천해 줘서 고마워. 생각해 볼게.

어휘 **Never mind.** 신경쓰지 마, 걱정하지 마, 괜찮아.   **matter** 동 중요하다   **suggestion** 명 제안   **consider** 동 고려하다   **historical** 형 역사적   **site** 명 장소   **while** 접 …하는 동안   **lie** 동 눕다, 누워있다   **destination** 명 목적지   **suggest** 동 제안하다   **be known for** …로 알려지다

Share Your Travel Experience

만족이나 불만족 표현하기
I was really satisfied with ....

LISTEN IN

1 대화를 듣고, 유나가 여행에서 가장 만족했던 것을 골라 봅시다.

ⓐ   ⓑ   ⓒ

2 대화를 다시 듣고, 빈칸에 알맞은 말을 써 봅시다.

Yuna thought the food in London was too ___salty___.

SPEAK OUT

3 멕시코로 여행을 다녀온 사람들의 후기를 보며, 여행 경험을 묻고 답하는 대화를 연습해 봅시다.

My Trip to Mexico

Sightseeing	Accommodations	Food
The pyramids were fantastic, and our guide was amazing.	The hotel was the best. It was very clean and comfortable.	I tried some street food, and it was just right for me.

A Where did you go on your vacation?
B I went to Mexico with my family.
A Wow! How was the trip?
B I was really satisfied with the trip. I especially enjoyed sightseeing.
A What was so good about it?
B The pyramids were fantastic, and our guide was amazing.
A That sounds great!

교과서 61쪽

여러분의 여행 경험을 공유하세요

1 [해설] 런던 여행에서 가장 좋았던 것을 물어보는 남자의 질문에 유나는 역사적인 장소들을 방문한 것이 정말 좋았다고 답했다.

2 유나는 런던의 음식이 너무 짜다고 생각했다.

3 **나의 멕시코 여행**
- **관광**
  피라미드가 환상적이었고, 우리 가이드는 놀라웠다.
- **숙소**
  호텔이 최고였다. 매우 깨끗하고 편안했다.
- **음식**
  나는 몇 가지 거리 음식을 먹어 보았고, 그건 내 입맛에 딱 맞았다.

A 너는 방학 때 어디에 갔니?
B 나는 가족들과 함께 멕시코에 갔어.
A 와! 여행은 어땠어?
B 나는 여행에 정말 만족했어. 나는 특히 관광을 즐겼어.
A 뭐가 그렇게 좋았니?
B 피라미드가 환상적이었고, 우리 가이드는 놀라웠어.
A 정말 멋지다!

Listening Script

M Yuna, what did you do on your last vacation?

W I traveled to London with my mom. It was amazing!

M Oh, that's great to hear! What did you enjoy the most about your trip to London?

W I loved visiting all the historic sites like Buckingham Palace and Big Ben.

M Great! Did you try any delicious or unique foods while you were there?

W Yes, but I wasn't completely satisfied with the food. Actually, it was too salty.

해석

남: 유나야, 지난 방학에 무엇을 했니?

여: 엄마와 함께 런던을 여행했어. 정말 굉장했어!

남: 오, 그거 멋지다! 런던 여행에서 가장 좋았던 건 뭐였니?

여: 나는 버킹엄 궁전과 빅벤 같은 모든 역사적인 장소들을 방문한 것이 정말 좋았어.

남: 근사하다! 그곳에 있는 동안 맛있거나 독특한 음식을 먹어 봤니?

여: 응, 하지만 음식이 완전히 만족스럽지는 않았어. 사실, 너무 짰어.

어휘 **sightseeing** (명) 관광   **accommodation** (명) 숙박 시설   **amazing** (형) 놀라운   **comfortable** (형) 편한, 쾌적한
be satisfied with …에 만족하다   **especially** (부) 특히   **historic** (형) 역사적인   **unique** (형) 독특한, 특별한
completely (부) 완전히   **actually** (부) 실제로, 정말로   **salty** (형) 짠

1 바람, 소원, 요망 표현하기

A What do you want to do in Busan?
(너는 부산에서 무엇을 하고 싶니?)
B I want to enjoy the coastal views.
(나는 해안 경치를 즐기고 싶어.)

자신의 바람이나 소원, 요망을 표현할 때는 I want to ... (나는 ···하고 싶다)를 쓸 수 있다. I'd like to ..., I'm looking forward to ..., I wish I could ..., I hope to ... 등의 표현도 비슷한 의미로 사용할 수 있다. 바람이나 소원 등을 물어볼 때는 What do you want to ...? (너는 무엇을 원하니?), Do you want (to) ...? (너는 ···을 원하니?) 등의 표현을 쓸 수 있다.

Check Up

▶ Answers p. 208

1 다음 대화의 밑줄 친 문장과 의미가 같은 것을 골라 봅시다.

> **A** Do you want to meet him?
> **B** Yes, I do. I want to get to know him better.

① I will get to know him better.
② I plan to get to know him better.
③ I decided to get to know him better.
④ I promised to get to know him better.
⑤ I'd like to get to know him better.

2 다음 대화의 밑줄 친 우리말과 같은 뜻이 되도록 괄호 안의 표현을 바르게 배열해 봅시다.

> **A** 너는 태국에서 무엇을 먹고 싶니?
> **B** I want to enjoy some spicy Pad Thai.

_____

(in Thailand / what / eat / want / to / you / do)

3 다음이 자연스러운 대화가 되도록 순서대로 번호를 써 봅시다.

> _____1_____ Hey, Lisa. Did you sign up for the English club?
> _____ I want to read some English books and talk about them in English.
> _____ What activities do you want to do at the club?
> _____ Yes, I did.

A How was the trip to New York?

(뉴욕 여행은 어땠어?)

B I was really satisfied with the trip. I especially enjoyed sightseeing.

(나는 여행에 정말 만족했어. 나는 특히 관광을 즐겼어.)

만족 여부를 물을 때는 How is/was …? (…는 어때/어땠어?)를 쓸 수 있다. How do you like/find …?도 비슷한 의미를 나타내며, Are you satisfied with …? (너는 …에 만족하니?) 역시 만족하는지 묻는 표현이다. 만족스러움을 표현할 때는 I'm satisfied/happy with … (나는 …에 대해 만족해)를 사용하고, 불만족스러움을 나타낼 때는 I'm not satisfied/happy with … (나는 …가 만족스럽지 않아)를 사용한다.

Check Up

▶ Answers p. 208

1 다음 대화의 빈칸에 알맞은 말을 골라 봅시다.

> **A** _____ here?
>
> **B** Well, I'm not satisfied with them. I'm disappointed.

① When do you visit   ② How do you come

③ What do you want to eat   ④ How do you like the pancakes

⑤ What's your favorite food

2 다음 대화의 밑줄 친 우리말과 같은 뜻이 되도록 괄호 안의 표현을 바르게 배열해 봅시다.

> **A** I heard that the soccer game tied 1:1. I think your team did a very good job.
>
> **B** You're right. 나는 그 결과에 만족해.

_____

(the result / I'm / with / happy)

3 다음이 자연스러운 대화가 되도록 순서대로 번호를 써 봅시다.

> ____1____ Are you upset? You don't look good.
>
> _____ You mean this? This is so pretty. I think she'll love it.
>
> _____ I made a special cake for my mom, but I'm not satisfied with it.
>
> _____ No, this isn't good enough. I'll do it over again.

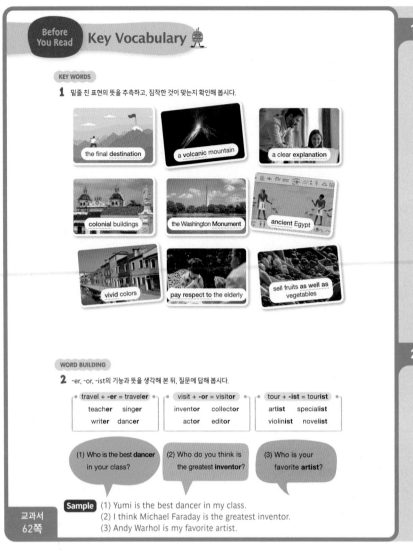

Before You Read — **Key Vocabulary**

KEY WORDS

1 밑줄 친 표현의 뜻을 추측하고, 짐작한 것이 맞는지 확인해 봅시다.

- the final **destination**
- a **volcanic** mountain
- a clear **explanation**
- **colonial** buildings
- the Washington **Monument**
- **ancient** Egypt
- **vivid** colors
- **pay respect to** the elderly
- sell fruits **as well as** vegetables

WORD BUILDING

2 -er, -or, -ist의 기능과 뜻을 생각해 본 뒤, 질문에 답해 봅시다.

- travel + **-er** = traveler
  - teacher   singer
  - writer   dancer
- visit + **-or** = visitor
  - inventor   collector
  - actor   editor
- tour + **-ist** = tourist
  - artist   specialist
  - violinist   novelist

(1) Who is the best **dancer** in your class?
(2) Who do you think is the greatest **inventor**?
(3) Who is your favorite **artist**?

Sample
(1) Yumi is the best dancer in my class.
(2) I think Michael Faraday is the greatest inventor.
(3) Andy Warhol is my favorite artist.

교과서 62쪽

---

1 Key Words

the final **destination** 최종 목적지
a **volcanic** mountain 화산
a clear **explanation** 명확한 설명
colonial buildings 식민지 시대의 건물들
the Washington **Monument** 워싱턴 기념비
ancient Egypt 고대 이집트
vivid colors 생생한 색상들
pay respect to the elderly 노인에게 경의를 표하다
sell fruits **as well as** vegetables 채소뿐만 아니라 과일도 팔다

2 Word Building: 사람을 나타내는 접미사

여행자	선생님	가수
	작가	댄서
방문객	발명가	수집가
	배우	편집자
관광객	예술가	전문가
	바이올린 연주자	소설가

---

(1) 너희 반에서 최고의 댄서는 누구니?
[예시] 유미가 우리반에서 최고의 댄서야.
(2) 너는 가장 위대한 발명가가 누구라고 생각해?
[예시] 나는 마이클 패러데이가 가장 위대한 발명가라고 생각해.
(3) 네가 가장 좋아하는 예술가는 누구니?
[예시] 앤디 워홀이 내가 가장 좋아하는 예술가야.

Key Words [예문]

• Our **destination** is the beach, where we will relax.
(우리의 목적지는 해변이며, 그곳에서 우리는 휴식을 취할 것이다.)

• The region is known for its **volcanic** activity and hot springs.
(그 지역은 화산 활동과 온천으로 유명하다.)

• His **explanation** was clear and easy to understand.
(그의 설명은 명확하고 이해하기 쉬웠다.)

• •They visited a historic **colonial** town during their trip.
(그들은 여행 중에 역사적인 식민지 시대 마을을 방문했다.)

• Visiting the national **monument** was a moving experience.
(그 국가 기념비를 방문한 것은 감동적인 경험이었다.)

• The **ancient** crown was displayed in the museum.
(그 고대 왕관은 박물관에 전시되었다.)

• The book paints a **vivid** picture of life in the 19th century.
(그 책은 19세기 삶에 대한 생생한 그림을 그려낸다.)

• She visited her hometown to **pay respect to** her ancestors.
(그녀는 조상들에게 경의를 표하기 위해 고향을 방문했다.)

• He is talented in music **as well as** art.
(그는 미술뿐만 아니라 음악에도 재능이 있다.)

Word Building [추가 예시]

사람을 나타내는 접미사 -er, -or, -ist, -ian

-(e)r: play**er**, travel**er**, manag**er**, produc**er**, run**ner**, win**ner**

-or: sail**or**, advis**or**, surviv**or**

-ist: pian**ist**, scient**ist**, tour**ist**, journal**ist**

-ian: music**ian**, librar**ian**, technic**ian**, histor**ian**

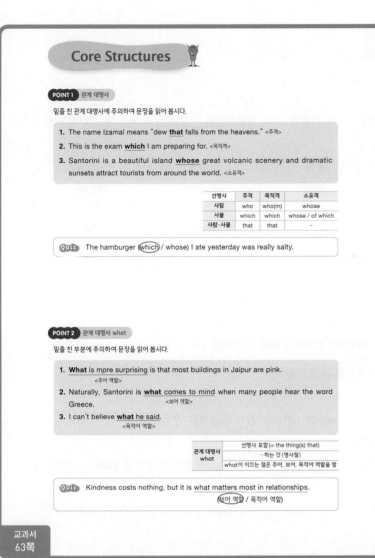

Core Structures

POINT 1 관계 대명사

밑줄 친 관계 대명사에 주의하여 문장을 읽어 봅시다.

1. The name Izamal means "dew **that** falls from the heavens." <주격>
2. This is the exam **which** I am preparing for. <목적격>
3. Santorini is a beautiful island **whose** great volcanic scenery and dramatic sunsets attract tourists from around the world. <소유격>

선행사	주격	목적격	소유격
사람	who	who(m)	whose
사물	which	which	whose / of which
사람·사물	that	that	-

Quiz The hamburger (which / whose) I ate yesterday was really salty.

POINT 2 관계 대명사 what

밑줄 친 부분에 주의하여 문장을 읽어 봅시다.

1. **What** is more surprising is that most buildings in Jaipur are pink. <주어 역할>
2. Naturally, Santorini is **what** comes to mind when many people hear the word Greece. <보어 역할>
3. I can't believe **what** he said. <목적어 역할>

관계 대명사 what	선행사 포함 (= the thing(s) that)
	…하는 것 (명사절)
	what이 이끄는 절은 주어, 보어, 목적어 역할을 함

Quiz Kindness costs nothing, but it is what matters most in relationships. (보어 역할 / 목적어 역할)

교과서 63쪽

---

1 관계 대명사

1. 이사말이라는 이름은 '하늘에서 내리는 이슬'을 의미한다.
2. 이건 내가 준비하고 있는 시험이다.
3. 산토리니는 멋진 화산 풍경과 인상적인 일몰이 전 세계 관광객들을 끌어들이는 아름다운 섬이다.

Quiz. 내가 어제 먹은 햄버거는 정말 짰다.

[해설] 선행사가 The hamburger로 사물이고, 절 안에서 목적어를 대신하므로 목적격 관계 대명사 which가 적절하다.

2 관계 대명사 what

1. 더 놀라운 것은 자이푸르에 있는 대부분의 건물이 분홍색이라는 점이다.
2. 당연히, 많은 사람이 그리스라는 단어를 들으면 떠올리는 것이 산토리니이다.
3. 나는 그가 말한 것을 믿을 수 없다.

Quiz. 친절은 아무런 비용이 들지 않지만, 관계에서 가장 중요한 것이다.

[해설] is 뒤에서 주어를 보충 설명하는 보어 역할을 하고 있다.

POINT 1 관계 대명사 **예문 해설**

1. 선행사가 사물인 dew이므로 관계 대명사 that이 쓰였고, which로 바꿔 쓸 수 있다. 여기서 that은 절 안에서 주어 역할을 하는 주격 관계 대명사이다.

2. 선행사가 사물인 the exam이므로 관계 대명사 which가 쓰였고, that으로 바꿔 쓸 수 있다. 여기서 which는 절 안에서 전치사 for의 목적어 역할을 하는 목적격 관계 대명사이다.

3. 선행사가 a beautiful island로 사물이고, great volcanic scenery and dramatic sunsets의 소유를 나타내므로 관계 대명사 whose가 쓰였다. 관계사절의 주어는 whose ... sunsets이고, 동사는 attract이다.

POINT 2 관계 대명사 what **예문 해설**

1. 이 문장의 주어는 명사절 What is more surprising이고 동사는 is이다. 여기서 명사절을 이끄는 What은 선행사를 포함하는 관계 대명사이고, '…하는 것'이라고 해석하며, The thing that으로 바꿔 쓸 수 있다.

2. 관계 대명사 what이 이끄는 절이 be동사 뒤에 있으므로 보어 역할을 하고 있다.

3. 관계 대명사 what이 이끄는 절이 동사 believe의 목적어 역할을 하고 있다.

어휘 dew 명 이슬 heaven 명 하늘 fall from (…으로부터) 떨어지다 prepare for …을 준비하다 scenery 명 경치, 풍경 dramatic 형 극적인, 인상적인 sunset 명 일몰 (*cf.* sunrise 일출) attract 동 끌어들이다, 마음을 끌다 tourist 명 관광객 surprising 형 놀라운 naturally 부 당연히, 자연스럽게 come to mind 생각이 떠오르다 kindness 명 친절 cost 동 (값·비용이) …이다 relationship 명 관계

Point 1

관계 대명사

관계 대명사는 '접속사+대명사'의 역할을 하며, 형용사절을 이끌어 앞에 있는 명사(선행사)를 수식하는 역할을 한다.

선행사	주격	목적격	소유격
사람	who	who(m)	whose
사물·동물	which	which	whose / of which
사람·사물·동물	that	that	-

• Penguins are birds **which/that** can't fly. 〈주격〉 (펭귄은 날 수 없는 새이다.)
  선행사　　　관계 대명사가 이끄는 절

• Do you know the man **who(m)** Jane is talking to? 〈목적격〉

  (너는 제인이 말하고 있는 남자를 아니?)

• He has a sports car **whose** color is red. 〈소유격〉

  (그는 색이 빨강인 스포츠카를 가지고 있다.)

목적격 관계 대명사 who(m), which, that은 관계 대명사절 안에서 동사나 전치사의 목적어 역할을 하며 생략이 가능하다.

• The movie (**which**) we saw last night was scary. (어젯밤 우리가 본 영화는 무서웠다.)

Check Up

1 다음 괄호 안에서 어법상 알맞은 것을 골라 봅시다.

(1) You always ask questions (who / which) are difficult to answer.

(2) I know the girl (that / whose) mother is a good doctor.

2 다음 문장에서 생략이 가능한 부분을 괄호로 표시해 봅시다. (단, 생략할 부분이 없다면 X를 쓸 것)

(1) The bus which I was waiting for didn't come.

(2) Is this the phone that you want to buy?

(3) She met a girl who had big eyes.

3 관계 대명사를 이용하여 두 문장을 한 문장으로 만들어 봅시다.

(1) I don't like the people. They talk too much.

　→ _____

(2) I know the boy. His father is a famous musician.

　→ _____

▶ Answers p. 208

Point 2

관계 대명사 what

관계 대명사 what은 선행사를 포함하고 있으며 '…하는 것'으로 해석된다. what이 이끄는 절은 명사절로, 문장에서 주어, 보어, 목적어 역할을 한다. 관계 대명사 what을 의문사와 혼동하여 '무엇'이라고 해석하지 않도록 주의한다.

관계 대명사 that		관계 대명사 what (= the thing(s) that)
- that 앞에 선행사가 있다. - 앞에 있는 선행사를 수식하는 형용사절을 이끈다.	**vs.**	- what에 선행사가 포함되어 있다. - 문장에서 주어, 보어, 목적어 역할을 하는 명사절을 이끈다.

- **What** I want to do now is to drink water. 〈주어 역할〉
  (내가 지금 하고 싶은 것은 물 마시는 것이다.)
- Pizza is **what** I like most. 〈보어 역할〉
  (피자는 내가 가장 좋아하는 것이다.)
- I know **what** you did yesterday. 〈목적어 역할〉
  (나는 네가 어제 한 일을 알고 있다.)
- He was excited about **what** he saw. 〈전치사의 목적어 역할〉
  (그는 자신이 본 것에 대해 흥분했다.)

Check Up

1 다음 괄호 안에서 어법상 알맞은 것을 골라 봅시다.

(1) He liked (that / what) I cooked.

(2) She told a story (which / what) we couldn't believe.

2 다음 문장의 밑줄 친 부분을 어법에 맞게 고쳐 봅시다.

(1) This bag is which I'm looking for.

(2) The song what she sang was beautiful.

3 다음 우리말과 같은 뜻이 되도록 괄호 안의 단어를 바르게 배열해 봅시다.

(1) 그녀가 말한 것이 나를 행복하게 했다.

→ _____

(made / what / me / she / happy / said)

(2) 나는 네가 한 말에 관심이 있다.

→ _____

(what / I'm / you / interested / said / in)

▶ Answers p. 208

관계 대명사

1 다음 괄호 안에서 알맞은 것을 골라 봅시다.

(1) The apples (that / whose) grow in my garden are sweet.

(2) This is the book (which / who) I borrowed from the library.

(3) There were many people (who / whose) made a lot of noise.

2 다음 문장의 밑줄 친 부분을 어법에 맞게 고쳐 봅시다.

(1) Is there anyone in this class <u>which</u> is interested in yoga?

(2) The man <u>that</u> dog barked all night kept me awake.

(3) This is the card <u>who</u> I sent him last week.

(4) The pictures <u>whom</u> he drew are very interesting.

3 다음 두 문장을 한 문장으로 바꿀 때 빈칸에 알맞은 관계 대명사를 써 봅시다.

(1) I love the sweet song. Kate is singing it.

→ I love the sweet song _____ Kate is singing.

(2) Ann has a brother. His hobby is snowboarding.

→ Ann has a brother _____ hobby is snowboarding.

(3) This is the watch. It was made in Italy.

→ This is the watch _____ was made in Italy.

4 다음 빈칸에 들어갈 수 있는 말을 <u>모두</u> 골라 봅시다.

(1) Do you know anyone _____ can speak English?

ⓐ who   ⓑ which   ⓒ whose   ⓓ that

(2) He is an artist _____ works have been displayed in many galleries.

ⓐ who   ⓑ which   ⓒ whose   ⓓ that

(3) Here is the story _____ I heard from her.

ⓐ who   ⓑ which   ⓒ whose   ⓓ that

관계 대명사 what

1 다음 괄호 안에서 알맞은 것을 골라 봅시다.

(1) This is the tallest building (that / what) I have seen.

(2) (That / What) I want to know is the main character's job.

(3) Tell me about the party (that / what) you want to go to.

(4) We enjoyed (that / what) they had planned for the evening.

2 다음 밑줄 친 부분을 어법에 맞게 고쳐 봅시다.

(1) Nobody believed <u>that</u> she said.

(2) She gave me a gift <u>what</u> I really love.

(3) The doctor <u>what</u> treated me was very professional.

3 상자 안에서 알맞은 말을 찾아 문장을 완성해 봅시다.

| which who what whose |

(1) That building is _____ I told you about last week.

(2) The girl _____ is with Tom is my sister.

(3) I met a boy _____ mother is a pianist.

(4) These are the problems _____ I can't solve on my own.

4 다음 빈칸에 들어갈 수 있는 말을 골라 봅시다.

(1) _____ surprised me was his tone of voice.

ⓐ Who　　ⓑ Which　　ⓒ Whose　　ⓓ What

(2) The girl _____ is walking down the stairs is my friend Mary.

ⓐ who　　ⓑ which　　ⓒ whose　　ⓓ what

(3) I lost _____ James gave me yesterday.

ⓐ who　　ⓑ which　　ⓒ whose　　ⓓ what

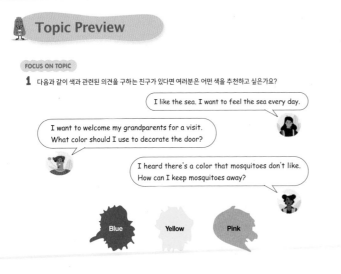

Topic Preview

FOCUS ON TOPIC

1 다음과 같이 색과 관련된 의견을 구하는 친구가 있다면 여러분은 어떤 색을 추천하고 싶은가요?

I like the sea. I want to feel the sea every day.

I want to welcome my grandparents for a visit. What color should I use to decorate the door?

I heard there's a color that mosquitoes don't like. How can I keep mosquitoes away?

Blue Yellow Pink

2 여행자들이 많이 방문하는 다음 세 나라에 대한 정보를 찾아 친구들과 공유해 봅시다. [Greece ... 🔍]

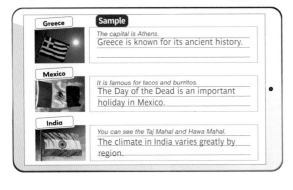

Greece
Sample
The capital is Athens.
Greece is known for its ancient history.

Mexico
It is famous for tacos and burritos.
The Day of the Dead is an important holiday in Mexico.

India
You can see the Taj Mahal and Hawa Mahal.
The climate in India varies greatly by region.

교과서 64쪽

1
나는 바다를 좋아해. 매일 바다를 느끼고 싶어.

나는 조부모님의 방문을 환영하고 싶어. 문을 장식하려면 어떤 색을 사용해야 할까?

나는 모기가 좋아하지 않는 색이 있다고 들었어. 모기를 어떻게 쫓아낼 수 있을까?

파란색   노란색   분홍색

2
그리스
수도는 아테네이다.
[예시] 그리스는 고대 역사로 유명하다.
멕시코
이곳은 타코와 부리토가 유명하다.
[예시] 죽은 자의 날은 멕시코에서 중요한 명절이다.
인도
여러분은 Taj Mahal(타지마할)과 Hawa Mahal(하와마할)을 볼 수 있다.
[예시] 인도의 기후는 지역에 따라 크게 다르다.

배경지식 LEVEL UP — 나라 소개

1. Greece(그리스)

그리스는 남유럽에 위치한 나라로, 풍부한 역사, 아름다운 경치, 그리고 멋진 섬들로 유명하다. 아테네의 파르테논 신전과 같은 고대 유적지가 많으며, 민주주의와 서양 철학의 발상지로 알려져 있다. 그리스의 대표 요리는 무사카와 수블라키 같은 요리로 전 세계적으로 인기가 높다. 지중해성 기후 덕분에 여름철에 특히 많은 관광객들이 방문하는 인기 있는 여행지이다. 또한 그리스는 전통 음악, 춤, 축제로 가득한 활기찬 문화를 가지고 있다.

2. Mexico(멕시코)

멕시코는 북아메리카에 위치한 나라로, 풍부한 문화 유산과 아름다운 자연 경관을 가지고 있다. 수도는 멕시코시티이며, 스페인어가 주로 쓰인다. 멕시코는 타코, 엔칠라다, 과카몰리와 같은 맛있는 음식으로 유명하며, 죽은 자의 날과 같은 전통 축제도 즐긴다. 또한, 치첸 이트사(Chichen Itza)와 같은 고대 유적지가 관광 명소로 인기가 높다. 다양한 기후와 생태계 덕분에 멕시코는 다양한 동식물을 볼 수 있는 장소이기도 하다.

3. India(인도)

인도는 남아시아에 위치한 나라로, 다양한 문화와 종교가 공존하는 곳이다. 수도는 뉴델리이며, 힌디어와 영어 등이 쓰인다. 인도는 고대 문명과 역사적인 유적지로 유명하며, 타지마할 같은 건축물은 세계적으로 잘 알려져 있다. 인도 음식은 다양한 향신료와 맛으로 유명하고, 디왈리와 홀리 같은 축제가 중요하게 기념된다. 또한 인도는 여러 종교의 발상지로, 힌두교, 불교, 자이나교 등이 생겨난 곳이다. 다양성과 풍부한 전통 덕분에 많은 관광객들이 방문하는 인기 있는 여행지이다.

NEW WORDS

본문의 주요 어휘와 표현을 익혀 봅시다.

destination 목적지	reasonable 타당한, 합리적인
charm 매력; 매혹하다	origin 기원, 유래
historical 역사적	heritage 유산
striking 눈에 띄는, 굉장히 매력적인	feature (…을) 특징으로 하다; 특징
volcanic 화산의	colonial 식민지의
scenery 경치, 풍경	aside from … 외에도, …을 제외하고
attract 끌어들이다, 마음을 끌다	convent 수녀원
commercial 광고; 상업적인	monument 기념비, 기념물
come to mind 생각이 떠오르다	pay respect to …에 경의를 표하다
remain 남다, 남아 있다	mosquito 모기
explanation 설명	government 정부
have to do with …와 관련이 있다	ancient 고대의
invade 침략하다	surrounding 인근의, 주위의
ban 금지하다	remarkable 놀랄 만한
in protest 항의하여	as well as …뿐만 아니라 …도

WORDS Practice ❶

다음 어휘나 표현의 우리말 뜻을 찾아 그 번호를 써 봅시다.

▶ Answers p. 209

01 origin	◯	16 ban	◯
02 commercial	◯	17 reasonable	◯
03 colonial	◯	18 attract	◯
04 remain	◯	19 monument	◯
05 surrounding	◯	20 ancient	◯
06 aside from	◯	21 invade	◯
07 volcanic	◯	22 explanation	◯
08 government	◯	23 convent	◯
09 remarkable	◯	24 destination	◯
10 historical	◯	25 as well as	◯
11 mosquito	◯	26 have to do with	◯
12 striking	◯	27 pay respect to	◯
13 charm	◯	28 come to mind	◯
14 scenery	◯	29 feature	◯
15 heritage	◯	30 in protest	◯

① 타당한, 합리적인

② 경치, 풍경

③ 설명

④ 기념비, 기념물

⑤ 정부

⑥ 화산의

⑦ …와 관련이 있다

⑧ 놀랄 만한

⑨ 기원, 유래

⑩ 끌어들이다, 마음을 끌다

⑪ 생각이 떠오르다

⑫ 모기

⑬ 고대의

⑭ …에 경의를 표하다

⑮ 목적지

⑯ 금지하다

⑰ 침략하다

⑱ 수녀원

⑲ 역사적

⑳ 남다, 남아 있다

㉑ … 외에도, …을 제외하고

㉒ 광고; 상업적인

㉓ 유산

㉔ 식민지의

㉕ (…을) 특징으로 하다; 특징

㉖ 매력; 매혹하다

㉗ 항의하여

㉘ 인근의, 주위의

㉙ 눈에 띄는, 굉장히 매력적인

㉚ …뿐만 아니라 …도

WORDS Practice ❷

다음 우리말에 해당하는 어휘나 표현을 찾아 그 번호를 써 봅시다.

▶ Answers p. 209

01	타당한, 합리적인	
02	매력; 매혹하다	
03	고대의	
04	모기	
05	… 외에도, …을 제외하고	
06	생각이 떠오르다	
07	역사적	
08	수녀원	
09	끌어들이다, 마음을 끌다	
10	…에 경의를 표하다	
11	금지하다	
12	침략하다	
13	설명	
14	인근의, 주위의	
15	놀랄 만한	

16	목적지	
17	항의하여	
18	기원, 유래	
19	눈에 띄는, 굉장히 매력적인	
20	식민지의	
21	정부	
22	유산	
23	(…을) 특징으로 하다; 특징	
24	화산의	
25	광고; 상업적인	
26	기념비, 기념물	
27	남다, 남아 있다	
28	…와 관련이 있다	
29	경치, 풍경	
30	…뿐만 아니라 …도	

① feature
② heritage
③ convent
④ striking
⑤ monument
⑥ colonial
⑦ ancient
⑧ government
⑨ in protest
⑩ reasonable
⑪ scenery
⑫ attract
⑬ remain
⑭ origin
⑮ pay respect to
⑯ come to mind
⑰ mosquito
⑱ have to do with
⑲ remarkable
⑳ volcanic
㉑ aside from
㉒ commercial
㉓ as well as
㉔ ban
㉕ explanation
㉖ destination
㉗ historical
㉘ charm
㉙ surrounding
㉚ invade

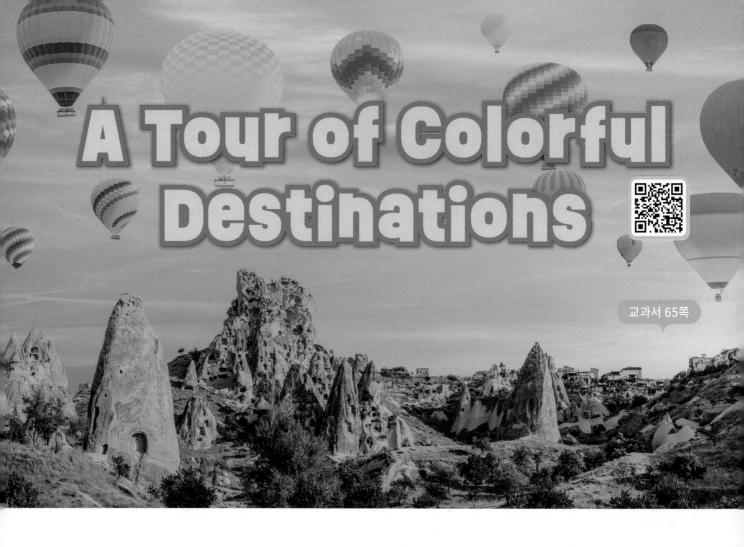

A Tour of Colorful Destinations

교과서 65쪽

❶ Tourists go to many places around the world. ❷ Popular destinations have their own charms, such as beautiful natural sights, rich historical traditions, attractive buildings, or

= like

even fast-paced styles of living. ❸ In some destinations, however, it is the striking colors

강조 구문   (강조하는 말)

that take their breath away. ❹ Let's look at three such colorful places.

---

1 Some popular destinations are known for their striking colors. ⓣ/ F
(어떤 인기 있는 여행지들은 강렬한 색채로 잘 알려져 있다.)

Over to you 1 Do you know any cities in Korea that are known for specific colors?
(여러분은 한국에서 특정한 색으로 알려진 도시를 알고 있는가?)

Sample Yes. Jangseong in Jeollanamdo is known for yellow.
(알고 있다. 전라남도에 있는 장성은 노란색으로 알려져 있다.)

어휘 colorful 휑 다채로운   destination 명 목적지   tourist 명 관광객   popular 휑 인기 있는   charm 명 매력 통 매혹하다
natural 휑 자연의   sight 명 명소, 관광지   historical 휑 역사적   tradition 명 전통   attractive 휑 매력적인
striking 휑 눈에 띄는, 굉장히 매력적인   take one's breath away 숨도 못 쉬게 놀라게 하다   be known for …로 알려져 있다
specific 휑 특정한

다채로운 여행지 탐방

❶ 관광객들은 전 세계의 많은 장소에 갑니다. ❷ 인기 있는 여행지는 아름다운 자연 경관, 풍부한 역사적 전통, 매력적인 건물들, 혹은 빠른 속도로 진행되는 생활 방식과 같은 저마다의 매력이 있습니다. ❸ 그러나, 어떤 여행지에서는 숨을 멎게 하는 것이 바로 강렬한 색채입니다. ❹ 그런 다채로운 세 곳의 장소를 살펴봅시다.

❶ Tourists go to **many places** around the world.
- many 뒤에는 셀 수 있는 복수 명사(places)가 오며, a lot of, lots of 등으로 바꿔 쓸 수 있다.
  cf. much+셀 수 없는 명사
  I don't have **much** free time. (나는 여가 시간이 많이 없다.)

❷ Popular destinations have their own charms, **such as beautiful natural sights, rich historical traditions, attractive buildings, or even fast-paced styles of living**.
- such as는 '…와 같은'이라는 의미로, 전치사 like와 바꿔 쓸 수 있다.
- 명사구인 beautiful natural sights, rich historical traditions, attractive buildings, even fast-paced styles of living 은 접속사 or로 연결된 병렬 구조이다.

❸ In some destinations, **however**, **it is** the striking colors **that** take their breath away.
- however는 '그러나'라는 의미로 역접을 나타내는 접속 부사이다.
- it is … that은 강조 구문으로 '~한 것은 바로 …이다'로 해석된다.

It is/was … that 강조 구문
It is/was와 that 사이에 강조하고 싶은 내용을 넣을 수 있다. 강조하는 말이 나머지 문장의 주어일 경우 that 대신 who(사람)나 which(사물)를 쓸 수도 있다. 참고로 동사를 강조할 때는 그 동사 앞에 do/does/did를 쓴다.
It is my brother **that/who** always helps me with my homework.
(내 숙제를 항상 도와주는 사람은 바로 우리 오빠이다.)
It was on the sofa **that** I found my ring. (내가 반지를 찾은 곳은 바로 소파 위였다.)
I **did** finish my homework on time! (나는 제 시간에 숙제를 끝냈다!)

Check Up

▶ Answers
p. 209

1 다음 빈칸에 들어가기에 적절하지 <u>않은</u> 말을 골라 봅시다.

> I have _____ friends who live in different cities.

① many   ② much   ③ lots of
④ some   ⑤ a lot of

2 It is … that을 사용하여 다음 문장의 밑줄 친 부분을 강조해 봅시다.

(1) The director cast <u>an unknown actor</u> in the leading role.
→ _____

(2) <u>Tom</u> will be playing the piano at Jenny's wedding.
→ _____

Santorini, Greece

❶ Santorini is a beautiful island whose great volcanic scenery and dramatic sunsets
선행사 ↑ 관계 대명사절

attract tourists from around the world. ❷ Thanks to its striking nature, Santorini has been

in many movies, television shows, and commercials. ❸ Naturally, Santorini is what comes
관계 대명사

to mind when many people hear the word Greece. ❹ This destination is also most famous
접속사 = Santorini

for its white-washed houses and blue windows, doors, and roofs.
과거 분사 ↑

2 White and blue are the colors of Santorini.
(흰색과 파란색은 산토리니의 색이다.)

어휘 **island** ⑲ 섬   **volcanic** ⑳ 화산의   **scenery** ⑲ 경치, 풍경   **dramatic** ⑳ 극적인, 인상적인   **sunset** ⑲ 일몰
attract ⑧ 끌어들이다, 마음을 끌다   **thanks to** … 덕분에   **commercial** ⑲ 광고 ⑳ 상업적인   **naturally** ⑨ 당연히,
자연스럽게   **come to mind** 생각이 떠오르다   **be famous for** …로 유명하다   **white-washed** 하얗게 칠한
roof ⑲ 지붕

Santorini(산토리니), 그리스

❶ 산토리니는 멋진 화산 풍경과 인상적인 일몰로 전 세계 관광객들을 끌어들이는 아름다운 섬입니다. ❷ 눈에 띄는 자연 환경 덕분에 산토리니는 많은 영화, 텔레비전 프로그램, 그리고 광고에 등장했습니다. ❸ 자연스럽게 많은 사람들이 그리스라는 단어를 들으면 떠올리는 곳이 산토리니입니다. ❹ 이 여행지는 또한 흰색으로 칠해진 집들과 파란색 창문, 문, 그리고 지붕으로 가장 유명합니다.

❶ Santorini is a beautiful island **whose great volcanic scenery and dramatic sunsets** attract tourists from around the world.
- 소유격 관계 대명사 whose가 이끄는 절이 앞에 있는 선행사 a beautiful island를 수식하고 있다.
- 관계사절의 주어는 whose great volcanic scenery and dramatic sunsets이고, 동사는 attract이다.

❷ **Thanks to** its striking nature, Santorini **has been** in many movies, television shows, and commercials.
- Thanks to는 '…덕분에' 라는 의미로 Because of, Owing to 등으로 바꿔 쓸 수 있다.
- 동사 has been은 'have/has+과거 분사' 형태의 현재 완료로, 여기서는 과거에 일어난 일이 현재에도 계속 일어나고 있음을 나타낸다.

❸ Naturally, Santorini is **what** comes to mind **when** many people hear the word Greece.
- 여기서 what은 관계 대명사이고 '…하는 것'이라는 의미를 나타낸다. 관계 대명사 what이 이끄는 절이 문장 안에서 보어 역할을 하고 있다.
- when은 '…할 때'라는 의미로 시간을 나타내는 접속사이다.

❹ **This destination** is also most famous for its white-washed houses and blue **windows**, **doors**, and **roofs**.
- This destination은 Santorini를 가리킨다.
- 명사 windows, doors, roofs가 접속사 and로 연결된 병렬 구조이다.

시간을 나타내는 접속사

when(…할 때), while(…하는 동안), after(…한 후에), before(…하기 전에), until(…까지), since(…한 이후로)
I will call you **when** I arrive. (내가 도착할 때 너에게 전화할게.)
Please be quiet **while** I am speaking. (제가 말하는 동안 조용히 해주세요.)

Check Up

▶ Answers
p. 209

1 다음 괄호 안에서 알맞은 것을 골라 봅시다.

(1) There is a student in our class (that / whose) family travels a lot.

(2) (Which / What) she did for her friend was truly surprising.

2 다음 우리말과 같은 뜻이 되도록 빈칸에 알맞은 접속사를 골라 써 봅시다.

before after since while until

(1) Make sure to eat breakfast _____ you leave. (출발하기 전에 아침을 꼭 먹어라.)

(2) I like to listen to music _____ I study. (나는 공부하는 동안 음악 듣는 것을 좋아한다.)

(3) I will wait here _____ you come back. (나는 네가 돌아올 때까지 여기에서 기다릴 것이다.)

READ

❶ <u>Why the houses are white and blue</u> <u>remains</u> a mystery. ❷ One explanation has to do
　　주어(간접 의문문: 의문사+주어+동사)　　　동사

with war. ❸ Germany <u>invaded</u> the island and <u>banned</u> the Greek flag during World War II.
　　　　　　　　동사 1　　　　　　　　　동사 2

❹ In protest, the islanders painted their houses in the blue and white colors of the Greek

flag. ❺ A more reasonable explanation is based on nature. ❻ Houses <u>were painted</u> in white
　　　　　　　　　　　　　　　　　　　　　　　　　　　　　　　　　　　수동태

just because white keeps houses cool in the hot summer. ❼ Windows, doors, and roofs

were painted in blue <u>since</u> the islanders loved the blue sea and skies. ❽ <u>Whatever</u> the origin
　　　　　　　　= because　　　　　　　　　　　　　　　　　　　　= No matter what

of the colors, <u>millions of tourists</u> <u>visit</u> Santorini each year and <u>enjoy</u> the wonderful colors
　　　　　　　　　주어　　　　　　동사 1　　　　　　　　　　　　　　동사 2

<u>of the Greek island.</u>
　= Santorini

3 Which color helps keep houses cool in the hot summer?
(어떤 색깔이 더운 여름에 집을 시원하게 유지하는 데 도움이 되는가?)
정답 White helps keep houses cool in the hot summer.
(하얀색이 더운 여름에 집을 시원하게 유지하는 데 도움이 된다.)

어휘 **remain** 동 남다, 남아 있다　**mystery** 명 수수께끼, 미스터리　**explanation** 명 설명　**have to do with** ···와 관련이 있다
war 명 전쟁　**invade** 동 침략하다　**ban** 동 금지하다　**flag** 명 깃발　**in protest** 항의하여　**islander** 명 섬사람
reasonable 형 타당한, 합리적인　**be based on** ···에 근거하다　**origin** 명 기원, 유래　**millions of** 수백만의

124　Lesson 3

해석

❶ 왜 집들이 흰색과 파란색인지는 미스터리로 남아 있습니다. ❷ 한 가지 설명은 전쟁과 관련이 있습니다. ❸ 제2차 세계 대전 중 독일이 섬을 침략했고 그리스 국기를 금지했습니다. ❹ 이에 항의하여 섬 주민들은 그리스 국기의 파란색과 흰색으로 집을 칠했습니다. ❺ 더 합리적인 설명은 자연에 근거하고 있습니다. ❻ 그냥 흰색이 더운 여름에 집을 시원하게 유지시키기 때문에 집이 흰색으로 칠해졌다는 것입니다. ❼ 창문, 문, 지붕은 섬주민들이 푸른 바다와 하늘을 사랑했기 때문에 파란색으로 칠해졌습니다. ❽ 색상들의 기원이 무엇이든, 수백만 명의 관광객이 매년 산토리니를 방문해서 그리스 섬의 멋진 색상들을 즐깁니다.

구문 해설

❶ **Why the houses are white and blue** remains a mystery.
- Why the houses are white and blue는 '의문사(Why)+주어(the houses)+동사(are)' 형태의 간접 의문문으로 문장의 주어 역할을 하고 있다.

❷ One explanation **has to do with** war.
- have/has (something) to do with는 '…와 관련이 있다'라는 의미를 나타낸다. 관련이 없을 때는 have/has nothing to do with(…와 관련이 없다)를 쓸 수 있다.

❸ Germany invaded the island and banned the Greek flag **during** World War II.
- during은 '… 동안'이라는 의미로 주로 명사나 명사구 바로 앞에 사용된다. 참고로 for는 구체적인 시간 표현과 함께 사용된다.
  During the summer, we often go to the beach. (여름 동안, 우리는 종종 해변에 간다.)
  I traveled in New York **for three days**. (나는 뉴욕을 3일 동안 여행했다.)

❻ Houses **were painted** in white just because white **keeps houses cool** in the hot summer.
- were painted는 'be동사+과거 분사' 형태의 수동태이다. 주어인 Houses는 '칠해지는' 것이므로 수동태로 쓰고, 행위자는 불분명하거나 중요하지 않을 때 또는 일반인이거나 말하지 않아도 알 때 주로 생략한다.
- 'keep+목적어+목적격 보어(형용사)'는 '…을 ...하게 유지시키다'라는 의미를 나타낸다.

❼ Windows, doors, and roofs were painted in blue **since** the islanders loved the blue sea and skies.
- since는 '… 때문에'라는 의미로 이유를 나타내는 접속사이고, because로 바꿔 쓸 수 있다.
  cf. She has been working here **since** she graduated from college. (since: ~한 이래로)
      (그녀는 대학을 졸업한 이후로 이곳에서 계속 일하고 있다.)

❽ **Whatever** the origin of the colors, millions of tourists visit Santorini **each year** and enjoy the wonderful colors of the Greek island.
- Whatever는 '무엇이든 간에'라는 의미를 나타내며, 여기에서는 No matter what으로 바꿔 쓸 수 있다.
- each는 '각각(의)'라는 의미로 뒤에는 단수 명사가 온다. 'each+단수 명사'는 단수로 취급하므로, 뒤에 동사가 올 때는 단수 동사를 쓴다.

문법 톡톡

5형식 문장: 주어+동사+목적어+목적격 보어
목적어 뒤에 목적어를 보충 설명하는 목적격 보어가 쓰인 문장이 5형식 문장이다. 목적격 보어는 동사의 종류에 따라 명사, 형용사, 동사 원형, to 부정사, 분사 등 다양한 형태가 올 수 있다.
The book **made** me sad. (그 책은 나를 슬프게 만들었다.)
I **saw** Yumi **playing** soccer. (나는 유미가 축구를 하는 것을 보았다.)

Check Up

▶ Answers
p. 209

■ 밑줄 친 부분이 어법에 맞으면 ○ 표시를 하고, 틀리면 바르게 고쳐 봅시다.

1 Those tall trees <u>planted</u> more than 100 years ago.

2 An international film festival <u>is held</u> annually in Busan.

Izamal, Mexico

❶ Nicknamed "The Yellow City," Izamal is a small town in the state of Yucatan. ❷ The
     분사 구문

name Izamal means "dew that falls from the heavens." ❸ Izamal was founded nearly 2,000
         선행사   관계 대명사절   수동태

years ago by the Maya. ❹ The largest Mayan ruin in Izamal is Kinich Kak Moo. ❺ It is a

35-meter-high pyramid that has ten levels. ❻ Izamal is also a town with three cultures.
     선행사   관계 대명사절   전치사구

❼ As a UNESCO World Heritage Site, it features Mayan ruins, Spanish colonial buildings,
전치사(~로서)

and today's busy modern culture.

4 What does the name Izamal mean? (Izamal이라는 이름은 무엇을 의미하는가?)

  (정답) It means "dew that falls from the heavens."
      (그것은 '하늘에서 내리는 이슬'을 의미한다.)

5 Izamal is known as a town with three (pyramids / (cultures)).
  (이사말은 세 개의 문화를 가진 마을로 알려져 있다.)

어휘 nickname ⑤ 별명을 붙이다 ⑲ 별명   state ⑲ (미국, 호주 등에서) 주   dew ⑲ 이슬   fall from (…으로부터) 떨어지다
    found ⑤ 만들다, 설립하다   nearly ⑤ 거의, 대략   ruin ⑲ 유적; 폐허   level ⑲ (건물, 땅의) 층   heritage ⑲ 유산
    feature ⑤ (…을) 특징으로 하다 ⑲ 특징   colonial ⑲ 식민지의   modern ⑲ 현대의

Izamal(이사말), 멕시코

❶ '노란 도시'라는 별명을 가진 이사말은 유카탄 주에 있는 작은 마을입니다. ❷ 이사말이라는 이름은 '하늘에서 내리는 이슬'을 의미합니다. ❸ Izamal은 거의 2,000년 전에 마야인들에 의해 세워졌습니다. ❹ 이사말에서 가장 큰 마야 유적은 Kinich Kak Moo(키니치 카크 무)입니다. ❺ 이것은 10층으로 이루어진 높이 35미터의 피라미드입니다. ❻ 이사말은 세 가지 문화가 공존하는 마을이기도 합니다. ❼ 유네스코 세계 유산으로서 이 마을은 마야 유적, 스페인 식민지 건물, 그리고 오늘날의 바쁜 현대 문화라는 특징을 가지고 있습니다.

❶ **Nicknamed** "The Yellow City," Izamal is a small town in the state of Yucatan.
- 분사 구문을 이끄는 Nicknamed가 이사말에 대한 부가적인 정보를 제공하고 있으며, '…라는 별명을 가진'이라고 해석한다.

❷ The name Izamal means "dew **that** falls from the heavens."
- that이 이끄는 절이 앞의 선행사 dew를 수식하고 있다. that은 절 안에서 주어 역할을 하는 주격 관계 대명사이고 which로 바꿔 쓸 수 있다.

❸ Izamal **was founded** nearly 2,000 years ago **by** the Maya.
- was founded는 'be동사+과거 분사' 형태의 수동태이다. 주어인 Izamal은 과거에 '설립된' 것이므로 be동사의 과거형과 함께 수동태로 쓰였다. 전치사 by를 통해 설립한 사람이 마야인이라는 것을 알 수 있다.

❹ **The largest** Mayan ruin in Izamal is Kinich Kak Moo.
- The largest는 'the+최상급'의 형태로 '가장 큰'으로 해석한다.

❺ **It** is a 35-meter-high pyramid **that** has ten levels.
- 여기서 It은 앞 문장에 나온 Kinich Kak Moo를 가리킨다.
- 주격 관계 대명사 that이 이끄는 절이 선행사인 a 35-meter-high pyramid를 수식하고 있으며 that은 which로 바꿔 쓸 수 있다.

❻ Izamal is also a town with **three cultures**.
- three cultures는 뒷 문장에 나오는 Mayan ruins, Spanish colonial buildings, and today's busy modern culture를 가리킨다.

❼ **As** a UNESCO World Heritage Site, it features **Mayan ruins, Spanish colonial buildings, and today's busy modern culture**.
- As는 '…로서'라는 의미의 전치사로, 자격 또는 기능을 나타낸다.
- Mayan ruins, Spanish colonial buildings, today's busy modern culture가 접속사 and로 연결된 병렬 구조이다.

Check Up

▶ Answers p. 209

■ 다음 우리말과 같은 뜻이 되도록 빈칸에 알맞은 전치사를 골라 봅시다.

with	as	by	for

1 The movie was directed _____ a famous director.
(그 영화는 유명한 감독에 의해 연출되었다.)

2 I volunteered _____ a helper.
(나는 도우미로서 자원 봉사를 했다.)

❶ The whole town, <u>aside from</u> the Mayan remains, is in bright
'…을 제외하고'

yellow. ❷ All the colonial buildings, the market, and the huge convent are

in <u>this cheerful color</u>. ❸ Izamal is really a monument of yellow, but <u>it</u> remains
= bright yellow   가주어

unclear <u>why the town was painted in yellow</u>. ❹ By <u>painting</u> nearly everything in yellow,
        진주어(간접 의문문: 의문사+주어+동사)   동명사

perhaps people wanted to pay respect to the Mayan sun god. ❺ <u>It</u> is also possible <u>that they</u>
                                                              가주어   진주어

wanted to celebrate the Pope's visit. ❻ Or they <u>may have just wanted</u> to keep mosquitoes
                                                 '원했을지도 모른다'

away. ❼ <u>Considering</u> the rich historical traditions, <u>it</u> is not surprising <u>that the Mexican</u>
        현재 분사(…을 고려하면)   가주어   진주어

government named Izamal as a "magic town."

6 There is one clear reason why Izamal was painted in yellow. T /Ⓕ
   (이사말이 노란색으로 칠해진 한 가지 명확한 이유가 있다.)

어휘 aside from … 외에도, …을 제외하고   remains 옝 유적, 남은 것   convent 옝 수녀원   cheerful 옝 발랄한, 생기를 주는
monument 옝 기념비, 기념물   unclear 옝 불확실한, 분명하지 않은   perhaps 옛 아마도   pay respect to …에 경의를 표하다
possible 옝 가능한   Pope 옝 교황   keep … away …이 접근하지 못하게 하다   mosquito 옝 모기   consider 옹 고려하다
government 옝 정부

❶ 마야 유적을 제외한 마을 전체가 밝은 노란색입니다. ❷ 모든 식민지 건물들, 시장, 그리고 거대한 수녀원이 이 밝은색입니다. ❸ 이사말은 정말로 노란색의 기념비지만, 왜 마을이 노란색으로 칠해졌는지는 명확하지 않습니다. ❹ 거의 모든 것을 노란색으로 칠함으로써, 아마도 사람들은 마야의 태양신에게 경의를 표하고 싶었을 수도 있습니다. ❺ 교황의 방문을 축하하고 싶었을 가능성도 있습니다. ❻ 혹은 그냥 모기를 쫓아내고 싶었을지도 모릅니다. ❼ 풍부한 역사적 전통을 고려하면, 멕시코 정부가 이사말을 '마법의 마을'로 명명한 것은 놀라운 일이 아닙니다.

구문 해설

❶ The whole town, **aside from the Mayan remains**, is in bright yellow.
- aside from은 '…을 제외하고'라는 의미를 나타내며, aside from이 이끄는 구가 The whole town에 대한 추가적인 정보를 제공하고 있다.

❷ **All the colonial buildings, the market, and the huge convent** are in **this cheerful color**.
- All the colonial buildings, the market, the huge convent는 접속사 and로 연결된 병렬 구조의 주어이다.
- this cheerful color는 앞에 언급된 bright yellow를 가리킨다.

❸ Izamal is really a monument of yellow, but **it** remains unclear **why the town was painted in yellow**.
- it은 가주어이고, 뒤에 나오는 진주어 why the town was painted in yellow를 가리킨다.
- 진주어 why the town was painted in yellow는 '의문사(why)+주어(the town)+동사(was)' 형태의 간접 의문문이다.

❹ **By painting** nearly everything in yellow, perhaps people wanted to pay respect to the Mayan sun god.
- 'by+ing'는 '…함으로써'라는 의미를 나타낸다. painting은 전치사의 목적어로 쓰인 동명사이다.

❺ **It** is also possible **that they wanted to celebrate the Pope's visit**.
- 가주어 It이 뒤에 나오는 진주어 that they wanted to celebrate the Pope's visit을 가리키고 있다.
- they는 앞 문장에 언급된 people을 가리킨다.

❻ Or they **may have** just **wanted** to keep mosquitoes away.
- 'may have+과거 분사'는 '…했을지도 모른다'라는 의미로, 과거 일에 대한 약한 추측을 나타낸다.

❼ **Considering** the rich historical traditions, **it** is not surprising **that the Mexican government named Izamal as a "magic town."**
- Considering은 '…을 고려하면'이라는 의미를 나타낸다.
- 가주어 it이 뒤에 나오는 진주어 that the Mexican government named Izamal as a "magic town"을 가리킨다.
- name A as B는 'A를 B로 이름 짓다'라는 의미를 나타낸다.

문법 톡톡

가주어와 진주어
주어로 to부정사 구문이나 명사절 등이 쓰여 그 길이가 길어질 경우, 이를 뒤로 보내고 주어 자리에 가주어 it을 쓸 수 있으며, 이때 it은 해석하지 않는다.
To go on a picnic is fun. (소풍을 가는 것은 재미있다.)
→ **It** is fun **to go on a picnic**.

Check Up

▶ Answers p. 209

■ **가주어 it을 사용하여 문장을 다시 써 봅시다.**

1 To pay attention to your teachers is necessary.
→ _____

2 That she left him was surprising.
→ _____

Jaipur, India

❶ Jaipur, the state capital of Rajasthan, is a highly popular tourist destination. ❷ It is a city of ancient forts and royal palaces, and visitors can enjoy not only the history of the city but also beautiful views of the surrounding green hills. ❸ Jaipur has many remarkable places that tourists can visit, including the Samrat Yantra, where the world's largest sundial awaits visitors. ❹ What is more surprising is that most buildings in Jaipur are pink. ❺ The Maharaja ("Great King") of Jaipur had most of the buildings painted in pink to welcome a visit by Britain's royal family in 1876. ❻ The most famous pink landmark is Hawa Mahal ("Palace of Winds"). ❼ Due to this, Jaipur became known as "the Pink City."

❽ Colors tell interesting stories. ❾ By exploring colorful places around the world, you will get to know exciting stories about them. ❿ Perhaps photos of these vivid destinations can make your life as well as your album more colorful.

7 What color can you see everywhere in Jaipur? (자이푸르에서는 어디에서나 어떤 색을 볼 수 있는가?)
[정답] I[We] can see pink everywhere in Jaipur. (나[우리]는 자이푸르에서 어디에서나 분홍색을 볼 수 있다.)

Over to you 2 Which of the three colorful destinations do you want to visit the most, and why?
(세 곳의 다채로운 여행지 중에서 가장 가고 싶은 곳은 어디이며, 그 이유는 무엇인가?)
[Sample] I want to visit Santorini the most because blue is my favorite color.
(나는 파란색이 제일 좋아하는 색이기 때문에 산토리니에 가장 가고 싶다.)

어휘 **state capital** 주도 **highly** (부) 매우, 대단히 **ancient** (형) 고대의 **fort** (명) 요새, 보루 **palace** (명) 궁전
surrounding (형) 인근의, 주위의 **remarkable** (형) 놀랄 만한 **including** (전) …을 포함하여 **sundial** (명) 해시계
await (동) 기다리다 **landmark** (명) 주요 지형지물, 랜드마크 **due to** … 때문에 **be known as** …로 알려져 있다
explore (동) 탐험하다 **vivid** (형) 생생한, 선명한 **as well as** …뿐만 아니라 …도

Jaipur(자이푸르), 인도

❶ 자이푸르는 라자스탄 주의 주도로, 매우 인기 있는 관광지입니다. ❷ 이곳은 고대 요새와 왕궁의 도시이고, 방문객들은 도시의 역사뿐만 아니라 주변 푸른 언덕의 아름다운 경관도 즐길 수 있습니다. ❸ 자이푸르에는 세계에서 가장 큰 해시계가 방문객을 기다리고 있는 Samrat Yantra(삼랏 얀트라)를 포함해서 관광객들이 방문할 수 있는 놀랄 만한 장소들이 많습니다. ❹ 더 놀라운 것은 자이푸르에 있는 대부분의 건물이 분홍색이라는 점입니다. ❺ 자이푸르의 마하라자(위대한 왕)는 1876년 영국 왕실 가족의 방문을 환영하기 위해 대부분의 건물을 분홍색으로 칠하게 했습니다. ❻ 가장 유명한 분홍색 랜드마크는 하와마할(바람의 궁전)입니다. ❼ 이로 인해 자이푸르는 '분홍 도시'로 알려지게 되었습니다.

❽ 색은 흥미로운 이야기를 들려줍니다. ❾ 전 세계의 다채로운 장소를 탐험함으로써, 여러분은 그곳에 대한 흥미진진한 이야기들을 알게 될 것입니다. ❿ 아마도 이 생생한 여행지들의 사진은 여러분의 앨범뿐만 아니라 여러분의 인생도 더 다채롭게 만들 수 있을 것입니다.

❸ Jaipur has many remarkable places **that** tourists can visit, including the Samrat Yantra, **where** the world's largest sundial awaits visitors.
- 목적격 관계 대명사 that이 이끄는 절이 앞의 선행사인 many remarkable places를 수식하고 있다.
- 관계 부사 where가 이끄는 절이 계속적 용법으로 앞에 나온 장소인 the Samrat Yantra를 설명하고 있다.

❹ **What** is more surprising is **that** most buildings in Jaipur are pink.
- What은 선행사를 포함하고 있는 관계 대명사로 '…하는 것'이라고 해석하며, What이 이끄는 절이 문장의 주어 역할을 하고 있다.
- that은 명사절을 이끄는 접속사로, that이 이끄는 절이 동사 is의 보어 역할을 한다.

❺ The Maharaja ("Great King") of Jaipur **had** most of the buildings **painted** in pink **to welcome** a visit by Britain's royal family in 1876.
- 'have+목적어+과거 분사(목적격 보어)'는 '(목적어)가 …하게 하다'라는 의미로 목적어가 수동적으로 동작의 대상이 될 때 쓸 수 있다.
- to welcome은 목적을 나타내는 to 부정사의 부사적 용법으로 '…하기 위해서'라고 해석한다.

❻ **The most famous** pink landmark is Hawa Mahal ("Palace of Winds").
- The most famous는 최상급으로 '가장 …한'이라는 의미를 나타낸다.

❼ **Due to** this, Jaipur **became known as** "the Pink City."
- Due to는 '… 때문에'라는 의미로 Because of, Owing to 등으로 바꿔 쓸 수 있다.
- become/be known as는 '…로 알려지다'라는 의미를 나타낸다.

❾ **By exploring** colorful places around the world, you will get to know **exciting** stories about **them**.
- 'by+-ing'는 '~함으로써'라는 의미를 나타낸다.
- exciting은 감정을 나타내는 현재 분사로 '…한 감정을 일으키는'이라는 능동의 뜻을 나타낸다.
- them은 앞에 언급된 colorful places around the world를 가리킨다.

❿ Perhaps photos of these vivid destinations can **make your life as well as your album more colorful**.
- 'make+목적어+형용사(목적격 보어)' 형태의 5형식 문장으로 '(목적어)가 …하게 만들다'라는 의미를 나타낸다.
- *B* as well as *A*는 'A뿐만 아니라 B도'라는 의미로 not only *A* but also *B*로 바꿔 쓸 수 있다.

현재 분사와 과거 분사

분사는 v-ing 혹은 v-ed의 형태로 형용사처럼 명사를 수식하거나 주어, 목적어를 보충 설명하는 보어로 쓰인다. 감정을 나타내는 분사의 경우 '…한 감정을 일으키는'이라는 능동의 뜻일 때는 현재 분사, '…한 감정을 느끼게 되는'이라는 수동의 뜻일 때는 과거 분사를 쓴다.
James told me the **shocking** news. (제임스는 나에게 충격적인 소식을 말해 주었다.)
I was **shocked** at the news. (나는 그 소식에 충격을 받았다.)

1 GRAPHIC ORGANIZER

GRAPHIC ORGANIZER

1 빈칸에 알맞은 말을 넣어 본문에 소개된 관광지 세 곳에 대한 정보를 완성해 봅시다.

Location	Color	Explanation / Origin
(1)Santorini Greece	white and blue	- colors of the Greek (2) flag - white: to keep houses cool in the hot summer - blue: to show the islanders' love for the blue sea and skies
Izamal, Mexico	yellow	- to pay respect to the Mayan sun god - to (3)celebrate the Pope's visit - to keep mosquitoes away
Jaipur, (4) India	pink	- to welcome a (5) visit by Britain's royal family

celebrate   visit   flag   India   Santorini

DETAILS

2 각 문장이 Santorini에 대한 설명이면 S, Izamal에 대한 것이면 I, Jaipur에 대한 것이면 J를 써 봅시다.

(1) It is a city of ancient forts and royal palaces. (J)

(2) The government named it as a "magic town." (I)

(3) It was invaded by Germany during World War Ⅱ. (S)

(4) Visitors can see the world's largest sundial here. (J)

여러분이 살고 있는 도시를 어떤 색으로 표현하고 싶나요?
색을 사용해서 도시의 슬로건을 만들어 보세요.

교과서 71쪽

1 GRAPHIC ORGANIZER

위치: Santorini(산토리니), 그리스
색상: 흰색과 파란색
설명 / 기원
- 그리스 국기의 색상
- 흰색: 더운 여름에 집을 시원하게 유지하기 위해
- 파란색: 푸른 바다와 하늘에 대한 섬 주민들의 사랑을 보여주기 위해

위치: Izamal(이사말), 멕시코
색상: 노란색
설명 / 기원
- 마야의 태양신에게 경의를 표하기 위해
- 교황의 방문을 축하하기 위해
- 모기를 쫓기 위해

위치: Jaipur(자이푸르), 인도
색상: 분홍색
설명 / 기원
- 영국 왕실 가족의 방문을 환영하기 위해

2 DETAILS

(1) 이곳은 고대 요새와 왕궁의 도시이다. (Jaipur)

해설 교과서 70쪽 It is a city of ancient forts and royal palaces, ...에서 Jaipur가 고대 요새와 왕궁의 도시임을 알 수 있다.

(2) 정부는 이곳을 '마법의 마을'로 명명했다. (Izamal)

해설 교과서 69쪽 ... it is not surprising that the Mexican government named Izamal as a "magic town."에서 Izamal이 '마법의 마을'로 명명되었음을 알 수 있다.

(3) 이곳은 제2차 세계대전 중 독일에 침략당했다. (Santorini)

해설 교과서 67쪽 Germany invaded the island and banned the Greek flag during World War II.에서 Santorini가 독일에 침략당했음을 알 수 있다.

(4) 방문객들은 이곳에서 세계에서 가장 큰 해시계를 볼 수 있다. (Jaipur)

해설 교과서 70쪽 ... including the Samrat Yantra, where the world's largest sundial awaits visitors.에서 Jaipur에 세계에서 가장 큰 해시계가 있음을 알 수 있다.

Check Up

▶ Answers p. 209

■ 다음 각 문장이 본문의 내용과 일치하면 T, 일치하지 않으면 F에 동그라미 해 봅시다.

1. Fast-paced lifestyles are not considered an attraction for tourists. T / F

2. Many people think of Santorini when they hear the word "Greece." T / F

3. The white color helps keep houses cool in the hot summer. T / F

4. Izamal was founded over 5,000 years ago. T / F

5. The town was painted yellow to celebrate the arrival of a famous artist. T / F

6. Visitors to Jaipur can only enjoy its historical sites. T / F

어휘 to sum up 요약해서 말하면   sense 명 감각   humor 명 유머, (재치 있는) 농담   correctly 부 정확하게

01 Tourists go to (many / much) places around the world.

02 Popular destinations have (its / their) own charms, such as beautiful natural sights, rich historical traditions, attractive buildings, or even fast-paced styles of living.

03 In some destinations, (however / in addition), it is the striking colors that take their breath away. Let's look at three such colorful places.

04 Santorini is a beautiful island (which / whose) great volcanic scenery and dramatic sunsets attract tourists from around the world.

05 Thanks to its striking nature, Santorini (had / has) been in many movies, television shows, and commercials.

06 Naturally, Santorini is (that / what) comes to mind when many people hear the word Greece.

07 This destination is also most famous (to / for) its white-washed houses and blue windows, doors, and roofs.

08 (Why / What) the houses are white and blue remains a mystery.

09 One explanation has to do (on / with) war. Germany (was invaded / invaded) the island and banned the Greek flag during World War II.

10 In protest, the islanders painted their houses in the blue and white colors of the Greek (frag / flag).

11 A (more / most) reasonable explanation is based on nature.

12 Houses (painted / were painted) in white just because white keeps houses cool in the hot summer.

13 Windows, doors, and roofs were painted in blue (since / while) the islanders loved the blue sea and skies.

14 (Whenever / Whatever) the origin of the colors, millions of tourists visit Santorini each year and enjoy the wonderful colors of the Greek island.

15 (Nicknaming / Nicknamed) "The Yellow City," Izamal is a small town in the state of Yucatan.

16 The name Izamal means "dew (that / what) falls from the heavens." Izamal was (found / founded) nearly 2,000 years ago by the Maya.

17 The largest Mayan ruin in Izamal is Kinich Kak Moo. It is a 35-meter-high pyramid (that / what) has ten levels.

18 Izamal is also a town with three cultures. As a UNESCO World Heritage Site, it (features / is featured) Mayan ruins, Spanish colonial buildings, and today's busy modern culture.

19 The whole town, aside (by / from) the Mayan remains, is in bright yellow.

20 All the colonial buildings, the market, and the huge convent are in this (cheerful / cheerfully) color.

21 Izamal is really a (monument / moment) of yellow, but it remains unclear why the town was painted in yellow.

22 By (painting / painted) nearly everything in yellow, perhaps people wanted to pay respect to the Mayan sun god.

23 It is also (possible / impossible) that they wanted to celebrate the Pope's visit. Or they may have just wanted to keep mosquitoes (in / away).

24 Considering the rich historical traditions, it is not (surprising / surprised) that the Mexican government named Izamal as a "magic town."

25 Jaipur, the state capital of Rajasthan, is a (highly / poorly) popular tourist destination.

26 It is a city of ancient forts and royal (places / palaces), and visitors can enjoy not only the history of the city but also beautiful views of the surrounding green hills.

27 Jaipur has many remarkable places that tourists can visit, including the Samrat Yantra, (when / where) the world's largest sundial awaits visitors.

28 What is more surprising is that most buildings in Jaipur (is / are) pink.

29 The Maharaja ("Great King") of Jaipur had most of the buildings (painting / painted) in pink to welcome a visit by Britain's royal family in 1876.

30 The most famous pink landmark is Hawa Mahal ("Palace of Winds"). (Due to / In spite of) this, Jaipur became known as "the Pink City."

31 Colors tell interesting stories. By exploring colorful places around the world, you will get to know (exciting / excitied) stories about them.

32 Perhaps photos of these vivid destinations can make your life as well as your album more (colorful / colorfully).

01 _____ go to many places around the world.

02 Popular destinations have their own charms, _____ _____ beautiful natural sights, rich historical traditions, attractive buildings, or even fast-paced styles of living.

03 In some destinations, however, it is the striking _____ that take their breath away.

04 Santorini is a beautiful island _____ great volcanic scenery and dramatic sunsets attract tourists from around the world.

05 Thanks to its striking nature, Santorini has been in many movies, television shows, and _____.

06 Naturally, Santorini is what comes to _____ when many people hear the word Greece.

07 This destination is also most famous for its white-washed houses and _____ windows, doors, and roofs.

08 _____ the houses are white and blue remains a mystery.

09 One explanation has to do with war. Germany _____ the island and banned the Greek flag during World War II.

10 In _____, the islanders painted their houses in the blue and white colors of the Greek flag.

11 A more reasonable explanation is _____ _____ nature.

12 Houses were painted in white just because white _____ houses cool in the hot summer.

13 Windows, doors, and roofs were painted in blue since the _____ loved the blue sea and skies.

14 _____ the origin of the colors, millions of tourists visit Santorini each year and enjoy the wonderful colors of the Greek island.

15 _____ "The Yellow City," Izamal is a small town in the state of Yucatan.

16 The name Izamal means "dew that _____ _____ the heavens."

▶ Answers p. 209

17 The largest Mayan _____ in Izamal is Kinich Kak Moo.

18 As a UNESCO World Heritage Site, it _____ Mayan ruins, Spanish colonial buildings, and today's busy modern culture.

19 The whole town, _____ _____ the Mayan remains, is in bright yellow.

20 All the colonial buildings, the market, and the huge _____ are in this cheerful color.

21 Izamal is really a monument of yellow, but it remains unclear _____ the town was painted in yellow.

22 By painting nearly everything in yellow, perhaps people wanted to _____ _____ _____ the Mayan sun god.

23 Or they may have just wanted to _____ mosquitoes _____ .

24 Considering the rich historical traditions, it is not surprising that the Mexican government named Izamal _____ a "magic town."

25 Jaipur, the state _____ of Rajasthan, is a highly popular tourist destination.

26 It is a city of ancient forts and royal palaces, and visitors can enjoy not only the history of the city _____ _____ beautiful views of the surrounding green hills.

27 Jaipur has many remarkable places that tourists can visit, including the Samrat Yantra, _____ the world's largest sundial awaits visitors.

28 What is more surprising is _____ most buildings in Jaipur are pink.

29 The Maharaja ("Great King") of Jaipur had most of the buildings _____ in pink to welcome a visit by Britain's royal family in 1876.

30 The most famous pink _____ is Hawa Mahal ("Palace of Winds").

31 By _____ colorful places around the world, you will get to know exciting stories about them.

32 Perhaps photos of these vivid destinations can make your life as well as your album more _____ .

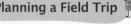

Write & Present: Planning a Field Trip

STEP 1 STUDY THE MODEL

체험 학습을 위한 1박 2일 여행 일정표를 보고, 어떤 내용으로 구성되었는지 살펴봅시다.

Class Field Trip / Group 1

A Food Trip

Destination	Transportation	Accommodations
Busan	KTX train	guesthouse

Day 1	09:00 [Departure for Busan]	- leave Seoul Station
	12:00 ~ 13:30 [Lunch]	- eat *milmyeon* in Busan
	13:30 ~ 17:00 [Sightseeing]	- go to Haeundae Beach - visit Dongbaek Island
	17:00 ~ 19:00 [Dinner]	- eat raw fish and roasted fish
	19:00 ~ 21:00 [Free time]	- take some fun photos
Day 2	08:00 ~ 09:00 [Breakfast]	- eat breakfast
	09:00 ~ 12:30 [Sightseeing]	- visit Gamcheon Culture Village - go to Gukje Market
	12:30 ~ 13:30 [Lunch]	- enjoy the local food, such as fish cake soup and *ssiat hotteok* while looking around the streets
	14:00 [Departure for Seoul]	- take a train at Busan Station

교과서 72쪽

STEP 2 BRAINSTORM YOUR IDEAS

모둠별로 1박 2일 여행 일정표를 어떻게 구성할지 의논하며 의견을 메모해 봅시다.

체험 학습을 위한 '여행 일정표' 작성하기
모둠별로 여행 일정을 기획하고 일정표를 작성하는 글쓰기 활동을 통해 협업하는 역량을 키우고, 서식에 맞게 글을 작성하는 능력을 향상시킬 수 있습니다.

Sample

Transportation 교통편
airplane

Accommodations 숙소
hotel

Theme 테마
walking trip

Jeju Island
Destination 목적지

Places to Visit 가고 싶은 곳
Jeongbang Waterfall,
Seongsan Ilchulbong,
Udo Island

Meals and Snacks 먹고 싶은 음식
black pork BBQ,
seafood,
raw fish

Things to Do 하고 싶은 일
walk the Olle Trail,
bike in Udo

모둠원들끼리 역할을 정해서 서식에 있는
항목에 맞춰 글을 써 보세요. 온라인 협업 도구를
활용하면 좋아요.

교과서 73쪽

체험 학습 계획하기

STEP 1 모델 살펴보기

학급 체험 학습 / 그룹 1: 음식 여행
목적지 부산   교통편 KTX 열차   숙소 게스트하우스
첫 번째 날
  09:00 부산으로 출발
  - 서울역에서 출발한다
  12:00 ~ 13:30 점심 식사
  - 부산에서 밀면을 먹는다
  13:30 ~ 17:00 관광
  - 해운대 해변에 간다
  - 동백섬에 방문한다
  17:00 ~ 19:00 저녁 식사
  - 생선회와 생선구이를 먹는다
  19:00 ~ 21:00 자유 시간
  - 재미있는 사진들을 좀 찍는다

두 번째 날
  08:00 ~ 09:00 아침 식사
  - 아침 식사를 한다
  09:00 ~ 12:30 관광
  - 감천 문화 마을을 방문한다
  - 국제 시장에 간다

  12:30 ~ 13:30 점심 식사
  - 길거리를 돌아다니면서 어묵탕과 씨앗 호떡 같은 현지 음식을 즐긴다
  14:00 서울로 출발
  - 부산역에서 열차를 탄다

STEP 2 아이디어 브레인스토밍하기

예시
테마 걷기 여행
목적지 제주도
교통편 비행기
숙소 호텔
먹고 싶은 음식
  흑돼지 바비큐, 해산물, 회
가고 싶은 곳
  정방 폭포, 성산 일출봉, 우도
하고 싶은 일
  올레길 걷기, 우도에서 자전거 타기

STEP2에 메모한 것을 이용하여 여러분의 여행 일정표를 완성해 봅시다.

Sample

Class Field Trip / Group 2

A Walking Trip

Destination	Transportation	Accommodations
Jeju Island	airplane	hotel

Day 1	10:00 [Departure for Jeju Island]	- leave from Gimpo Airport
	12:00 ~ 13:30 [Lunch]	- enjoy black pork BBQ at a local restaurant
	13:30 ~ 17:30 [Sightseeing]	- walk the Olle Trail - stop by Jeongbang Waterfall
	17:30 ~ 19:00 [Dinner]	- dine on seafood at a coastal restaurant
	19:00 ~ 21:00 [Free time]	- explore Seogwipo City
Day 2	08:00 ~ 09:00 [Breakfast]	- eat breakfasts at hotel
	9:00 ~ 13:00 [Sightseeing]	- visit Seongsan Ilchulbong - stop by Udo Island
	13:00 ~ 14:30 [Lunch]	- eat raw fish
	16:00 [Departure for Seoul]	- take a flight from Jeju Airport

STEP 4 REVISE AND COMPLETE

여러분이 모둠이 작성한 여행 일정표를 검토하고 다른 모둠과 바꾸어 읽으며 한 번 더 점검한 뒤, 글을 완성해 봅시다.

- 1 여행 일정이 목적에 맞고 친구들이 흥미를 느낄 수 있게 구성되었나요? 🔵 🔵
- 2 주어진 서식에 맞추어 내용을 바르게 작성했나요? 🔵 🔵
- 3 문장의 형식에 맞춰 썼나요? 다음 사항들을 확인해 봅시다.
  - ☐ 철자　☐ 대·소문자　☐ 문장 부호　☐ 어법

교과서 74쪽

Present Your Writing

1 여러분이 쓴 글을 발표하기 위해 아래의 도움말을 참고해 봅시다.

Tips for Presentation
- ① 자신감 있는 자세와 목소리로 말하세요.
- ② 화면을 계속 쳐다보지 말고, 청중들과 눈을 마주치세요.
- ③ 청중들에게 질문이 있는지 확인하세요.

2 여러분이 계획한 여행 일정을 모둠별로 발표해 봅시다.

테마 / 목적지
Here is our team's plan for the class field trip. Our team's theme for the trip is *food*! We think *Busan* is the best choice for our group's two-day trip. ①

교통편 / 숙소
We'll take the *KTX* train to *Busan*. We'll stay at a *guesthouse*. ②

먹고 싶은 음식
We'd like to try *milmyeon, raw fish, roasted fish, fish cake soup,* and *ssiat hotteok* there. ③

가고 싶은 곳 / 하고 싶은 일
We'd also like to visit *Haeundae Beach, Dongbaek Island, Gamcheon Culture Village,* and *Gukje Market.* Lastly, we hope to take *some fun photos* during our free time. ④

Is our team's plan exciting enough? Any questions? Thank you for listening. ⑤

모둠별 발표가 끝난 뒤 가장 인기 있는 여행 일정 세 개를 선정해 봅시다.

교과서 75쪽

STEP 3 글쓰기

예시

학급 체험 학습 / 그룹 2: 걷기 여행

목적지 제주도　**교통편** 비행기　**숙소** 호텔

첫 번째 날

10:00 제주도로 출발
- 김포 공항에서 출발한다

12:00 ~ 13:30 점심 식사
- 현지 식당에서 제주 흑돼지 바비큐를 즐긴다

13:30 ~ 17:30 관광
- 올레길을 걷는다
- 정방 폭포에 들른다

17:30 ~ 19:00 저녁 식사
- 해안가 식당에서 해산물 요리를 먹는다

19:00 ~ 21:00 자유 시간
- 서귀포 시내를 탐험한다

두 번째 날

08:00 ~ 09:00 아침 식사
- 호텔에서 아침 식사를 한다

09:00 ~ 13:00 관광
- 성산 일출봉을 방문한다
- 우도에 들른다

13:00 ~ 14:30 점심 식사
- 회를 먹는다

16:00 서울로 출발
- 제주 공항에서 비행기를 탄다

발표하기

❶ 학급 체험 학습을 위한 우리 팀의 계획입니다. 우리 팀의 여행 테마는 음식입니다! 우리는 우리 그룹의 1박 2일 여행으로 부산이 최고의 선택이라고 생각합니다.

❷ 우리는 부산까지 KTX 열차를 탈 것입니다. 우리는 게스트하우스에서 머물 예정입니다.

❸ 우리는 그곳에서 밀면, 생선회, 생선구이, 어묵탕, 그리고 씨앗 호떡을 먹고 싶습니다.

❹ 우리는 또 해운대 해변, 동백섬, 감천 문화 마을, 그리고 국제 시장을 방문하고 싶습니다. 마지막으로, 우리는 자유 시간 동안 재미있는 사진들을 좀 찍기를 바랍니다.

❺ 우리 팀의 계획이 충분히 흥미로운가요? 질문 있으신가요? 들어주셔서 감사합니다.

Teen Vibes

Fun Time **Get Creative with Photos!**

재미있게 찍은 여행 사진을 보고 어울리는 핵심어를 써 봅시다.

#ParisInMyHand #_____
Sample ParisAtMyFingertips

#MagicalJourney #_____
Sample UpOnMyBroom

#HoldTheLeaningTower #_____
Sample SupportingTheTower

#LetsStartOurTravel #_____
Sample JumpingInOppositeDirections

#_____ #_____

자신만의 방식으로 찍은 여행 사진을 친구들과 공유해 봅시다.

교과서 76쪽

사진으로 창의력을 발휘하세요

(왼쪽 상단 사진)
내손안의파리
[예시]
손끝에 닿는 파리

(오른쪽 상단 사진)
기울어지는탑을잡아라
[예시]
탑지탱하기

(왼쪽 중간 사진)
마법의여행
[예시]
빗자루위에서

(왼쪽 하단 사진)
우리의여행을시작하자
[예시]
반대방향으로점프하기

Project Time **Playing Travel-Idiom Cards**

STEP 1 모둠별로 여행과 관련한 영어 관용구를 조사해 봅시다.

English Idioms	Meanings
travel light	가볍게 여행하다

travel light / 가볍게 여행하다

STEP 2 앞면에는 영어 관용구, 뒷면에는 관용구의 우리말 뜻을 적어 네 장의 카드를 만들어 봅시다.

Sample

| be on the road | ⇄ | 여행 중이다 | | hit the road | ⇄ | 여행을 시작하다 |
| get away from it all | ⇄ | 모든 것을 잊고 떠나다 | | go off the beaten track | ⇄ | 사람들이 잘 찾지 않는 곳으로 가다 |

STEP 3 한 모둠이 영어 관용구를 말하면 나머지 모둠에서 우리말 뜻을 알아맞히는 놀이를 해 봅시다.

정답을 가장 많이 맞힌 모둠에게 박수를 쳐 주세요.

놀이가 끝나면 카드를 우리 반 영어 학습터에 게시해 보세요.

교과서 77쪽

여행 관용구 카드 게임하기

STEP 2

여행 관용구 [추가 예시]

- see the world
  (세상을 보다, 여행을 많이 하다)
- home away from home
  (제2의 고향, 집처럼 편한 곳)
- touch down
  ((비행기가) 착륙하다)
- broaden one's horizons
  (시야를 넓히다)
- wanderlust
  (여행에 대한 강한 욕망, 방랑벽)
- travel on a shoestring
  (아주 적은 비용으로 여행하다)

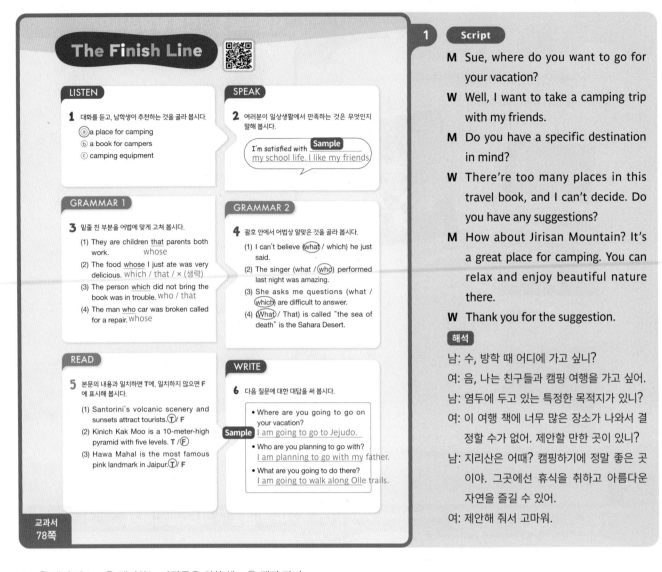

1. ⓐ 캠핑 장소 ⓑ 캠핑하는 사람들을 위한 책 ⓒ 캠핑 장비

2. 예시 나는 내 학교 생활에 만족해. 나는 내 친구들을 좋아해.

3. (1) 그들은 부모님이 두 분 모두 일하시는 아이들이다.
(선행사가 children으로 사람이고, '그 아이들의 부모'라는 표현이 자연스러우므로 소유격 관계 대명사 whose를 쓴다.)
(2) 내가 방금 먹은 음식은 매우 맛있었다. (The food를 선행사로 하는 목적격 관계 대명사 which, that을 쓰거나 생략한다.)
(3) 책을 가져오지 않은 사람은 곤경에 처했다. (선행사 The person이 사람이고, 주격 관계 대명사가 와야 하므로 who 또는 that을 쓴다.)
(4) 차가 고장난 남자는 수리를 요청했다. (차의 소유주가 선행사 The man이므로, 소유격 관계 대명사 whose를 쓴다.)

4. (1) 나는 그가 방금 말한 것을 믿을 수 없다. (선행사가 없고, 목적어 역할을 하는 절을 이끌어야 하므로 관계 대명사 what이 알맞다.)
(2) 어젯밤에 공연한 가수는 놀라웠다. (선행사 The singer가 있으므로 who가 알맞다.)
(3) 그녀는 나에게 대답하기 힘든 질문을 했다. (questions가 선행사이므로 which가 알맞다.)
(4) '죽음의 바다'라고 불리는 것은 사하라 사막이다. (선행사가 없고, 주어 역할을 하는 절을 이끌어야 하므로 What이 알맞다.)

5. (1) 산토리니의 화산 풍경과 일몰은 관광객들을 끌어들인다.
(2) 키니치 카크 무는 5개의 층으로 된 10미터 높이의 피라미드이다. (10층으로 된 35미터 높이의 피라미드이다.)
(3) 하와마할은 자이푸르에서 가장 유명한 분홍색 랜드마크이다.

6. • 너는 휴가 때 어디를 갈 거니? 예시 나는 제주도에 갈 거야.
• 누구와 함께 갈 계획이니? 예시 아빠와 함께 갈 계획이야.
• 거기서 무엇을 할 거니? 예시 나는 올레길을 따라 걸을 거야.

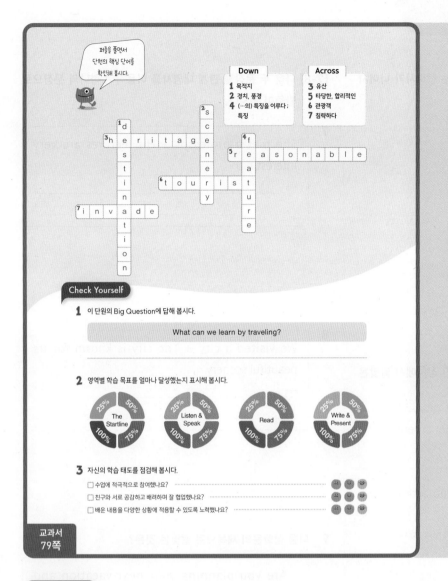

Down
1 목적지
2 경치, 풍경
4 (…의) 특징을 이루다; 특징

Across
3 유산
5 타당한, 합리적인
6 관광객
7 침략하다

1. destination
2. scenery
4. feature

3. heritage
5. reasonable
6. tourist
7. invade

Big Question
What can we learn by traveling?
(우리는 여행을 통해 무엇을 배울 수 있을까?)
Sample
Traveling helps us learn about different ways of life, traditions, and customs.
(여행은 우리가 서로 다른 삶의 방식, 전통, 관습에 대해 배우도록 돕는다.)

Check Yourself

1 이 단원의 Big Question에 답해 봅시다.

What can we learn by traveling?

2 영역별 학습 목표를 얼마나 달성했는지 표시해 봅시다.

The Startline / Listen & Speak / Read / Write & Present

3 자신의 학습 태도를 점검해 봅시다.
☐ 수업에 적극적으로 참여했나요?
☐ 친구와 서로 공감하고 배려하며 잘 협업했나요?
☐ 배운 내용을 다양한 상황에 적용할 수 있도록 노력했나요?

교과서 79쪽

Check Up

▶Answers p. 209

■ 다음 빈칸에 알맞은 단어를 위 퍼즐에서 찾아 쓰시오.

1. Paris is a popular travel _____ for many people. (파리는 많은 사람들이 방문하는 인기 있는 여행지이다.)

2. The _____ of this beach is its crystal-clear water. (이 해변의 특징은 맑고 투명한 물이다.)

3. We visited a museum to learn about the local _____. (우리는 지역의 유산에 대해 배우기 위해 박물관을 방문했다.)

4. Tourists sometimes _____ the city, making it crowded. (관광객들이 때때로 도시를 침범하여 붐비게 만든다.)

5. The hotel prices are _____ for such a nice location. (이 호텔 가격은 좋은 위치에 비해 합리적이다.)

6. The _____ on the mountain hike was breathtaking. (산을 오르면서 본 경치가 숨이 멎을 정도로 아름다웠다.)

7. The _____ came to this island to enjoy the beaches. (그 관광객은 이 섬에 와서 해변을 즐겼다.)

[1-2] 다음 중 사람을 나타내는 명사를 만드는 접미사가 나머지 넷과 다른 것을 골라 봅시다.

1 ① teach ② sing ③ play
④ invent ⑤ photograph

2 ① art ② edit ③ tour
④ special ⑤ journal

[3-4] 다음 우리말과 같은 뜻이 되도록 주어진 상자에서 알맞은 단어를 골라 문장을 완성해 봅시다.

| reasonable colonial monument |
| feature commercial |

3 The new shopping mall has a unique architectural _____.
(새로운 쇼핑몰은 독특한 건축적 특징을 가지고 있다.)

4 The price of the product seemed quite _____, considering its quality.
(그 제품의 가격은 품질을 고려할 때 꽤 합리적으로 보였다.)

[5-6] 다음 빈칸에 that과 what 중 알맞은 것을 써 봅시다.

5 _____ is important in my life is my family.

6 It is a ring _____ I made for you.

[7-8] 다음 두 문장을 관계 대명사를 이용하여 하나의 문장으로 만들어 봅시다.

7
She met a professor. + His lectures are very interesting.
→ _____
_____

8
We visited a city. + The city is known for its beautiful scenery.
→ _____
_____

9 다음 담화문의 제목으로 알맞은 것은?

Are you planning your next vacation and wondering what type of holiday to choose? Let's take a look at some popular options. First, imagine a beach holiday. Relax on the sandy shore, have fun in the sun, try surfing, or learn water skiing. Prefer exploring a city? A city break might be just what you're looking for. See famous sights, visit museums, take great photos, or shop at local stores. Looking for an exciting adventure? How about an action-packed holiday? Go hiking, enjoy camping under the stars, or even try rock climbing. So, whether you want to relax on the beach, explore a city, or try thrilling activities, there's a perfect holiday type for everyone.

① Types of Holidays
② Why We Need Holidays
③ When to Plan a Vacation
④ How to Choose a Perfect Holiday
⑤ Reasons for Enjoying Holidays

10 다음 (A)~(D)를 바르게 배열하여 자연스러운 대화를 완성해 봅시다.

A: Jason, where do you want to go for your vacation?
B: I want to go to a beach.
A: Oh. What kind of activities do you want to enjoy while at the beach?
B: I want to relax, swim, and lie in the sun.

(A) Thank you for your suggestions. I'll consider them.
(B) Sounds interesting! Do you have any destination in mind?
(C) Sure! How about Sokcho or Haeundae? Both are known for their beautiful beaches.
(D) Not yet. Can you suggest a good place?

_____ → _____ → _____ → _____

[11-12] 다음 대화를 읽고, 물음에 답해 봅시다.

A: Yuna, what did you do on your last vacation?
B: I traveled to London with my mom. It was amazing!
A: Oh, that's great to hear! What did you enjoy the most about your trip to London?
B: I loved visiting all the historic sites like Buckingham Palace and Big Ben.
A: Great! Did you try any delicious or unique foods while you were there?
B: Yes, but I wasn't completely satisfied with the food. Actually, it was too salty.

11 위 대화의 밑줄 친 부분의 의도로 알맞은 것은?

① 사과하기
② 설명 요청하기
③ 동의하지 않기
④ 소망 표현하기
⑤ 불만족 표현하기

12 위 대화에서 유나가 말한 것과 다른 것은?

① 엄마와 함께 런던으로 여행을 다녀왔다.
② 런던 여행이 좋았다고 생각한다.
③ 버킹엄 궁전과 빅벤 같은 역사적 장소를 방문했다.
④ 런던에서 독특한 음식을 맛보았다.
⑤ 런던의 음식이 너무 달다고 생각했다.

[13-14] 다음 대화를 읽고, 물음에 답해 봅시다.

A: Where did you go on your vacation? (①)
B: I went to Mexico with my family. (②)
A: Wow! (③)
B: I was really _____ with the trip. I especially enjoyed sightseeing. (④)
A: What was so good about it?
B: The pyramids were _____, and our guide was _____. (⑤)
A: That sounds _____!

13 위 대화의 ①~⑤ 중 다음 주어진 말이 들어가기에 가장 알맞은 곳은?

How was the trip?

①   ②   ③   ④   ⑤

14 위 대화의 흐름상 빈칸에 넣기에 알맞지 않은 것은? (단, 순서는 신경 쓰지 말 것)

① great   ② amazing
③ fantastic   ④ satisfied
⑤ disappointed

[15-16] 다음 글을 읽고, 물음에 답해 봅시다.

Tourists go to many places around the world. ⓐ 인기 있는 여행지는 저마다의 매력이 있습니다, such as beautiful natural sights, rich historical traditions, attractive buildings, or even fast-paced styles of living. In some destinations, however, ⓑ _____ is the striking colors that take their breath away. Let's look at three such colorful places.

15 위 글의 밑줄 친 우리말 ⓐ와 같은 뜻이 되도록 괄호 안의 단어를 바르게 배열해 봅시다.

(own / have / destinations / their / popular / charms)

16 위 글의 빈칸 ⓑ에 알맞은 말을 써 봅시다.

[17-19] 다음 글을 읽고, 물음에 답해 봅시다.

Santorini is a beautiful island ⓐ whose great volcanic scenery and dramatic sunsets attract tourists from around the world. Thanks to ⓑ its striking nature, Santorini has been in many movies, television shows, and commercials. Naturally, Santorini is ⓒ that comes to mind when many people hear the word Greece. This destination is also most famous for its white-washed houses and blue windows, doors, and roofs.

Why the houses are white and blue remains a mystery. One e_____ has to do with war. Germany invaded the island and banned the Greek flag during World War II. In protest, the islanders ⓓ painted their houses in the blue and white colors of the Greek flag. A more reasonable e_____ is based on nature. Houses were painted in white just because white keeps houses cool in the hot summer. Windows, doors, and roofs were painted in blue since the islanders loved the blue sea and skies. ⓔ Whatever the origin of the colors, millions of tourists visit Santorini each year and enjoy the wonderful colors of the Greek island.

17 위 글의 밑줄 친 ⓐ~ⓔ 중 어법상 어색한 것은?

① ⓐ ② ⓑ ③ ⓒ ④ ⓓ ⑤ ⓔ

18 다음 영영 풀이를 참고하여 위 글의 빈칸에 공통으로 들어갈 단어를 써 봅시다. (단, 주어진 철자로 시작할 것)

the act or process of making something clear or easy to understand: e_____

19 위 글의 내용과 일치하지 <u>않는</u> 것을 모두 고르면?

① 산토리니는 화산 경치와 일몰로 관광객을 끌어들인다.
② 산토리니는 그리스에서 유일하게 하얗고 파란색으로 칠해진 섬이다.
③ 영화와 광고 등에 산토리니 경관이 등장했다.
④ 집들은 여름에 시원하게 하기 위해 하얀색으로 칠해졌다는 설명이 있다.
⑤ 산토리니의 역사는 제2차 세계대전 시기부터 시작되었다.

[20-22] 다음 글을 읽고, 물음에 답해 봅시다.

ⓐ Nicknaming "The Yellow City," Izamal is a small town in the state of Yucatan. The name Izamal means "dew ⓑ that falls from the heavens." Izamal ⓒ was founded nearly 2,000 years ago by the Maya. The largest Mayan ruin in Izamal is Kinich Kak Moo. It is a 35-meter-high pyramid that has ten levels. Izamal is also a town with three cultures. As a UNESCO World Heritage Site, it features Mayan ruins, Spanish colonial buildings, and today's busy modern culture.

The whole town, aside from the Mayan remains, is in bright yellow. (①) All the colonial buildings, the market, and the huge convent are in this cheerful color. (②) Izamal is really a monument of yellow, but it remains unclear ⓓ why the town was painted in yellow. (③) By painting nearly everything in yellow, perhaps people wanted to pay respect to the Mayan sun god. It is also possible that they wanted to celebrate the Pope's visit. (④) ⓔ Considering the rich historical traditions, it is not surprising that the Mexican government named Izamal as a "magic town." (⑤)

20 위 글의 밑줄 친 ⓐ~ⓔ 중 어법상 어색한 부분을 찾아 바르게 고쳐 봅시다.

_____ → _____

21 위 글의 ①~⑤ 중 다음 주어진 문장이 들어가기에 가장 알맞은 곳은?

Or they may have just wanted to keep mosquitoes away.

① ② ③ ④ ⑤

22 위 글의 내용을 다음과 같이 요약할 때, 빈칸에 알맞은 말이 바르게 짝지어진 것은?

Izamal, a small town in Yucatan, is known for its ___(A)___ color and rich cultural heritage, blending Mayan ruins, Spanish colonial buildings, and ___(B)___ culture.

(A) (B)
① yellow – modern
② bright – ancient
③ golden – traditional
④ cheerful – colonial
⑤ sunny – diverse

[23-25] 다음 글을 읽고, 물음에 답해 봅시다.

Jaipur, the state capital of Rajasthan, is a highly popular tourist destination. It is a city of ⓐ ancient forts and royal palaces, and visitors can enjoy not only the history of the city but also beautiful views of the surrounding green hills. Jaipur has many ⓑ remarkable places that tourists can visit, including the Samrat Yantra, where the world's ⓒ largest sundial awaits visitors. _____ is more surprising is that most buildings in Jaipur are pink. The Maharaja ("Great King") of Jaipur had most of the buildings painted in pink to ⓓ welcome a visit by Britain's royal family in 1876. The most famous pink landmark is Hawa Mahal ("Palace of Winds"). Due to this, Jaipur became known as "the Pink City."

Colors tell interesting stories. By exploring colorful places around the world, you will get to know exciting stories about them. Perhaps photos of these vivid destinations can make your life as well as your album ⓔ less colorful.

23 위 글의 밑줄 친 ⓐ~ⓔ 중 문맥상 어색한 것은?
① ⓐ ② ⓑ ③ ⓒ ④ ⓓ ⑤ ⓔ

24 위 글의 빈칸에 알맞은 것은?
① It ② One ③ That
④ What ⑤ Which

25 Jaipur에 관한 위 글의 내용과 일치하지 않는 것은?
① 라자스탄 주의 주도이며 인기 있는 관광지이다.
② 세계에서 가장 큰 해시계가 있는 Samrat Yantra가 있다.
③ 영국 왕실의 방문을 환영하기 위해 모든 건물을 분홍색으로 칠했다.
④ '바람의 궁전'으로 알려진 Hawa Mahal은 유명한 분홍색 랜드마크이다.
⑤ '분홍 도시'로 알려지게 되었다.

[1-2] 다음 〈보기〉와 같은 관계가 되도록 빈칸에 알맞은 말을 써 봅시다.

| 보기 |
write — writer

1 collect — _____

2 win — _____

[3-4] 다음 우리말과 같은 뜻이 되도록 주어진 상자에서 알맞은 단어를 골라 문장을 완성해 봅시다.

origin   heritage   remain
invade   remarkable

3 The scientist made a _____ discovery that changed our understanding of the universe.
(그 과학자는 우리의 우주에 대한 이해를 바꾼 놀랄 만한 발견을 했다.)

4 Historians are still debating the _____ of this mysterious civilization.
(역사학자들은 여전히 이 신비로운 문명의 기원을 논쟁 중이다.)

[5-6] 다음 빈칸에 that과 what 중 알맞은 것을 써 봅시다.

5
I'm looking for the bag _____ I lost yesterday.

6
_____ we ate at the restaurant was delicious.

[7-8] 다음 두 문장을 관계 대명사를 이용하여 하나의 문장으로 만들어 봅시다.

7
The book is very popular. + I bought it last week.
→ _____

8
I have a friend. + Her brother is a famous actor.
→ _____

9 다음 주어진 말이 들어가기에 가장 알맞은 곳은?

Are you planning your next vacation and wondering what type of holiday to choose? (①) Let's take a look at some popular options. (②) First, imagine a beach holiday. (③) Prefer exploring a city? (④) A city break might be just what you're looking for. See famous sights, visit museums, take great photos, or shop at local stores. Looking for an exciting adventure? (⑤) How about an action-packed holiday? Go hiking, enjoy camping under the stars, or even try rock climbing. So, whether you want to relax on the beach, explore a city, or try thrilling activities, there's a perfect holiday type for everyone.

Relax on the sandy shore, have fun in the sun, try surfing, or learn water skiing.

①   ②   ③   ④   ⑤

10 (A)~(C)를 바르게 배열하여 자연스러운 대화를 완성해 봅시다.

A: Are you doing anything exciting this vacation?
B: Yeah, I'm thinking of going to Gyeongju.

(A) Cool! I hope you have a great time in Gyeongju!
(B) I want to visit historical sites.
(C) Oh, really? What do you want to do there?

_____ → _____ → _____

[11-12] 다음 대화를 읽고, 물음에 답해 봅시다.

A: Where did you go on your vacation?

B: I went to Mexico with my family.

A: Wow! How was the trip?

B: I was really ⓐ satisfy with the trip. I especially enjoyed sightseeing.

A: What was so good about it?

B: The pyramids were fantastic, and our guide was ⓑ amaze.

A: That sounds great!

11 위 대화의 밑줄 친 ⓐ, ⓑ를 알맞은 형태로 고쳐 써 봅시다.

ⓐ _____

ⓑ _____

12 위 대화의 주제로 가장 알맞은 것은?

① satisfaction with a family trip to Mexico

② cultural significance of Mexican pyramids

③ the importance of planning international travel

④ the impact of tour guides on vacation experiences

⑤ problems of choosing inappropriate travel destinations

[13-14] 다음 대화를 읽고, 물음에 답해 봅시다.

A: Jimin, 방학 때 어디에 가고 싶니?

B: Well, I want to take a camping trip with my friends.

A: Do you have a specific destination in mind?

B: There're too many places in this travel book, and I can't decide. Do you have any suggestions?

A: How about Jirisan Mountain? It's a great place for camping. You can relax and enjoy beautiful nature there.

B: Thank you for the suggestion.

13 위 대화의 밑줄 친 우리말과 같은 뜻이 되도록 괄호 안의 표현을 바르게 배열해 봅시다.

_____

(your vacation / where / go for / want to / you / do)

14 다음 중 지민이에 관한 위 대화의 내용과 일치하지 않는 것은?

① 친구들과 함께 캠핑 여행을 가고 싶어한다.

② 여행 책에 있는 여러 장소를 보며 목적지를 고민하고 있다.

③ 방학 때 어디로 갈지 조언을 구하고 있다.

④ 지리산으로 캠핑을 가는 것을 거절했다.

⑤ 상대방의 목적지 제안에 고마움을 표했다.

[15-16] 다음 글을 읽고, 물음에 답해 봅시다.

Tourists go to many places around the world. Popular destinations have their own charms, such as beautiful natural sights, rich historical traditions, attractive buildings, or even fast-paced styles of living. In some destinations, _____, it is the striking colors that take their breath away. Let's look at three such colorful places.

15 위 글의 빈칸에 가장 알맞은 말을 골라 봅시다.

① however   ② therefore

③ similarly   ④ for example

⑤ in other words

16 다음 중 위 글의 내용과 일치하는 것을 모두 고르면?

① 관광객들은 전 세계의 많은 장소에 간다.

② 인기 있는 여행지는 자연 경치만으로 유명하다.

③ 빠른 생활 방식은 인기 있는 여행지의 매력 중 하나로 언급된다.

④ 강렬한 색채는 모든 인기 있는 여행지에서 관광객을 놀라게 한다.

⑤ 다채로운 세 곳의 장소를 소개하려고 한다.

[17-19] 다음 글을 읽고, 물음에 답해 봅시다.

Santorini is a beautiful island whose great volcanic scenery and dramatic sunsets attract tourists from around the world. Thanks to its striking nature, Santorini has been in many movies, television shows, and commercials. Naturally, Santorini is what comes ⓐ (on / to) mind when many people hear the word Greece. This destination is also most famous ⓑ (by / for) its white-washed houses and blue windows, doors, and roofs.

Why the houses are white and blue remains <u>a mystery</u>. One explanation has to do ⓒ (at / with) war. Germany invaded the island and banned the Greek flag during World War II. In protest, the islanders painted their houses in the blue and white colors of the Greek flag. A more reasonable explanation is based on nature. Houses were painted in white just because white keeps houses cool in the hot summer. Windows, doors, and roofs were painted in blue since the islanders loved the blue sea and skies. Whatever the origin of the colors, millions of tourists visit Santorini each year and enjoy the wonderful colors of the Greek island.

17 위 글의 괄호 ⓐ~ⓒ에서 각각 알맞은 전치사를 골라 봅시다.

ⓐ _____ ⓑ _____ ⓒ _____

18 밑줄 친 **a mystery**가 위 글에서 의미하는 바로 가장 적절한 것은?

① historical records of World War II's effect on Greek islands
② different cultural meanings behind color choices
③ unique architectural styles of Mediterranean buildings
④ Greek myths about the meaning of colors on islands
⑤ studies on how color affects islanders

19 Santorini에 관한 설명 중 위 글의 내용과 일치하지 <u>않는</u> 것은?

① 화산 풍경과 인상적인 일몰로 전 세계 관광객들을 끌어들인다.
② 영화와 텔레비전 프로그램, 광고에 등장했다.
③ 그리스 신화에 나오는 색을 사용해 집을 칠하며 독일에 항거했다.
④ 하얀색은 더운 여름을 견디기 위해 선택된 색일 수도 있다.
⑤ 매년 수백만 명의 관광객들이 이 그리스 섬을 방문한다.

[20-22] 다음 글을 읽고, 물음에 답해 봅시다.

Nicknamed "The Yellow City," Izamal is a small town in the state of Yucatan. The name Izamal means "dew that falls from the heavens." Izamal ⓐ <u>founded</u> nearly 2,000 years ago by the Maya. The largest Mayan ruin in Izamal is Kinich Kak Moo. It is a 35-meter-high pyramid that ⓑ <u>has</u> ten levels. Izamal is also a town with three cultures. As a UNESCO World Heritage Site, it features Mayan ruins, Spanish colonial buildings, and today's busy modern culture.

The whole town, aside from the Mayan remains, is in bright yellow. All the colonial buildings, the market, and the huge convent are in this cheerful color. Izamal is really a monument of yellow, but (A) 왜 마을이 노란색으로 칠해졌는지는 명확하지 않다. By ⓒ <u>painting</u> nearly everything in yellow, perhaps people wanted to pay respect to the Mayan sun god. It is also possible that they wanted ⓓ <u>to celebrate</u> the Pope's visit. Or they may have just wanted to keep mosquitoes away. Considering the rich historical traditions, it is not surprising ⓔ <u>that</u> the Mexican government named Izamal as a "(B) <u>magic town</u>."

20 위 글의 밑줄 친 ⓐ~ⓔ 중 어법상 어색한 것을 골라 바르게 고쳐 봅시다.

_____ → _____

21 위 글의 밑줄 친 (A)의 우리말과 같은 뜻이 되도록 괄호 안의 표현을 바르게 배열해 봅시다.

_____

_____

(why / in yellow / the town / it remains / was painted / unclear)

22 밑줄 친 (B) magic town이 위 글에서 의미하는 바로 가장 적절한 것은?

① a city with ancient Mayan traditions

② a town known for its colonial buildings

③ a place famous for its religious importance

④ a place where mosquitoes are kept away by yellow paint

⑤ a place where different cultures are featured

[23-25] 다음 글을 읽고, 물음에 답해 봅시다.

Jaipur, the state capital of Rajasthan, is a highly popular tourist destination.

(A) Due to this, Jaipur became known as "the Pink City."

(B) What is more surprising is that most buildings in Jaipur are pink. The Maharaja ("Great King") of Jaipur had most of the buildings painted in pink to welcome a visit by Britain's royal family in 1876. The most famous pink landmark is Hawa Mahal ("Palace of Winds").

(C) It is a city of ancient forts and royal palaces, and visitors can enjoy not only the history of the city but also beautiful views of the surrounding green hills. Jaipur has many remarkable places that tourists can visit, including the Samrat Yantra, where the world's largest sundial awaits visitors.

Colors tell interesting stories. By exploring colorful places around the world, you will get to know exciting stories about them. Perhaps photos of these vivid destinations can make your life as well as your album more colorful.

23 위 글의 (A)~(C)를 바르게 배열하여 문맥상 자연스럽게 만들어 봅시다.

_____ → _____ → _____

24 위 글의 밑줄 친 them이 가리키는 것을 찾아 간단한 우리말로 써 봅시다.

_____

25 위 글의 내용을 다음과 같이 요약할 때 빈칸에 알맞은 말이 바르게 짝지어진 것은?

Jaipur's unique identity comes from its _____ⓐ_____ buildings and tourist attractions, making it a colorful destination with _____ⓑ_____ stories.

	ⓐ		ⓑ
①	ancient	—	funny
②	pink	—	exciting
③	royal	—	cultural
④	famous	—	modern
⑤	traditional	—	vivid

One Earth, One Chance

하나의 지구, 한 번의 기회

Big Question

What can we do to save Earth?

우리는 지구를 구하기 위해 무엇을 할 수 있을까요?

The Startline

Surprising Secrets of Mother Nature
대자연의 놀라운 비밀들

Listen & Speak

- **Environmental Issues** 환경 문제들
  (F) 걱정 표현하기

- **Going Green**
  (F) 강조하기   친환경적으로 살기

Read

생각해 볼 만한 음식 이야기
Food for Thought

(V) 명사 – 동사

(G) so that / so ... that

Write & Present

The Green Challenge
환경 사랑 챌린지

Teen Vibes

- Be an Eco-toonist Fun Time
  친환경적인 만화가가 되어 보세요
- A Special Day for the Environment Project Time
  환경을 위한 특별한 날

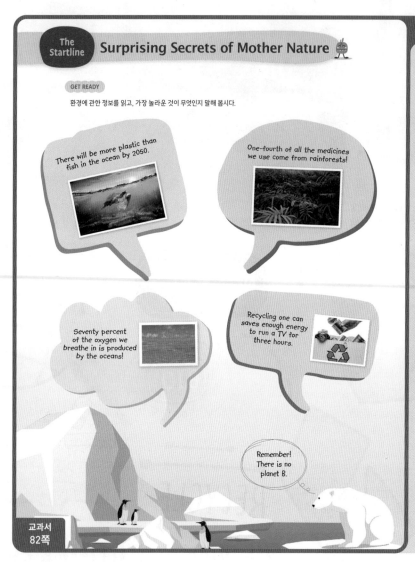

The Startline

Surprising Secrets of Mother Nature

GET READY

환경에 관한 정보를 읽고, 가장 놀라운 것이 무엇인지 말해 봅시다.

There will be more plastic than fish in the ocean by 2050.

One-fourth of all the medicines we use come from rainforests!

Seventy percent of the oxygen we breathe in is produced by the oceans!

Recycling one can saves enough energy to run a TV for three hours.

Remember! There is no planet B.

교과서 82쪽

대자연의 놀라운 비밀들

(준비 활동)

환경에 관한 여러 가지 정보를 읽고 가장 놀라운 것을 말해 보는 활동이다. 다양한 정보를 기반으로 환경의 소중함을 생각해 보고, 환경 오염의 심각성과 이를 극복할 수 있는 방법도 고민해 볼 수 있다.

• 2050년까지 바다에는 물고기보다 플라스틱이 더 많아질 것이다.

• 우리가 사용하는 모든 약품의 4분의 1이 열대우림에서 나온다!

• 우리가 들이마시는 산소의 70퍼센트가 바다에서 만들어진다.

• 한 개의 캔을 재활용하면 텔레비전을 세 시간 동안 작동시키기에 충분한 에너지를 절약할 수 있다.

북극곰: 기억해! 두 번째 행성은 없어.

환경에 관한 추가 정보

• An aluminum can may be recycled forever!
(알루미늄 캔은 영구적으로 재활용될 수 있다.)

• The world's oldest trees are 4,600-year-old Bristlecone pines in the USA.
(세상에서 가장 오래된 나무는 미국에 있는 4,600년 된 브리슬콘 소나무이다.)

• The amount of wood and paper we throw away each year is enough to heat 50,000,000 homes for 20 years.
(우리가 매년 버리는 나무와 종이의 양은 5천만 가구를 20년 동안 충분히 난방할 수 있을 만큼이다.)

• A modern glass bottle takes 4,000 years or more to decompose.
(현대의 유리병은 분해되는 데 4,000년 이상 걸린다.)

• Every time you open the refrigerator door, up to 30 percent of the cold air can escape.
(냉장고 문을 열 때마다 냉기의 최대 30%가 빠져나갈 수 있다.)

• Plastic bags and other plastic garbage thrown into the ocean kill as many as 1,000,000 sea creatures every year.
(바다에 버려진 비닐 봉지와 기타 플라스틱 쓰레기는 매년 약 100만 마리의 해양 생물을 죽음에 이르게 한다.)

• About one-third of an average landfill is made up of packaging material.
(평균적인 매립지의 약 3분의 1은 포장 재료로 이루어져 있다.)

어휘 **secret** 몡 비밀   **medicine** 몡 약, 약물   **come from** ...에서 나오다   **rainforest** 몡 (열대) 우림   **oxygen** 몡 산소
breathe 동 호흡하다, 숨을 쉬다   **produce** 동 생산하다   **recycle** 동 재활용하다   **planet** 몡 행성

VIEW & TALK

1 영상을 보고, 영상의 요지를 골라 봅시다.

ⓐ Nature brings us peace.

ⓑ Nature is full of wonders.

ⓒ We should take care of nature.

영상을 다시 보고, 자연이 어떤 역할을 하는지 말해 봅시다.

2 만약 여러분이 자연이라면 인간에게 무슨 말을 하고 싶을까요? 친구들에게 말해 봅시다.

I am your home and your home planet. Please be kind to me.

Sample

All life is connected. Caring for me is caring for yourself.

교과서 83쪽

영상 소개

자연이 화자가 되어 자신의 역할을 말하며, 자연보호의 중요성을 간단 명료하게 연설하는 내용을 담은 영상이다.

1 ⓐ 자연은 우리에게 평화를 가져다준다.
ⓑ 자연은 경이로움으로 가득 차 있다.
ⓒ 우리는 자연을 돌봐야 한다.

[해설] 영상의 마지막 부분에서 우리가 자연을 돌보지 않으면 자연도 우리를 돌볼 수 없다고 했으므로, 영상의 요지는 ⓒ가 가장 적절하다.

2 나는 너희의 집이고 너희의 고향 행성이야. 제발 내게 친절히 대해 줘.

[예시] 모든 생명은 연결되어 있어. 나를 돌보는 것이 너희를 돌보는 일이야.

Video Script

Nature Is Speaking

W I am home. I give you comfort. I shelter your family. See me for who I am. Home, sweet home. I am your refuge. I am the floor that supports you. The foundation that keeps you steady. The walls that give you shelter. The roof that protects you. I am your home. If you don't take care of me, I cannot take care of you. Nature doesn't need people. People need nature.

해석

자연이 말합니다

여: 나는 집입니다. 나는 당신에게 안락함을 줍니다. 나는 당신의 가족에게 쉴 곳을 제공합니다. 내가 누구인지 보세요. 집, 즐거운 집. 나는 당신의 은신처입니다. 나는 당신을 지탱하는 바닥입니다. 당신을 안정되게 유지하는 토대입니다. 당신에게 피난처를 주는 벽입니다. 당신을 보호하는 지붕입니다. 나는 당신의 집입니다. 만약 당신이 나를 돌보지 않으면 나는 당신을 돌볼 수 없습니다. 자연은 인간이 필요하지 않습니다. 인간은 자연이 필요합니다.

[어휘] **comfort** 몡 안락, 편안   **shelter** 됭 쉴 곳을 제공하다 몡 주거지   **refuge** 몡 은신처   **support** 됭 지지하다, 힘을 실어 주다
foundation 몡 토대   **steady** 혱 안정된   **protect** 됭 보호하다   **take care of** …을 돌보다   **wonder** 몡 경이(로운 것)

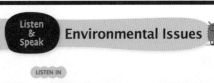

Listen & Speak

Environmental Issues

걱정 표현하기
I'm really worried about ....

LISTEN IN

1 대화를 듣고, 대화에서 언급되지 <u>않은</u> 자연재해를 골라 봅시다.

ⓐ floods

ⓑ wildfires

ⓒ droughts

2 대화를 다시 듣고, 괄호 안에서 알맞은 것을 골라 봅시다.

The girl is worried about the impact of (climate change / water pollution) on bananas.

SPEAK OUT

3 기후 변화로 발생하는 문제를 보여 주는 인포그래픽을 보고, 환경 문제에 대해 친구들과 대화해 봅시다.

CLIMATE CHANGE
IS HUMANITY'S "CODE RED" WARNING

Sea level rise	Droughts	Disasters
Sea level will rise 30-60cm by 2100. It may result in severe flooding in many coastal cities.	Droughts will make 700 million people leave their homes by 2030.	Disasters will increase by 40% from 2015 to 2030.

A Hey, have you seen this infographic on climate change?
B No, let me take a look. Wow, that's really troubling.
A What are you most worried about?
B I'm really worried about sea level rise.
A Me, too. Sea level will rise 30–60cm by 2100. It may result in severe flooding in many coastal cities.
B We need to take action now.

교과서 84쪽

Listen & Speak

환경 문제들

1 〔해설〕 남자의 말인 We have more floods and droughts than before.에서 홍수와 가뭄을 언급하고 있으나, 산불에 대해서는 언급하고 있지 않다.

2 여학생은 기후 변화가 바나나에 미치는 영향에 대해 걱정하고 있다.

3 기후 변화는 인류의 '코드 레드' 경고이다

해수면 상승: 해수면이 2100년까지 30-60cm 상승할 것이다. 그것은 많은 해안도시들에 심각한 홍수를 초래할지도 모른다.

가뭄: 가뭄으로 2030년까지 7억 명의 사람들이 집을 떠나게 될 것이다.

재해: 2015년부터 2030년까지 재해가 40퍼센트 증가할 것이다.

A 이봐, 기후 변화에 관한 이 인포그래픽 봤어?
B 아니, 한번 볼게. 와, 정말 걱정스럽네.
A 너는 무엇이 가장 걱정스럽니?
B 나는 해수면 상승이 정말 걱정이야.
A 나도 그래. 해수면이 2100년까지 30-60cm 상승할 거야. 그것은 많은 해안 도시들에 심각한 홍수를 초래할지도 몰라.
B 우리는 이제 조치를 취해야 해.

Listening Script

W I'm worried that we may not have bananas in the future.
M What? Bananas are my favorite fruit! Why is that?
W Well, climate change is getting serious.
M Yeah. We have more floods and droughts than before.
W Exactly. Especially because of drought, growing bananas may become challenging.
M That's terrible. I'd be really sad if I couldn't eat bananas anymore.
W Me, too. That's why we need to take action for the environment.

해석

여: 나는 미래에 우리가 바나나를 못 먹게 될까 봐 걱정이야.
남: 뭐라고? 바나나는 내가 정말 좋아하는 과일이야! 왜 그런 거지?
여: 음, 기후 변화가 심각해지고 있잖아.
남: 응. 예전보다 홍수와 가뭄이 더 많이 발생하고 있어.
여: 맞아. 특히 가뭄 때문에 바나나를 재배하는 것이 어려워질지도 몰라.
남: 끔찍하다. 만약 더 이상 바나나를 먹을 수 없다면 나는 정말 슬플 거야.
여: 나도 마찬가지야. 그게 우리가 환경을 위해 조치를 취해야 하는 이유야.

〔어휘〕 **flood** 몡 홍수   **wildfire** 몡 산불   **drought** 몡 가뭄   **impact** 몡 영향   **climate** 몡 기후   **serious** 혱 심각한, 만만찮은   **challenging** 혱 도전적인   **terrible** 혱 끔찍한   **anymore** 뷔 더 이상   **take action** 조치를 취하다   **environment** 몡 환경   **humanity** 몡 인류   **code red** 매우 심각한 상황에 대한 경고   **warning** 몡 경고   **sea level** 해수면   **disaster** 몡 재해   **result in** …을 야기하다   **severe** 혱 극심한   **coastal** 혱 해안의   **increase** 통 증가하다   **infographic** 몡 인포그래픽

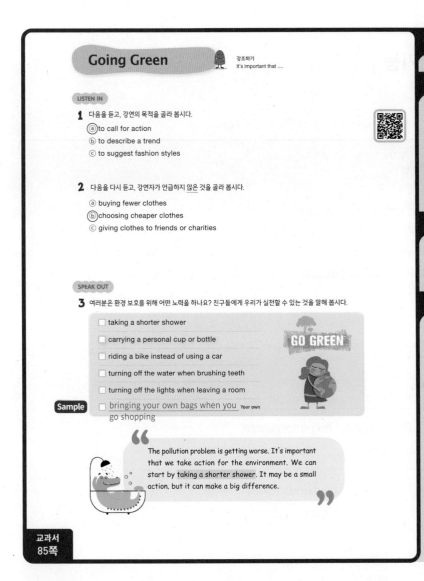

Going Green

강조하기
It's important that ....

LISTEN IN

1 다음을 듣고, 강연의 목적을 골라 봅시다.
ⓐ to call for action
ⓑ to describe a trend
ⓒ to suggest fashion styles

2 다음을 다시 듣고, 강연자가 언급하지 않은 것을 골라 봅시다.
ⓐ buying fewer clothes
ⓑ choosing cheaper clothes
ⓒ giving clothes to friends or charities

SPEAK OUT

3 여러분은 환경 보호를 위해 어떤 노력을 하나요? 친구들에게 우리가 실천할 수 있는 것을 말해 봅시다.

☐ taking a shorter shower
☐ carrying a personal cup or bottle
☐ riding a bike instead of using a car
☐ turning off the water when brushing teeth
☐ turning off the lights when leaving a room
Sample ☐ bringing your own bags when you *Your own* go shopping

GO GREEN

The pollution problem is getting worse. It's important that we take action for the environment. We can start by taking a shorter shower. It may be a small action, but it can make a big difference.

교과서
85쪽

친환경적으로 살기

1
ⓐ 행동을 촉구하기 위해
ⓑ 경향을 기술하기 위해
ⓒ 패션 스타일을 제안하기 위해
〔해설〕 남자는 패스트 패션 문제의 해결책을 제안하며, 지구를 보호하기 위한 행동을 촉구하고 있다.

2
ⓐ 옷을 더 적게 사기
ⓑ 더 싼 옷들을 고르기
ⓒ 옷을 친구들이나 자선 단체에 주기

3
☐ 더 짧게 샤워하기
☐ 개인 컵이나 병을 가지고 다니기
☐ 차를 이용하는 대신 자전거 타기
☐ 이를 닦을 때 물 잠그기
☐ 방을 나갈 때 전등 끄기
〔예시〕 쇼핑 갈 때 자신의 가방 가져가기

"오염 문제가 더 심해지고 있습니다. 우리가 환경을 위해 행동에 옮기는 것이 중요합니다. 우리는 더 짧게 샤워하기부터 시작할 수 있습니다. 그것은 작은 행동일지도 모르지만 큰 변화를 만들 수 있습니다."

Listening Script

M Today, I'd like to talk to you about "fast fashion." Fast fashion is a trend where people buy a large number of inexpensive clothes and throw them away quickly. This habit is harmful to the environment because it consumes a lot of water and energy, and creates waste. To help solve the fast fashion problem, we can start by buying fewer clothes. Another good practice is to give our clothes to friends or donate them to charities, reducing waste. It's important that we make these simple choices to protect our planet.

해석

남: 오늘, 저는 여러분에게 '패스트 패션'에 대해 이야기하고 싶습니다. 패스트 패션은 사람들이 저렴한 옷을 많이 사고 빨리 버리는 경향입니다. 이 습관은 많은 물과 에너지를 소비하고 쓰레기를 만들기 때문에 환경에 해롭습니다. 패스트 패션 문제의 해결을 돕기 위해, 우리는 옷을 더 적게 사는 것부터 시작할 수 있습니다. 또 다른 좋은 실천은 옷을 친구들에게 주거나 자선 단체에 기부해서 쓰레기를 줄이는 것입니다. 지구를 보호하기 위해 이런 간단한 선택을 하는 것이 중요합니다.

〔어휘〕 **call for** 요구하다　**describe** 〔동〕 말하다, 묘사하다　**trend** 〔명〕 동향, 추세　**charity** 〔명〕 자선 단체　**a large number of** 다수의　**inexpensive** 〔형〕 비싸지 않은　**throw away** 버리다　**harmful** 〔형〕 해로운　**consume** 〔동〕 소모하다　**waste** 〔명〕 쓰레기　**practice** 〔명〕 실천　**donate** 〔동〕 기부하다, 기증하다　**reduce** 〔동〕 줄이다　**personal** 〔형〕 개인의　**instead of** … 대신에　**pollution** 〔명〕 오염　**make a difference** 변화를 가져오다

1 걱정 표현하기

A **I'm worried about** light pollution problem.
(나는 빛 공해 문제가 걱정돼.)

B Me, too. Experts say that it'll have a bad effect on human health.
(나도 그래. 전문가들에 따르면 그것이 인간의 건강에 나쁜 영향을 미칠 거래.)

자신이 걱정하고 있음을 나타낼 때는 I'm (really) worried about ...으로 말할 수 있으며, 상황에 따라 비슷한 의미인 I'm anxious about ...을 사용할 수 있다.

Check Up
▶Answers p. 212

1 다음 대화의 빈칸에 알맞은 말을 <u>모두</u> 골라 봅시다.

> A I'm really _____ the midterm exam. I feel unprepared.
> B Don't be too nervous. I'm sure you can make it.

① satisfied with   ② anxious about
③ delighted with   ④ excited about
⑤ worried about

2 괄호 안의 표현을 이용하여 다음 우리말과 같은 뜻이 되도록 영작해 봅시다. (필요하면 어형을 바꿀 것)

> 나는 기후 변화에 대해 정말 걱정하고 있어.
> = _____
> (really, worry, climate change)

3 다음이 자연스러운 대화가 되도록 순서대로 번호를 써 봅시다.

> _____ Well, he seems really tired and just lies around.
> _____ I'm worried about my pet. He hasn't been eating well.
> _____ I think you should take him to the vet as soon as possible.
> _____ Oh, no. Have you noticed any other changes?

2 강조하기

A To go green, I'll begin by reducing water waste.
(친환경적이 되기 위해서, 나는 물 낭비를 줄이는 것부터 시작할 거야.)

B Sounds great. **It's important that** we start from small steps.
(멋지네. 우리가 작은 단계부터 시작하는 것이 중요해.)

It's important that ...은 '…은 중요하다'라는 의미로, 강조를 나타내는 표현이다. 'It's important that 절' 대신 'It's important + to 부정사' 형태로 말할 수도 있다. I want to stress that ..., I'd like to emphasize that ..., What I'm saying is that ... 등의 표현도 강조할 때 사용할 수 있다.

Check Up

▶ Answers p. 212

1 다음 빈칸에 들어갈 말로 적당하지 <u>않은</u> 것을 골라 봅시다.

> Eating a variety of foods helps us feel strong and have lots of energy. Fruits, vegetables, and whole grains are especially good for our bodies. _____ that we choose healthy foods every day to stay happy and healthy!

① I want to stress ② What I'm saying is
③ It's important ④ I'd like to emphasize
⑤ It doesn't matter

2 다음 대화의 밑줄 친 우리말과 같은 뜻이 되도록 괄호 안의 표현을 바르게 배열해 봅시다.

> **A** I've always wanted to be a singer, but I don't think I'm talented enough.
> **B** Come on! <u>너는 꿈을 포기하지 않는 것이 중요해</u>. You can make it!

_____

(you don't / that / your dream / it's / give up on / important)

3 다음이 자연스러운 대화가 되도록 순서대로 번호를 써 봅시다.

> _____ Yes. I'm so tired because I stayed up late at night to do homework.
> _____ You're right. I'll try to go to bed as early as possible.
> _____ Oh, no. It's important that you get at least 8 hours of sleep to stay healthy.
> _____ Hey. You look a bit tired today.

KEY WORDS

1 밑줄 친 표현의 뜻을 추측하고, 짐작한 것이 맞는지 확인해 봅시다.

harvest fruit
transport grains
excess salt
a smart consumer
throw away leftovers
hesitate to buy
achieve goals
on one's way to school
free from hunger

WORD BUILDING

2 짝 지어진 단어의 관계를 살펴보고 괄호 안에서 알맞은 것을 골라 봅시다.

NOUN   food – feed ● death – die
        loss – lose ● failure – fail   VERB!

(1) You should not (feed / food) animals at the zoo.
(2) Lots of people (die / death) from hunger in some areas.
(3) The big flood caused a (lose / loss) of houses and lives.
(4) The plant may (fail / failure) to grow if it does not receive enough sunlight.

교과서 86쪽

1 Key Words

harvest fruit 과일을 수확하다
transport grains 곡물을 수송하다
excess salt 과도한 소금
a smart **consumer** 똑똑한 소비자
throw away **leftovers** 남은 음식을 버리다
hesitate to buy 구매를 망설이다
achieve goals 목표를 달성하다
on one's way to school
학교로 가는 도중에
free from hunger 굶주림을 면한

2 Word Building: 〈명사 – 동사〉

food (음식) – feed (먹이다, 먹이를 주다)
death (죽음) – die (죽다)
loss (손실) – lose (잃어버리다)
failure (실패) – fail (실패하다)

---

(1) 너는 동물원에서 동물들에게 먹이를 주면 안 된다.
(2) 어떤 지역에서는 많은 사람들이 굶주림으로 사망한다.
(3) 큰 홍수로 주택과 인명 손실이 발생했다.
(4) 충분한 햇빛을 받지 못하면 그 식물은 성장에 실패할지도 모른다.

Key Words 예문

• They **harvest** wheat in early summer.
  (그들은 초여름에 밀을 수확한다.)
• This truck can **transport** up to 10 tons of cargo.
  (이 트럭은 최대 10톤의 화물을 운반할 수 있다.)
• He gained weight due to **excess** eating.
  (그는 과식으로 인해 체중이 늘었다.)
• Many **consumers** prefer online shopping.
  (많은 소비자들이 온라인 쇼핑을 선호한다.)
• She used the **leftovers** for lunch the next day.
  (그녀는 남은 음식을 다음 날 점심으로 사용했다.)
• I didn't **hesitate** to help my friend.
  (나는 친구를 돕는 것을 주저하지 않았다.)

• She worked hard to **achieve** her goals.
  (그녀는 목표를 달성하기 위해 열심히 일했다.)
• I'm **on my way** to meet my friends.
  (나는 친구들을 만나러 가는 길이다.)
• She wants to be **free from** stress.
  (그녀는 스트레스에서 벗어나고 싶어한다.)

Word Building 추가 예시 〈명사 – 동사〉
belief (믿음) – believe (믿다)
speech (연설) – speak (말하다)
laughter (웃음) – laugh (웃다)
success (성공) – succeed (성공하다)

Check Up   ▶ Answers p. 212

■ 다음 괄호 안에서 알맞은 것을 골라 봅시다.
1. Please (speech / speak) slowly so everyone can understand.
2. He makes me (laughter / laugh) with his silly jokes.
3. He always dreamed of (success / succeed) in his career.

어휘 grain 명 곡물   hunger 명 굶주림, 기아   die from …으로 죽다   cause 동 …을 야기하다   receive 동 받다

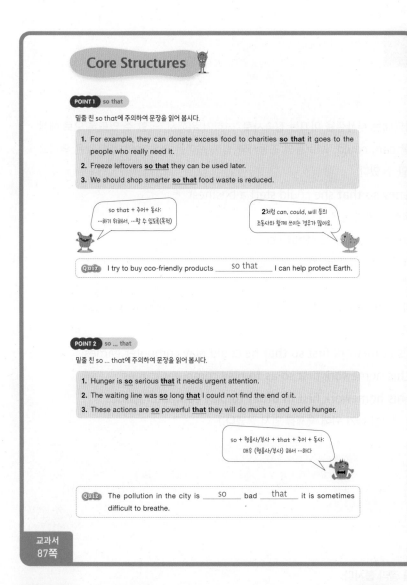

Core Structures

POINT 1 so that

밑줄 친 so that에 주의하여 문장을 읽어 봅시다.

1. For example, they can donate excess food to charities **so that** it goes to the people who really need it.
2. Freeze leftovers **so that** they can be used later.
3. We should shop smarter **so that** food waste is reduced.

> so that + 주어 + 동사:
> …하기 위해서, …할 수 있도록(목적)

> **2**처럼 can, could, will 등의 조동사와 함께 쓰이는 경우가 많아요.

Quiz I try to buy eco-friendly products ___so that___ I can help protect Earth.

POINT 2 so ... that

밑줄 친 so ... that에 주의하여 문장을 읽어 봅시다.

1. Hunger is **so** serious **that** it needs urgent attention.
2. The waiting line was **so** long **that** I could not find the end of it.
3. These actions are **so** powerful **that** they will do much to end world hunger.

> so + 형용사/부사 + that + 주어 + 동사:
> 매우 (형용사/부사) 해서 …하다

Quiz The pollution in the city is ___so___ bad ___that___ it is sometimes difficult to breathe.

교과서 87쪽

---

1 so that

1. 예를 들어, 정말로 필요한 사람들에게 갈 수 있도록 그들은 여분의 식량을 자선 단체에 기부할 수 있다.
2. 나중에 사용될 수 있도록 남은 음식을 냉동해라.
3. 우리는 음식 쓰레기가 줄어들 수 있도록 더 똑똑하게 쇼핑해야 한다.

Quiz. 나는 지구를 보호하는 데 도움이 될 수 있도록 친환경 제품들을 구입하려고 노력한다.

2 so ... that

1. 굶주림은 매우 심각해서 긴급한 관심이 필요하다.
2. 대기 줄이 너무 길어서 나는 그 끝을 찾을 수 없었다.
3. 이러한 행동들은 매우 강력해서 세계의 굶주림을 끝내는 데 크게 기여할 것이다.

Quiz. 그 도시의 공해는 매우 나빠서 때때로 숨쉬기가 힘들다.

POINT 1 so that 예문 해설

1. 여분의 식량이 정말로 필요한 사람들에게 가게 하려는 목적을 위해 자선 단체에 기부할 수 있다는 내용이므로, it goes ... 앞에 '…하기 위해서, …할 수 있도록'이라는 의미의 so that이 쓰였다.

2. 남은 음식이 나중에 사용되게 하려는 목적을 위해 냉동하라는 내용이므로 they can ... 앞에 so that이 쓰였다.

3. 음식 쓰레기를 줄이려는 목적을 위해 더 똑똑하게 쇼핑해야 한다는 내용이므로 food waste ... 앞에 so that이 쓰였다.

POINT 2 so ... that 예문 해설

1. 굶주림이 '매우 심각해서' 긴급한 관심이 필요한 것이므로 so와 that 사이에 형용사 serious가 쓰였다. 'so + 형용사/부사 + that + 주어 + 동사'는 '매우 (형용사/부사)해서 …하다'라는 의미를 나타낸다.

2. 대기 줄이 '너무 길어서' 그 끝을 찾을 수 없는 것이므로, so와 that 사이에 형용사 long이 쓰였다.

3. 이러한 행동들이 '매우 강력해서' 세계의 굶주림을 끝내는 데 기여하는 것이므로 so와 that 사이에 형용사 powerful이 쓰였다.

어휘 freeze ⑧ 얼리다   eco-friendly ⑲ 친환경적인   product ⑲ 생산물, 제품   urgent ⑲ 긴급한   attention ⑲ 주의, 관심
action ⑲ 행동   powerful ⑲ 강력한   sometimes ⑼ 때때로, 가끔

Point 1

so that

so that은 목적을 나타내는 부사절을 이끄는 접속사로 '…하기 위해서, …할 수 있도록'으로 해석한다. so that은 보통 can, could, will 등의 조동사와 함께 쓰이는 경우가 많으며, 같은 의미로 in order that이 쓰일 수 있다.

- Emma saved money **so that** she could start a business.
  (엠마는 사업을 시작하기 위해 돈을 모았다.)
- Mom made a sandwich **in order that** I could eat it for lunch.
  (엄마는 내가 점심에 먹을 수 있도록 샌드위치를 만들었다.)

목적을 나타내기 위하여 so that과 같은 접속사 이외에 so as to, in order to 등과 같은 to 부정사 구문을 사용할 수 있다.

- Jason finished his homework first **so that** he could play computer games.
  = Jason finished his homework first **so as to** play computer games.
  = Jason finished his homework first **in order to** play computer games.
  (제이슨은 컴퓨터 게임을 하기 위해 숙제를 먼저 끝냈다.)

Check Up

1 다음 괄호 안에서 어법상 알맞은 것을 골라 봅시다.

(1) The article was written clearly (so that / so as to) readers could learn about the topic.

(2) My parents saved money (in order that / in order to) take a trip to Europe.

2 다음이 자연스러운 문장이 되도록 알맞은 것끼리 연결해 봅시다.

(1) He left home early •   • ⓐ so that he could solve the problem more easily.

(2) He wrote a book •   • ⓑ so that he wouldn't get caught in a traffic jam.

(3) He asked for help •   • ⓒ so that he could entertain readers with his stories.

3 다음 괄호 안의 단어를 바르게 배열하여 문장을 완성해 봅시다.

(1) You need to log in first _____.

(that / can / you / your / email / so / check)

(2) The teacher spoke clearly _____.

(so / could / that / understand / we / him)

▶ Answers p. 212

Point 2

so ... that

'so + 형용사/부사 + that + 주어 + 동사'는 '매우 (형용사/부사)해서 …하다'라는 의미로, that 이하의 절은 결과를 나타낸다. 'such + 명사(구) + that + 주어 + 동사'도 결과를 나타내며, so ... that 구문과는 다르게 such와 that 사이에 명사(구)가 들어가는 것에 유의한다.

• The student was **so** focused **that** he couldn't hear anything.
　　　　　　　　　형용사
　(그 학생은 매우 집중해서 아무것도 들을 수 없었다.)

• She was **such** a lovely baby **that** everyone loved her.
　　　　　　　　명사구
　(그녀는 매우 사랑스러운 아기여서 모두가 그녀를 사랑했다.)

'too + 형용사/부사 + to 부정사(너무 …해서 ~할 수 없다)' 구문을 다음과 같이 so ... that 구문 (so + 형용사/부사 + that + 주어 + can't/couldn't + 동사)으로 바꿔 쓸 수 있다.

• He was **too** nervous **to** give a speech.
　= He was **so** nervous **that** he **couldn't** give a speech.
　(그는 너무 긴장해서 연설을 할 수가 없었다.)

Check Up

1 다음 괄호 안에서 어법상 알맞은 것을 골라 봅시다.

(1) The book was (so / such) interesting that I read it three times.

(2) It was (so / such) a beautiful day that we decided go outside.

(3) The soldier was (so / such) injured that he couldn't walk anymore.

2 다음 두 문장이 같은 뜻이 되도록 빈칸에 알맞은 말을 써 봅시다.

(1) The soup is too hot for me to eat right now.

　= The soup is ＿＿＿＿＿ ＿＿＿＿＿ for me that I ＿＿＿＿＿ ＿＿＿＿＿ it right now.

(2) The dress was too expensive for her to buy.

　= The dress was ＿＿＿＿＿ ＿＿＿＿＿ that she ＿＿＿＿＿ ＿＿＿＿＿ it.

3 다음 괄호 안의 어구를 바르게 배열하여 문장을 완성해 봅시다.

(1) I was ＿＿＿＿＿＿＿＿＿＿＿＿＿＿＿＿＿＿＿＿＿＿＿＿＿.

　　　(I couldn't / that / stop smiling / so happy)

(2) The mountain was ＿＿＿＿＿＿＿＿＿＿＿＿＿＿＿＿＿＿＿＿＿＿.

　　　(climbing it / so steep / gave up / people / that)

▶ Answers p. 212

so that

1 문맥상 다음 빈칸에 알맞지 <u>않은</u> 것을 골라 봅시다.

I turned off the radio so that I could _____.

① focus on reading   ② turn up the volume

③ enjoy the silence   ④ make an important phone call

⑤ hear the birds singing

2 다음 중 빈칸에 들어갈 말이 나머지와 다른 것을 골라 봅시다.

① Harry opened the umbrella _____ he wouldn't get wet.

② I borrowed some books _____ I could get some information.

③ The boy can't go to the movies _____ he has a lot of homework.

④ Lisa practiced English _____ she could communicate with foreigners.

⑤ I woke up early _____ I wouldn't be late.

3 밑줄 친 부분이 어법상 맞으면 ○ 표시를 하고, 틀린 부분이 있으면 어법에 맞게 고쳐 봅시다.

(1) Dad went to the market <u>so that</u> he could buy fresh vegetable.

(2) I went to the dentist's <u>in order that</u> pull out my wobbly tooth.

(3) Dr. Schweizer went to Africa <u>so that</u> he could take care of the sick people.

4 주어진 상자에서 알맞은 표현을 골라 문장을 완성해 봅시다. (단, 상자 안의 단어를 한 번씩만 사용할 것)

get a flu shot   make some cookies

protect your head   write a thank-you note to Dad

(1) He went to see the doctor in order to _____.

(2) She chose a card so that she could _____.

(3) He bought some flour so that he could _____.

(4) When you ride a bicycle, you should wear a helmet so as to

_____.

so ... that

Memo

1 다음 괄호 안에서 알맞은 것을 골라 봅시다.

(1) It was (so / such) bitter that I had to drink water immediately.

(2) He worked (so / such) hard that he often forgot to take breaks.

(3) Oliver is (so / such) a great baker that everyone wants to eat his cake.

(4) The story was (so / such) thrilling that I couldn't take my eyes off the book.

2 밑줄 친 부분이 어법상 맞으면 ○ 표시를 하고, 틀린 부분이 있으면 어법에 맞게 고쳐 봅시다.

(1) He is too weak <u>that</u> run a marathon.

(2) It was <u>so</u> a hot food that I kept drinking cold water.

(3) I was so scared <u>that</u> I couldn't ride the roller coaster.

(4) The road was <u>such</u> icy that I had to be careful when driving.

3 〈보기〉와 같이 so ... that을 사용하여 두 문장을 한 문장으로 연결해 봅시다.

| 보기 |
The movie was very scary. + I had to cover my eyes.
→ The movie was so scary that I had to cover my eyes.

(1) The music was very loud. + I couldn't hear the conversation.

→ _____

(2) The park was very crowded. + We couldn't find a place to relax.

→ _____

(3) The puzzle was very challenging. + He had to ask for help.

→ _____

4 문맥상 다음 빈칸에 알맞은 말을 주어진 상자에서 골라 봅시다.

(1) The wind was so strong _____.

(2) He is so shy _____.

(3) His song was so touching _____.

ⓐ that everyone wanted to hear it again
ⓑ that walking outside was difficult
ⓒ that he rarely raises his hand in class.

Topic Preview

FOCUS ON TOPIC

1 가장 심각하다고 생각하는 환경 문제를 각자 두 개씩 골라 봅시다. 학급 전체의 의견을 모아 도표로 나타내 봅시다.

Air Pollution Water Pollution Soil Pollution Light Pollution Noise Pollution

What Do You Think Is the Most Serious Pollution?

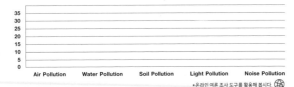

35
30
25
20
15
10
5
0

Air Pollution   Water Pollution   Soil Pollution   Light Pollution   Noise Pollution

*온라인 여론 조사 도구를 활용해 봅시다.

2 식품의 이동 경로를 보고, 어디에서 가장 많은 식품이 손실될지 생각해 봅시다.

On farms → After harvest → During processing

Where Does Food Get Lost or Wasted?

At home or in restaurants ← In markets or stores

1
Air Pollution 대기 오염
Water Pollution 수질 오염
Soil Pollution 토양 오염
Light Pollution 빛 공해
Noise Pollution 소음 공해

여러분은 가장 심각한 오염이 무엇이라고 생각합니까?

2
식량은 어디에서 손실되거나 버려지는가?
On farms 농장에서
After harvest 수확 후
During processing 가공 중에
In markets or stores
시장 또는 상점에서
At home or in restaurants
가정이나 식당에서

교과서 88쪽

배경지식 LEVEL UP 다양한 환경 문제

1. 대기 오염
대기 오염은 공기 중에 나쁜 물질이 섞여서 발생하는 문제로, 주로 자동차 배출 가스, 공장 연기, 그리고 화석 연료의 연소에서 나오는 유해 물질들이 원인이다. 대기 오염은 호흡기 질환과 같은 건강 문제를 일으킬 수 있다.

2. 수질 오염
수질 오염은 강, 호수, 바다와 같은 물이 더럽혀지는 현상으로, 주로 공장 폐수, 농약, 플라스틱 쓰레기 등이 물에 들어가면서 발생한다. 수질 오염은 물고기와 다른 생물에게 해롭고, 우리가 마시는 물의 안전성에도 영향을 줄 수 있다.

3. 토양 오염
토양 오염은 땅이 화학 물질이나 쓰레기로 더럽혀지는 현상이다. 주로 산업 활동, 농약 사용, 쓰레기 매립 등에서 발생하며, 이는 식물과 동물에 해를 줄 수 있으며, 우리의 식량 안전에도 영향을 미칠 수 있다.

4. 빛 공해
빛 공해는 불필요한 인공 조명이 밤하늘을 밝게 만들어 자연의 어둠을 방해하는 현상이다. 이는 별을 관찰하기 어렵게 하고, 야생 동물의 생활 리듬에도 영향을 줄 수 있으며, 사람들에게 수면 문제를 일으킬 수 있다.

5. 소음 공해
소음 공해는 불필요한 소음이 주변 환경을 방해하는 현상이다. 주로 교통 소음, 공사 소음, 음악 소음 등이 원인이 되며, 이는 사람들의 생활에 스트레스를 주고 집중력을 떨어뜨릴 수 있다. 또한, 소음 공해는 귀에 해롭고 수면에 방해가 될 수 있다.

NEW WORDS

본문의 주요 어휘와 표현을 익혀 봅시다.

hunger	기아, 굶주림		standard	기준, 표준
shockingly	놀랍게도, 충격적이게도		end up as	결국 …이 되다
increase	증가하다		garbage	쓰레기, 쓰레기장
urgent	긴급한		definitely	분명히, 틀림없이
lack	부족		donate	기부하다
produce	생산하다; 농산물		excess	초과한; 초과량
factor	요인, 인자		charity	자선 단체
take place	(일이) 일어나다, 발생하다		consumer	소비자
harvest	수확하다; 수확		effective	효과적인
damage	손상을 주다; 손상		prevent	막다, 방지하다
throw away	버리다		individual	개인의; 개인
on one's way to	…로 가는 도중에		leftover	남은 음식
transport	수송하다, 운반하다		hesitate	망설이다
process	가공하다; 과정		achieve	달성하다, 성취하다
product	생산물, 제품		free from	…을 면한, …의 염려가 없는

WORDS Practice ❶

다음 어휘나 표현의 우리말 뜻을 찾아 그 번호를 써 봅시다.

▶ Answers p. 213

01 standard ⚪	16 end up as ⚪
02 process ⚪	17 increase ⚪
03 charity ⚪	18 donate ⚪
04 hunger ⚪	19 lack ⚪
05 produce ⚪	20 leftover ⚪
06 excess ⚪	21 free from ⚪
07 effective ⚪	22 garbage ⚪
08 hesitate ⚪	23 factor ⚪
09 take place ⚪	24 achieve ⚪
10 transport ⚪	25 damage ⚪
11 product ⚪	26 definitely ⚪
12 prevent ⚪	27 individual ⚪
13 shockingly ⚪	28 urgent ⚪
14 consumer ⚪	29 throw away ⚪
15 on one's way to ⚪	30 harvest ⚪

① 결국 …이 되다
② 부족
③ 막다, 방지하다
④ 달성하다, 성취하다
⑤ 생산물, 제품
⑥ 수송하다, 운반하다
⑦ 가능하나; 과성
⑧ 생산하다; 농산물
⑨ 망설이다
⑩ 수확하다; 수확
⑪ 분명히, 틀림없이
⑫ 효과적인
⑬ …을 면한, …의 염려가 없는
⑭ 요인, 인자
⑮ 쓰레기, 쓰레기장
⑯ 자선 단체
⑰ 기아, 굶주림
⑱ 개인의; 개인
⑲ 소비자
⑳ 손상을 주다; 손상
㉑ 기준, 표준
㉒ …로 가는 도중에
㉓ 기부하다
㉔ (일이) 일어나다, 발생하다
㉕ 증가하다
㉖ 버리다
㉗ 남은 음식
㉘ 놀랍게도, 충격적이게도
㉙ 긴급한
㉚ 초과한; 초과량

▶ Answers p. 213

01 생산하다; 농산물	16 증가하다
02 놀랍게도, 충격적이게도	17 초과한; 초과량
03 자선 단체	18 소비자
04 망설이다	19 가공하다; 과정
05 손상을 주다; 손상	20 분명히, 틀림없이
06 달성하다, 성취하다	21 남은 음식
07 효과적인	22 기부하다
08 …로 가는 도중에	23 긴급한
09 결국 …이 되다	24 개인의; 개인
10 막다, 방지하다	25 요인, 인자
11 수확하다; 수확	26 기준, 표준
12 (일이) 일어나다, 발생하다	27 버리다
13 수송하다, 운반하다	28 쓰레기, 쓰레기장
14 생산물, 제품	29 …을 면한, …의 염려가 없는
15 기아, 굶주림	30 부족

① garbage
② transport
③ achieve
④ shockingly
⑤ free from
⑥ charity
⑦ throw away
⑧ effective
⑨ donate
⑩ excess
⑪ process
⑫ increase
⑬ individual
⑭ consumer
⑮ urgent
⑯ prevent
⑰ harvest
⑱ definitely
⑲ on one's way to
⑳ take place
㉑ standard
㉒ damage
㉓ produce
㉔ leftover
㉕ factor
㉖ end up as
㉗ hesitate
㉘ lack
㉙ hunger
㉚ product

Food for Thought

❶ Do you know <u>how many people die from hunger?</u> ❷ Shockingly, <u>nine million people</u>
간접 의문문   주어

<u>in the world</u> die from hunger every year, and that number is increasing. ❸ Hunger is <u>so</u>
동사   매우 ~해서

serious <u>that</u> it needs urgent attention. ❹ However, global hunger is not <u>due to</u> a lack of
···하다   = because of

food. ❺ We produce <u>enough food</u> to feed everyone on Earth. ❻ The key factor behind the
형용사적 용법

problem is food waste.

1 A lack of food is the main cause of global hunger. T /Ⓕ
(식량 부족은 세계적인 굶주림의 주요 원인이다.)

어휘 **die from** …으로 죽다   **hunger** 몡 기아, 굶주림   **increase** 용 증가하다   **serious** 혱 심각한   **urgent** 혱 긴급한
attention 몡 주의, 관심   **global** 혱 세계적인   **due to** … 때문에   **lack** 몡 부족   **produce** 용 생산하다 몡 농산물
feed 용 먹이다, 먹이를 주다   **factor** 몡 요인, 인자   **behind** 젠 …의 이면에   **waste** 몡 쓰레기

생각해 볼 만한 음식 이야기

❶ 당신은 얼마나 많은 사람들이 굶주림으로 사망하는지 알고 있는가? ❷ 충격이게도, 매년 전 세계에서 9백만 명의 사람들이 굶주림으로 사망하며, 그 수는 증가하고 있다. ❸ 굶주림은 매우 심각해서 긴급한 관심이 필요하다. ❹ 하지만 세계적인 굶주림은 식량 부족 때문이 아니다. ❺ 우리는 지구상의 모든 사람을 먹일 만큼 충분한 식량을 생산한다. ❻ 그 문제의 이면에 있는 핵심 요인은 음식 쓰레기이다.

❶ Do you know **how many people die from hunger**?
- how many people die from hunger는 동사 know의 목적어로 쓰인 명사절이며 간접 의문문이다. 간접 의문문은 '의문사+주어+동사'의 형태로, 여기에서는 how many people 자체가 주어이기 때문에 뒤에 동사인 die가 이어진다.
- people(사람들)이 셀 수 있는 명사이므로 앞에 how many가 쓰였다. how many 뒤에는 셀 수 있는 명사, how much 뒤에는 셀 수 없는 명사가 오는 것에 유의한다.

❷ Shockingly, nine million people in the world die from hunger every year, and **that number** is increasing.
- that number는 앞에서 언급한 굶주림으로 사망하는 사람의 수를 가리킨다.

❸ Hunger is **so** serious **that** it needs urgent attention.
- 'so+형용사/부사+that+주어+동사' 구문으로 '매우 (형용사/부사)해서 …하다'라는 의미를 나타내며, that 이하의 절이 결과의 의미를 갖는다.

❹ However, global hunger is not **due to** a lack of food.
- due to는 '… 때문에'라는 의미이며, to는 전치사이므로 뒤에는 명사(구)가 온다.

❺ We produce enough food **to feed** everyone on Earth.
- 여기서 to feed는 to 부정사의 형용사적 용법으로 앞의 명사구인 enough food를 수식하고 있다.

간접 의문문

'의문사+주어+동사'의 형태이며, 문장에서 주어, 목적어, 보어의 역할을 한다. 의문사가 주어인 경우는 뒤에 동사가 이어진다.

I don't know. + Where can I find it?

→ I don't know **where I can find it**. (나는 내가 어디에서 그것을 찾을 수 있는지 모른다.)

She doesn't remember. + Who called her? (의문사가 주어인 경우)

→ She doesn't remember **who called her**. (그녀는 누가 그녀에게 전화를 했는지 기억하지 못한다.)

to 부정사의 형용사적 용법

to 부정사는 명사(구)를 뒤에서 수식하는 형용사적 용법으로 쓰일 수 있으며, 이 경우 '…할, …하는'으로 해석한다.

There are many interesting places **to visit** in Korea. (한국에는 방문할 흥미로운 장소가 많다.)

Check Up

▶ Answers
p. 213

1 다음 우리말과 같은 뜻이 되도록 괄호 안의 표현을 바르게 배열해 봅시다.

> 너는 누가 쿠키를 훔쳐 갔는지 아니?
>
> → _____
>
> (stole / who / do you / the cookies / know)

2 다음 중 밑줄 친 부분의 쓰임이 다른 것을 골라 봅시다.

① Amy has many friends to help her.　② Do you have something to eat?
③ I want a book to read.　④ I need time to think about it.
⑤ They felt happy to hear the news.

❶ Where Does Food Get Lost or Wasted?

❷ [More than one-third of the food that we produce] is lost or wasted across the supply
　　　주어(단수)　　　　　　　　　　　↑　　　　　　　동사(수동태)
　　　　　　　　　　　　　　　　|　관계 대명사절 |

chain. ❸ But exactly how much loss or waste takes place at each step?
　　　　　　　　　　　주어(단수)

-11%　　　On farms

❹ Eleven percent is lost. ❺ Farms often grow more food

than their workers can harvest, so they leave some of

it in the fields. ❻ Also, while grains or vegetables are
　　　　　　　　　　　　접속사(~하는 동안)

being harvested, they can be damaged and thrown away.
현재 진행 수동태　　　　　　조동사+수동태

After Harvest

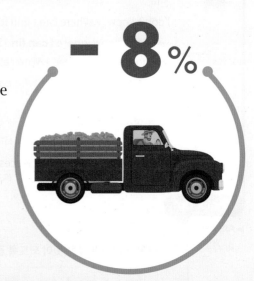

-8%

❼ Eight percent is lost. ❽ Fresh produce can be
　　　　　　　　　　　　　　　　'농산물'

damaged on its way to markets. ❾ Food can also be

damaged when it is transported from farms to factories
　　　　　종속 접속사

for processing.
　동명사

2　Why do farms leave some food in the field?
　（농장들은 왜 식량의 일부를 밭에 남겨두는가?）
　정답 It is because they (often) grow more food than their workers can harvest.
　（그건 그들이 (종종) 일꾼들이 수확할 수 있는 것보다 더 많은 식량을 재배하기 때문이다.）

어휘 **supply chain** (상품의) 연쇄적인 생산 및 공급 과정　　**exactly** 부 정확히　　**loss** 명 손실, 분실　　**take place** (일이) 일어나다, 발생하다
harvest 명 수확 동 수확하다　　**leave** 동 남기다　　**damage** 동 손상을 주다 명 손상　　**throw away** 버리다　　**on one's way to**
…로 가는 도중에　　**transport** 동 수송하다, 운반하다　　**factory** 명 공장　　**process** 동 가공하다 명 과정

❶ 식량은 어디에서 손실되거나 버려지는가?

❷ 우리가 생산하는 식량의 3분의 1 이상이 공급망 전반에 걸쳐 손실되거나 버려진다. ❸ 하지만 각 단계에서 정확히 얼마나 많이 손실되거나 버려질까?

(농장에서) ❹ 11퍼센트가 손실된다. ❺ 농장들은 종종 일꾼들이 수확할 수 있는 것보다 더 많은 식량을 재배해서, 그것의 일부를 밭에 남겨둔다. ❻ 또한 곡물이나 채소는 수확되는 동안 손상되고 버려질 수 있다.

(수확 후) ❼ 8퍼센트가 손실된다. ❽ 신선한 농산물은 시장으로 가는 도중에 손상될 수 있다. ❾ 식량이 가공을 위해 농장에서 공장까지 운송될 때에도 손상될 수 있다.

❷ More than **one-third of the food that we produce is** lost or wasted across the supply chain.
- one-third는 분수 표현으로 1/3을 의미한다.
- 목적격 관계 대명사 that이 이끄는 절 that we produce가 앞의 선행사 the food를 수식하고 있다. food는 셀 수 없는 명사로 단수 취급하므로 동사 역시 단수형인 is가 쓰였다.

❸ But exactly **how much loss or waste takes** place at each step?
- how much 뒤에는 셀 수 없는 명사가 오며 단수로 취급하므로, 동사도 단수형인 takes가 쓰였다.

❻ Also, while grains or vegetables **are being harvested**, they **can be damaged** and **thrown away**.
- are being harvested는 'be동사+being+과거 분사' 형태의 현재 진행 수동태로 '수확되는 중이다'라고 해석한다.
- can be damaged와 같이 조동사가 있는 수동태는 '조동사+be+과거 분사'의 형태를 취하며, 여기서 damaged와 thrown away는 병렬 구조를 이룬다.

❾ Food can also be damaged **when it** is transported **from farms to factories** for processing.
- when은 시간을 나타내는 절을 이끄는 접속사이고, it은 앞에 나온 food를 가리킨다.

분수 표현
분수를 나타낼 때는 분자는 기수(one, two, three, ...)로 표현하고, 분모는 서수(first, second, third, ...)로 표현한다. 분자가 2 이상인 경우, 분모에 s를 붙여 복수형으로 쓴다.
1/3 = one-third   2/5 = two-fifths
1/2 = one half / a half   1/4 = one-fourth / a quarter

현재 진행 수동태
현재 진행 수동태는 'be동사+being+과거 분사'의 형태이며 '…되는 중이다'라고 해석한다.
The house **is being painted** a new color. (그 집은 새로운 색깔로 칠해지는 중이다)
A new bridge **is being built** over the river. (강 위에 새 다리가 건설되고 있다.)

Check Up

▶ Answers p. 213

1 다음 중 분수 표현이 바르지 <u>않은</u> 것을 모두 골라 봅시다.
① 1/2 = a half   ② 3/7 = three-seven   ③ 1/5 = one-fifth
④ 5/8 = five-eighths   ⑤ 1/4 = a quarters

2 다음 문장에서 어법상 어색한 단어를 찾아 바르게 고쳐 봅시다.

Grains or vegetables can be damaged and throw away.

3 다음 우리말과 같은 뜻이 되도록 괄호 안의 단어를 알맞은 형태로 바꿔 봅시다.

파티를 위한 케이크가 구워지는 중이다.
= The cake is _____ _____ for the party. (bake)

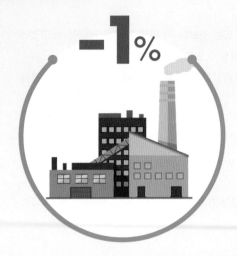

During processing

❶ One percent is lost. ❷ When fresh food like potatoes is
(접속사(시간))
processed to <u>make</u> a product such as potato chips, some
(부사적 용법(~하기 위해))
may be thrown away for <u>not meeting</u> standards. ❸ Food
(동명사의 부정)
can also go to waste <u>due to</u> problems in the factory, such
(= because of)
as machine failures.

In markets or stores

❹ Six percent is wasted. ❺ A store often orders more food

than people will buy, so some <u>unsold food</u> is thrown away.
(과거 분사)

❻ Or, <u>if a bunch of bananas</u> spoil too soon, shoppers may
(접속사(조건))

not buy <u>them</u>, and this ends up as garbage.

At home or in restaurants

❼ Ten percent is wasted. ❽ Families or businesses

sometimes buy more food than they need. ❾ They also

try <u>a new product that nobody likes</u>, and in the end, <u>it</u>
(관계 대명사절)
becomes garbage. ❿ Food can also go bad before it is
('상하다')
consumed. ⓫ All this adds to waste.

3 What percent of food is wasted in markets or stores? (시장 또는 상점에서 몇 퍼센트의 식품이 낭비되는가?)
(정답) Six percent of food is wasted (in markets or stores). (6퍼센트의 식품이 낭비된다.)

(Over to you) **1** In which step of the supply chain can you make a difference?
(여러분은 생산 및 공급 과정의 어느 단계에서 변화를 가져올 수 있는가?)
(Sample) I can make a difference at home. (나는 집에서 변화를 가져올 수 있다.)

(어휘) **product** ⑲ 생산물, 제품　**standard** ⑲ 기준, 표준　**machine** ⑲ 기계　**failure** ⑲ 실패　**unsold** ⑱ 팔리지 않은
a bunch of 다수의, 한 다발의　**spoil** ⑧ (음식이) 상하다, 망치다　**shopper** ⑲ 쇼핑객　**end up as** 결국 …이 되다
garbage ⑲ 쓰레기, 쓰레기장　**go bad** (음식이) 상하다　**consume** ⑧ 소비하다, 먹다　**add to** …을 늘리다

해석

(가공 중에) ❶ 1퍼센트가 손실된다. ❷ 감자와 같은 신선한 식량이 감자칩 같은 제품을 만들기 위해 가공될 때, 일부는 기준을 충족하지 못해 폐기될 수 있다. ❸ 식량은 기계 결함 같은 공장 내의 문제들 때문에 버려질 수도 있다.

(시장 또는 상점에서) ❹ 6퍼센트가 버려진다. ❺ 상점은 종종 사람들이 살 것보다 더 많은 식품을 주문해서 안 팔린 몇몇 식품은 버려진다. ❻ 혹은, 바나나 한 다발이 너무 빨리 상하면 쇼핑객들은 그것을 사지 않을 것이며 이는 결국 쓰레기가 된다.

(가정이나 식당에서) ❼ 10퍼센트가 낭비된다. ❽ 가정이나 사업체는 때때로 필요한 것보다 더 많은 식품을 구입한다. ❾ 그들은 또한 아무도 좋아하지 않는 새로운 제품을 시도하고, 결국 그것은 쓰레기가 된다. ❿ 식품은 또한 소비되기 전에 상할 수 있다. ⓫ 이 모든 것이 쓰레기를 증가시킨다.

구문 해설

❷ **When fresh food like potatoes is processed to make** a product such as potato chips, some may be thrown away **for not meeting** standards.
- when이 이끄는 부사절의 주어가 셀 수 없는 명사인 fresh food like potatoes이므로 동사도 단수형인 is processed가 쓰였다.
- to make는 to 부정사의 부사적 용법으로 목적(…을 위해)을 나타낸다.
- for not meeting standards에서 for가 전치사이므로 동명사인 meeting이 사용되었고, 동명사의 부정은 동명사 앞에 부정어 not이나 never를 붙여 표현한다.

❺ A store often orders **more** food **than** people will buy, so some **unsold** food is thrown away.
- more ... than은 비교급으로 '…보다 더 ~한'이라는 의미를 나타낸다.
- unsold는 '팔리지 않은'이라는 의미로 과거 분사 형태의 형용사이며, 바로 뒤 명사 food를 수식하고 있다.

❻ Or, **if** a bunch of bananas spoil too soon, shoppers may not buy **them**, and this ends up as garbage.
- if는 조건을 나타내는 부사절을 이끄는 접속사로 '만약 …라면'이라는 의미를 나타낸다.
- them은 앞에 나온 a bunch of bananas를 가리킨다.

❾ They also try a new product **that** nobody likes, and in the end, it becomes garbage.
- that은 a new product를 선행사로 하는 목적격 관계 대명사이며, which로 바꿔 쓸 수 있다.

문법 톡톡

to 부정사의 부사적 용법
to 부정사는 목적, 감정의 원인, 결과 등 다양한 부사적 의미를 나타낼 수 있다.
My grandparents came **to see** me last night. 〈목적〉 (조부모님이 어젯밤에 나를 보기 위해 오셨다.)
I was surprised **to meet** her again. 〈감정의 원인〉 (나는 그녀를 다시 만나서 놀랐다.)
She grew up **to be** a doctor. 〈결과〉 (그녀는 자라서 의사가 되었다.)

관계 대명사 that
관계 대명사 that은 선행사가 사람, 사물, 동물 중 어느 경우라도 쓸 수 있다, 주격, 목적격이 같은 형태이며 소유격은 존재하지 않는다. 선행사가 사람인 경우, 주격이면 who, 목적격이면 who(m)로 바꿔 쓸 수 있으며, 선행사가 사물, 동물인 경우, 주격과 목적격 모두 which로 바꿔 쓸 수 있다.
Sam loved the toy **that**(= which) his father gave him. (샘은 아버지가 준 장난감을 매우 좋아했다.)
She was the girl **that**(= whom, who) I talked about. (그녀가 내가 말했던 소녀이다.)

Check Up

▶ Answers p. 213

1 다음 각 문장의 밑줄 친 that을 다른 관계 대명사로 바꿔 써 봅시다.

(1) I have a friend <u>that</u> wrote a famous novel.
(2) This is the recipe <u>that</u> I used to make kimchi.
(3) He is the man <u>that</u> I met at the park.

2 다음 문장의 밑줄 친 부분을 우리말로 해석해 봅시다.

She picked up the phone <u>to call the police</u>.

❶ So What Can We Do?

❷ Does it really have to be like this? ❸ Definitely not, and all of us should make efforts to reduce
부사적 용법(~하기 위해)
food waste across the whole food supply chain.

(that/which)
❹ Things people can do together

❺ We can use technology to reduce food waste.
부사적 용법(~하기 위해)

❻ AI programs, for example, can tell us how much
의문사 + to 부정사①
to plant, where to send the harvested food, and how
②   과거 분사   ③
to store it longer. ❼ Farmers would also be able to sell
= the harvested food
"ugly" or partly damaged food at lower prices instead of
과거 분사
throwing it away. ❽ There are things that markets, stores, or
동명사   관계 대명사절
restaurants can do as well. ❾ For example, they can donate excess
food to charities so that it goes to the people who really need it.
…할 수 있도록   관계 대명사절

4 What can AI programs do to reduce food waste?
   (음식 쓰레기를 줄이기 위해 인공지능 프로그램은 무엇을 할 수 있는가?)
   정답 They can tell us how much to plant, where to send the harvested food, and how to store it longer.
   (그것은 얼마나 많이 심어야 하는지, 수확된 식량을 어디로 보내야 하는지, 그것을 어떻게 더 오래 보관하는지를 우리에게 알려줄
   수 있다.)
5 What can farmers do with "ugly" or partly damaged food?
   (농부들은 '못생긴' 또는 부분적으로 손상된 식량으로 무엇을 할 수 있는가?)
   정답 They can sell "ugly" or partly damaged food at lower prices instead of throwing it away.
   (그들은 못생겼거나 부분적으로 손상된 식량을 버리는 대신 더 낮은 가격에 팔 수 있다.)

어휘 **definitely** 🄬 분명히, 틀림없이   **make efforts** 노력하다   **reduce** 🄭 줄이다   **whole** 🄵 전체의   **together** 🄬 함께, 같이
technology 🄴 (과학) 기술   **plant** 🄭 (나무·씨앗 등을) 심다   **store** 🄭 저장하다   **ugly** 🄵 못생긴   **partly** 🄬 부분적으로
instead of … 대신에   **as well** 또한, 역시   **donate** 🄭 기부하다   **excess** 🄵 초과한 🄴 초과량   **charity** 🄴 자선 단체

❶ 그렇다면 우리는 무엇을 할 수 있을까?

❷ 정말로 이래야만 하는 걸까? **❸** 절대 그렇지 않으며, 우리 모두는 전체 식량 공급망에 걸쳐 음식 쓰레기를 줄이기 위해 노력해야 한다.

(**❹** 사람들이 함께 할 수 있는 일들) **❺** 우리는 음식 쓰레기를 줄이기 위해 기술을 활용할 수 있다. **❻** 예를 들어, 인공지능 프로그램은 얼마나 많이 심어야 하는지, 수확한 식량을 어디로 보내야 하는지, 그리고 그것을 어떻게 더 오래 보관할 수 있는지를 우리에게 알려줄 수 있다. **❼** 농부들은 '못생긴' 또는 부분적으로 손상된 식량을 버리는 대신 더 낮은 가격에 팔 수도 있을 것이다. **❽** 시장, 상점, 또는 식당이 할 수 있는 일들도 있다. **❾** 예를 들어, 그들은 여분의 식량이 정말로 필요한 사람들에게 갈 수 있도록 자선 단체에 기부할 수 있다.

❸ Definitely not, and all of us should make efforts **to reduce** food waste across the whole food supply chain.
- to reduce food waste는 to 부정사의 부사적 용법으로 목적(…을 위해)을 나타낸다.

❹ Things people can do together
- Things와 people 사이에 목적격 관계 대명사 that/which가 생략되어 있다. 목적격 관계 대명사는 생략할 수 있다.

❻ AI programs, for example, can tell us **how much to plant, where to send** the harvested food, and **how to store it** longer.
- 의문사인 how much, where, how와 to 부정사가 결합한 명사구가 동사 tell의 직접 목적어 역할을 하고 있으며, and로 이어진 병렬 구조로 각각 '얼마나 많이 …할지를, 어디로 …할지를, 어떻게 …할지를'로 해석할 수 있다.
- it이 가리키는 것은 앞에 나온 the harvested food이다.

❽ There are things **that** markets, stores, or restaurants can do **as well**.
- 목적격 관계 대명사 that이 이끄는 절이 선행사 things를 수식하고 있다.

❾ For example, they can donate excess food to charities **so that** it goes to the people **who** really need it.
- so that은 목적을 나타내며 '…하기 위해서, …할 수 있도록'으로 해석한다.
- people who really need it에서 선행사 people이 사람이므로 주격 관계 대명사 who가 사용되었다. 여기서 who는 that으로 바꿔 쓸 수 있다.

의문사 + to 부정사

'의문사+to 부정사'는 명사구로, 주어, 목적어, 보어로 쓰이며 '의문사+주어+should+동사 원형'으로 바꿔 쓸 수 있다.

what		무엇을 …할지
where	+ to 부정사	어디로 …할지
when		언제 …할지
how		어떻게 …할지

I don't know **what to wear**. (나는 무엇을 입어야 할지 모르겠다.)
= I don't know **what I should wear**.

Check Up

▶ Answers
p. 213

1 다음 문장의 밑줄 친 부분을 우리말로 해석해 봅시다.

Mom showed me how to take care of a cat.

2 다음 우리말과 같은 뜻이 되도록 괄호 안의 표현을 바르게 배열해 봅시다.

그는 아기를 깨우지 않기 위하여 목소리를 낮췄다.

→ _____

(he wouldn't / so that / lowered his voice / he / wake up the baby)

❶ <u>Things</u> <u>you</u> <u>can</u> do alone

❷ As consumers of food, be aware <u>that</u> there are <u>effective ways</u> <u>to prevent</u> food loss at
　　　　　　　　　　　　　　　　　　접속사　　　　　　　　

home, at school, and in restaurants. ❸ Also, remember <u>that</u> individual actions <u>do</u> make a
　　　　　　　　　　　　　　　　　　　　　　접속사　　　　　　　　　　make 강조

difference. ❹ <u>If</u> all this keeps you wondering, "Sounds good, but how can I help?" here are a
　　　　　접속사(조건)

few easy ideas.

❺ **Eat wisely**: ❻ If you cannot eat some of your food, freeze it for later use. ❼ If you put

leftovers in your refrigerator, choose one or two days per week to eat <u>them</u>. ❽ This will
　　　　　　　　　　　　　　　　　　　　　　　　　　　　　　　= leftovers

reduce waste and keep your refrigerator tidy as well.

❾ **Shop smarter**: ❿ Make a shopping list and only buy <u>what you</u>
　　　　　　　　　　　　　　　　　　　　　　　관계 대명사

need. ⓫ Also, do not hesitate <u>to buy</u> "ugly" food because a
　　　　　　　　　　　　　명사적 용법(목적어)

strangely <u>shaped</u> fruit will <u>taste</u> as <u>delicious</u> as the others.
　　　　과거 분사　　　　　　감각 동사 + 형용사

⓬ **Consider portions**: ⓭ Instead of <u>piling</u> too much
　　　　　　　　　　　　　　　　　　　　동명사

food onto your plate in one go, <u>consider taking</u> smaller
　　　　　　　　　　　　　consider + 동명사(목적어)①

portions and <u>refilling</u> later if needed. ⓮ That way, you
　　　　　동명사(목적어)②

can <u>keep</u> yourself <u>from eating</u> too much and <u>prevent</u>
　　keep/prevent A from -ing: A가 …하는 것을 막다

food <u>from being</u> thrown away.

6　Freezing leftovers can help reduce food waste.Ⓣ/ F (남은 음식을 얼리는 것은 음식 쓰레기를 줄이는 데 도움이 될 수 있다.)

7　Piling a lot of food onto your plate is a good way to prevent food waste. T /Ⓕ
　　(접시에 많은 음식을 쌓는 것은 음식 낭비를 막기 위한 좋은 방법이다.)

Over to you　2　Have you ever tried ugly food? If you have, how was it? (못생긴 음식을 먹어 본 적이 있는가? 있다면, 어땠나?)
Sample　Yes, I have. It looked a little different, but it was delicious. (있다. 그건 조금 다르게 보였지만 맛있었다.)

어휘　**alone** 〔부〕 혼자　　**consumer** 〔명〕 소비자　　**be aware that** …을 알다, 깨닫다　　**effective** 〔형〕 효과적인　　**prevent** 〔동〕 막다, 방지하다
individual 〔형〕 개인의 〔명〕 개인　　**action** 〔명〕 행동　　**freeze** 〔동〕 얼리다, 얼다　　**leftover** 〔명〕 남은 음식　　**refrigerator** 〔명〕 냉장고
tidy 〔형〕 깔끔한　　**hesitate** 〔동〕 망설이다　　**portion** 〔명〕 (음식의) 1인분, (더 큰 것의) 부분　　**pile** 〔동〕 쌓다　　**in one go** 한꺼번에

(❶ 혼자서 할 수 있는 일들)

❷ 식품의 소비자로서 집, 학교, 그리고 식당에서 식품의 손실을 막을 효과적인 방법이 있다는 것을 인식해라. ❸ 또한, 개인의 행동이 변화를 일으킨다는 것을 기억해라. ❹ 만약 이 모든 것들이 "좋은 말이지만, 내가 어떻게 도울 수 있을까?"라고 당신을 궁금하게 만든다면 여기 몇 개의 쉬운 아이디어가 있다.

❺ 현명하게 먹어라: ❻ 만약 식품 중 일부를 먹을 수 없다면 나중에 사용할 수 있도록 그것을 냉동해라. ❼ 만약 냉장고에 남은 음식들을 보관한다면 일주일에 하루나 이틀을 골라 그것들을 먹어라. ❽ 이것은 쓰레기를 줄이고 냉장고도 깔끔하게 유지하게 할 것이다.

❾ 더 똑똑하게 쇼핑해라: ❿ 쇼핑 목록을 만들고 필요한 것만 구입해라. ⓫ 또한, 이상하게 생긴 과일도 다른 것들만큼 맛있을 테니 '못생긴' 식품을 사는 것을 망설이지 말아라.

⓬ 식사 분량을 고려해라: ⓭ 한 번에 너무 많은 음식을 접시에 쌓는 대신에 더 적은 양을 가져오고 필요하면 나중에 추가할 것을 생각해라. ⓮ 그런 방식으로, 자신이 과식하는 것을 막고 음식이 버려지는 것을 방지할 수 있다.

❷ **As** consumers of food, **be aware that** there are effective ways **to prevent** food loss at home, at school, and in restaurants.
- As는 전치사로 '…로서'라는 뜻이다.
- be aware that은 '…을 알다, 깨닫다'라는 뜻이고, that은 목적어 역할을 하는 명사절을 이끄는 접속사이다.
- to prevent ...는 to 부정사의 형용사적 용법으로 앞의 명사구인 effective ways를 수식하고 있다.

❸ Also, remember that individual actions **do** make a difference.
- 일반 동사를 강조할 때는 동사의 앞에 do, does, did를 쓴다. 이 문장에서는 명사절의 주어가 individual actions로 복수이고, 현재 시제이기 때문에 do를 사용하여 make를 강조하고 있다.

❽ This will **reduce waste** and **keep your refrigerator tidy** as well.
- reduce waste와 keep your refrigerator tidy는 접속사 and로 연결된 병렬 구조이다.
- 'keep+목적어+목적격 보어(형용사)'는 '(목적어)를 …하게 유지하다'라는 의미를 나타낸다. 이때 목적격 보어는 형용사가 오고, 부사가 올 수 없음에 유의한다.

❿ Make a shopping list and only buy **what** you need.
- 여기서 what은 선행사를 포함한 관계 대명사로 '…하는 것'이라는 의미를 나타낸다. 관계 대명사 what이 이끄는 절이 목적어 역할을 하고 있다.

⓫ Also, do not hesitate to buy "ugly" food because a strangely shaped fruit will **taste as delicious as** the others.
- taste는 맛을 표현하는 감각 동사로 형용사를 보어(delicious)로 쓴다. 형용사 대신 부사를 쓰지 않도록 유의한다.
- as delicious as는 'as+형용사/부사의 원급+as'의 형태로 동등 비교이다. 동등 비교는 '…만큼 ~한/하게'라는 의미를 나타낸다.

⓮ That way, you can **keep yourself from eating** too much and **prevent food from being** thrown away.
'keep/prevent+목적어+from+-ing'는 '(목적어)가 …하는 것을 막다'라는 의미를 나타낸다.

관계 대명사 what

관계 대명사 what은 선행사를 포함하고 있으며, the thing(s) that/which로 바꿔 쓸 수 있다. 관계 대명사 what이 이끄는 절은 명사절로 '…하는 것'이라는 의미를 나타내며, 문장에서 주어, 보어, 목적어 역할을 할 수 있다.

What he said made me angry. 〈주어 역할〉 (그가 말한 것이 나를 화나게 했다.)

This is **what I want**. 〈보어 역할〉 (이것이 내가 원하는 것이다.)

I can't believe **what he did**. 〈목적어 역할〉 (나는 그가 한 일을 믿을 수 없다.)

감각 동사+형용사

look(…하게 보이다), sound(…하게 들리다), smell(…한 냄새가 나다), feel(…하게 느끼다). taste(…한 맛이 나다)는 감각을 나타내는 동사로 보어를 필요로 하는데, 보어는 반드시 형용사여야 하며 부사가 쓰일 수 없다.

You **look great** today. (너 오늘 멋져 보인다.)

❶ Reducing food waste is one
동명사(주어)

of the most powerful actions that you can
└─────── 관계 대명사절

take to end world hunger. ❷ It will pave the way
부사적 용법(~하기 위해)

for achieving the United Nations' goal of making
동명사   동명사

the world free from hunger. ❸ With your help,
'~의 염려가 없는'

this aim can be a reality.

8 The United Nations' goal is to make the world free from hunger.
(국제연합의 목표는 세계를 굶주림에서 벗어나게 하는 것이다.)

어휘 **powerful** ⑱ 강력한　　**end** ⑧ 끝내다　　**pave** ⑧ 기반을 닦다, 포장하다　　**achieve** ⑧ 달성하다, 성취하다　　**goal** ⑲ 목표 **free from** …을 면한, …의 염려가 없는　　**aim** ⑲ 목표　　**reality** ⑲ 현실

❶ 음식 쓰레기를 줄이는 것은 세계의 굶주림을 끝내기 위해 당신이 취할 수 있는 가장 강력한 조치 중 하나이다. ❷ 그것은 세계를 굶주림에서 벗어나게 하려는 UN(국제연합)의 목표를 달성하는 길을 열어 줄 것이다. ❸ 당신의 도움이 있다면, 이 목표는 실현될 수 있다.

❶ **Reducing food waste is one of the most powerful actions that** you can take **to end world hunger.**
- 동명사구인 Reducing food waste가 주어이므로 단수 동사인 is가 쓰였다. 동명사 주어는 3인칭 단수로 취급한다.
- one of the most powerful actions는 'one of the+최상급+복수 명사'의 형태로 '가장 …한 것들 중 하나'라는 의미를 나타낸다.
- 여기서 that은 목적격 관계 대명사로, that이 이끄는 절이 앞의 선행사를 수식하고 있다.
- to end world hunger는 목적을 나타내는 to 부정사의 부사적 용법이며, 이때 end는 동사로 '끝내다'라는 의미를 나타낸다.

❷ **It** will **pave the way** for achieving **the United Nations' goal of making the world free from hunger.**
- It은 앞 문장의 Reducing food waste를 가리킨다.
- of는 동격의 of로 the United Nations' goal과 making the world free from hunger가 동격이다.
- making the world free from hunger는 'make+목적어+목적격 보어(형용사)' 구문으로 '(목적어)가 (형용사)하게 만들다'로 해석한다.

❸ With your help, **this aim** can be a reality.
this aim은 앞 문장의 making the world free from hunger를 가리킨다.

one of the+(형용사의) 최상급+복수 명사
'가장 …한 것들 중 하나'라는 의미이며 최상급 다음에 반드시 셀 수 있는 명사의 복수형을 사용한다는 점에 유의한다. 특히 이 구문이 주어로 쓰인 경우, 주어의 핵심이 one이므로 단수 동사로 쓴다.
This book is **one of the most interesting novels** I've ever read.
(이 책이 내가 읽어 봤던 가장 흥미로운 소설들 중 하나이다.)
One of the most famous paintings in the world **is** *the Mona Lisa.*
(세상에서 가장 유명한 그림들 중 하나는 '모나리자'이다.)

동격의 of
명사의 의미를 보충하거나 설명하기 위해 다른 구나 절을 두는 경우 동격 어구라고 하며, 'of+명사구'를 사용하는 경우 이를 동격의 of라고 한다. of 대신 동격의 that이 사용될 수도 있는데 이 경우 that 뒤에는 주어와 동사를 갖춘 절이 온다.
We have a dream **of** traveling around the world together. (우리는 함께 세계를 여행하는 꿈을 가지고 있다.)
We have a dream **that** we travel around the world together.

Check Up

▶ Answers p. 213

1 다음 문장의 밑줄 친 부분을 우리말로 해석해 봅시다.

Paris is one of the most beautiful cities in the world.

2 다음 괄호 안에서 어법상 알맞은 것을 골라 봅시다.

(1) (Learn / Learning) to play the guitar brings me joy.
(2) Swimming in the pool every day (keep / keeps) me healthy.
(3) Do you agree with the idea of (protect / protecting) the Earth?

After You Read

GRAPHIC ORGANIZER

1 빈칸에 알맞은 말을 넣어 본문의 정보를 요약한 글을 완성해 봅시다.

Where Does Food Get Lost or Wasted?

On farms	After harvest	During processing	In markets or stores	At home or in restaurants
left in the field or damaged during (1)harvest	on its way damaged (2)_____ to markets or factories	thrown away because of low quality or problems in the factory	lost as (3)unsold food	wasted due to excess buying, unpopular choices, or food spoiling

Things people can do together	Things you can do alone
- use AI programs - sell ugly or partly damaged food at lower prices - (4)donate excess food to charities	- freeze (5)leftovers in the refrigerator - make a shopping list, only buy what you need, and eat ugly food - consider taking smaller portions at a time

| harvest | donate | unsold | leftovers | on its way |

DETAILS

2 본문의 내용과 일치하면 **T**에, 일치하지 않으면 **F**에 표시해 봅시다.

(1) Food gets lost or wasted the most on farms. (T) F

(2) In markets or stores, they always order just the right amount of food that people will buy. T /(F)

(3) People do not like to buy ugly food because it is not tasty. T (F)

(4) Reducing food waste is a good way to solve the global hunger problem.(T) F

어떻게 하면 낭비되는 음식물을 줄일 수 있을까요? 친구들과 의견을 나눠 봅시다.

---

1 GRAPHIC ORGANIZER

음식은 어디에서 손실되거나 버려지는가?

농장에서
밭에 남겨지거나 수확 중에 손상을 입는다

수확 후
시장이나 공장으로 가는 도중 손상을 입는다

가공 중에
낮은 품질이나 공장에서의 문제들 때문에 버려진다

시장 또는 상점에서
팔리지 않은 식품으로 손실된다

가정이나 식당에서
과도한 구매, 인기 없는 선택, 또는 음식 부패 때문에 버려진다

사람들이 함께 할 수 있는 일들
• 인공지능 프로그램을 사용한다
• 못생기거나 부분적으로 손상된 식량을 더 낮은 가격에 판매한다
• 여분의 식량을 자선 단체에 기부한다

혼자서 할 수 있는 일들
• 남은 음식을 냉장고에 냉동한다
• 쇼핑 목록을 만들고 필요한 것만 구입하고, 못생긴 식품을 먹는다
• 한 번에 더 적은 양을 가져오는 것을 고려한다

---

2 DETAILS

(1) 식량은 농장에서 가장 많이 손실되거나 버려진다. (T)

[해설] 교과서 90~91쪽에 의하면 농장에서 손실되는 것이 11%로 가장 많다.

(2) 시장 또는 상점에서는 항상 사람들이 구입할 딱 맞는 양의 식품을 주문한다. (F)

[해설] 교과서 91쪽 두 번째 단락에서 상점은 종종 사람들이 살 것보다 더 많은 식품을 주문해서 팔리지 않은 식품은 버려진다고 언급했다.

(3) 사람들은 못생긴 식품이 맛이 없어서 사는 것을 좋아하지 않는다. (F)

[해설] 교과서 93쪽 Shop smarter 부분에서 이상하게 생긴 과일도 다른 것들만큼 맛있을 테니 '못생긴' 식품을 사는 것을 망설이지 말라고 언급했다.

(4) 음식 쓰레기를 줄이는 것은 세계의 굶주림 문제를 해결할 좋은 방법이다. (T)

Check Up

▶ Answers p. 213

■ **다음 각 문장이 본문의 내용과 일치하면 T, 일치하지 않으면 F에 동그라미 해 봅시다.**

1. Grains and vegetables are never wasted during the harvesting process. T / F

2. Only one percent of food is lost during processing, often because it doesn't meet quality standards. T / F

3. Markets, stores, and restaurants can reduce waste by donating excess food to charities. T / F

4. People can only reduce food waste individually and not together. T / F

5. Freezing food that you can't eat right away is one way to prevent waste. T / F

6. Achieving a world without hunger is impossible, even if people reduce food waste. T / F

▶ Answers p. 213

01 Do you know how (much / many) people die from hunger?

02 Shockingly, nine million people in the world die from hunger every year, and that number is (increasing / increased).

03 Hunger is so serious (that / which) it needs urgent attention.

04 However, global hunger is not (due to / because) a lack of food.

05 We produce enough food to (feed / food) everyone on Earth.

06 The key factor (behind / beween) the problem is food waste.

07 Where (Do / Does) Food Get Lost or Wasted?

08 More than one-third of the food that we produce is lost or wasted (for / across) the supply chain.

09 But exactly how much (loss / lost) or waste takes place at each step?

On farms
10 Eleven percent is (losing / lost).

11 Farms often grow more food than their workers can harvest, (so / because) they leave some of it in the fields.

12 Also, while grains or vegetables are being (harvesting / harvested), they can be damaged and thrown away.

After harvest
13 Eight percent (is / are) lost.

14 Fresh produce can be damaged on (its / their) way to markets.

15 Food can also be damaged when it is transported from farms (to / at) factories for processing.

During processing
16 One percent is (loss / lost).

17 When fresh food like potatoes is processed to make a product such as potato chips, some may be thrown away for (meeting not / not meeting) standards.

18 Food can also go to waste due to problems in the factory, (such as / except for) machine failures.

In markets or stores

19 Six percent is (wasting / wasted).

20 A store often orders more food than people will buy, so some (sold / unsold) food is thrown away.

21 Or, if a bunch of bananas spoil too soon, shoppers (may / may not) buy them, and this ends up as garbage.

At home or in restaurants

22 Ten (percent / percents) is wasted.

23 Families or businesses sometimes buy (more / most) food than they need.

24 They also try a new product (that / what) nobody likes, and in the end, it becomes garbage.

25 Food can also go bad before it is (consuming / consumed).

26 All this adds (to / for) waste.

27 So (When / What) Can We Do?

28 Does it really (have / has) to be like this?

29 Definitely not, and all of us should make efforts to (increase / reduce) food waste across the whole food supply chain.

Things people can do together

30 We can use (technique / technology) to reduce food waste.

31 AI programs, for example, can tell us how much to plant, where to send the harvested food, and how to store it (shorter / longer).

32 Farmers would also be able to sell "ugly" or partly damaged food at lower prices instead of (throw / throwing) it away.

33 There are things that markets, stores, or restaurants can do (as well / as good).

34 For example, they can donate (except / excess) food to charities so that it goes to the people who really need it.

Things you can do alone

35 As consumers of food, be aware that there are (effective / effectively) ways to prevent food loss at home, at school, and in restaurants.

36 Also, remember that (common / individual) actions do make a difference.

37 If all this keeps you wondering, "Sounds good, but how can I help?" here are a (few / little) easy ideas.

38 **Eat wisely**: If you cannot eat some of your food, (freeze / freezing) it for later use.

39 (If / Since) you put leftovers in your refrigerator, choose one or two days per week to eat them.

40 This will reduce waste and keep your refrigerator (tidy / untidy) as well.

41 **Shop smarter**: Make a shopping list and only buy (that / what) you need.

42 Also, do not hesitate to buy "ugly" food because a strangely shaped fruit will taste as (delicious / deliciously) as the others.

43 **Consider portions**: Instead of piling too much food onto your plate in one go, consider (taking / to take) smaller portions and refilling later if needed.

44 That way, you can keep yourself (for / from) eating too much and prevent food from being thrown away.

45 Reducing food waste is one of the most powerful (action / actions) that you can take to end world hunger.

46 It will pave the way for achieving the United Nations' goal of making the world free (by / from) hunger.

47 (With / Without) your help, this aim can be a reality.

▶ Answers p. 214

01 Do you know how many people _____ _____ hunger?

02 Hunger is so serious that it needs _____ attention. However, global hunger is not due to a lack of food.

03 But exactly how much loss or waste _____ _____ at each step?

04 Also, while grains or vegetables are being harvested, they can be damaged and _____ _____.

05 Food can also be damaged when it is _____ from farms to factories for processing.

06 When fresh food like potatoes is processed to make a product such as potato chips, some may be thrown away for _____ _____ _____.

07 Or, if a bunch of bananas spoil too soon, shoppers may not buy them, and this _____ _____ _____ garbage.

08 Food can also go bad before it is consumed. All this _____ _____ waste.

09 Definitely not, and all of us should make _____ to reduce food waste across the whole food supply chain.

10 AI programs, _____ _____, can tell us how much to plant, where to send the harvested food, and how to store it longer.

11 For example, they can donate food to charities _____ _____ it goes to the people who really need it.

12 As _____ of food, be aware that there are effective ways to prevent food loss at home, at school, and in restaurants.

13 Also, remember that individual actions do _____ _____ _____.

14 Instead of piling too much food onto your plate _____ _____ _____, consider taking smaller portions and refilling later if needed.

15 That way, you can keep yourself from eating too much and prevent food from _____ _____ _____.

16 It will _____ _____ _____ for achieving the United Nations' goal of making the world free from hunger.

Write & Present

The Green Challenge

STEP 1 STUDY THE MODEL

환경 사랑 챌린지를 안내하는 글을 읽고, 어떤 내용으로 구성되었는지 살펴봅시다.

챌린지 제목
The Can Crush Challenge

1. 목표

We propose this challenge to promote proper ways to **recycle cans.**

2. 규칙

1. **Empty and wash the can with water.**
2. **Crush it in your own creative way.**
3. **Put the crushed can in the recycling bin.**
4. Take a video of yourself and post it on social media.
5. Invite a friend to join the challenge.

3. 기대 효과

It'll help to **collect and recycle more cans because they're crushed.**

4. 핵심어 표시

#CanCrushChallenge #GoGreen #Recycling

교과서 96쪽

'환경 사랑 챌린지' 안내문 작성하기

환경 보호에 동참하게 하는 챌린지를 기획하고 안내문을 쓰는 글쓰기 활동을 통해 환경 보호에 관한 인식을 확산시킬 수 있습니다.

STEP 2 BRAINSTORM YOUR IDEAS

모둠별로 환경 사랑 챌린지를 기획하며 의견을 메모해 봅시다.

Sample **Environmental Problems** 심각하다고 생각하는 환경 문제

☐ plastic ☑ food waste ☐ e-waste
☐ energy use ☐ forest destruction ☐ _____ Your own

1. Write down the food you throw away for a week.
2. Note which foods you waste the most.
3. Get creative with using leftovers or saving food.

Challenge Title 챌린지 제목
The Food Waste Challenge

Goal 목표
reduce food waste at home

Rules 규칙

Benefits 기대 효과
make people pay attention to how much food they use and throw away

Hashtags 핵심어 표시
#FoodWasteChallenge #SaveFood #ReduceWaste #EcoFriendlyEating

챌린지를 기획할 때는 목표를 정확히 정하고, 참가자들이 실천할 수 있는 내용으로 설계해야 해요.

교과서 97쪽

STEP 1 모델 살펴보기

캔 찌그러뜨리기 챌린지

1. 목표

우리는 캔을 재활용할 적절한 방법을 홍보하기 위해 이 챌린지를 제안합니다.

2. 규칙

1. 캔을 비우고 물로 씻습니다.
2. 자신만의 창의적인 방법으로 캔을 찌그러뜨립니다.
3. 찌그러진 캔을 재활용 통에 넣습니다.
4. 자신의 영상을 찍어서 소셜 미디어에 게시합니다.
5. 챌린지에 참여하도록 친구를 초대합니다.

3. 기대 효과

찌그러졌기 때문에 캔을 더 많이 모으고 재활용하는 데 도움이 될 것입니다.

4. 핵심어 표시

#캔찌그러뜨리기챌린지 #친환경적으로되기 #재활용

STEP 2 아이디어 브레인스토밍하기

심각하다고 생각하는 환경 문제
☐ 플라스틱 ☐ 음식 쓰레기 ☐ 전자 폐기물
☐ 에너지 사용 ☐ 산림 파괴

예시 음식 쓰레기 챌린지
목표

가정에서 음식 쓰레기를 줄이기

규칙

1. 일주일 동안 여러분이 버리는 음식을 기록한다.
2. 어떤 음식을 가장 많이 버리는지 적는다.
3. 남은 음식을 활용하거나 음식을 절약하는 창의적인 방법을 찾는다.

기대 효과

사람들이 얼마나 많은 음식을 사용하고 버리는지에 주의를 기울이게 하기

핵심어 표시

#음식쓰레기챌린지 #음식저장 #쓰레기줄이기 #친환경적으로먹기

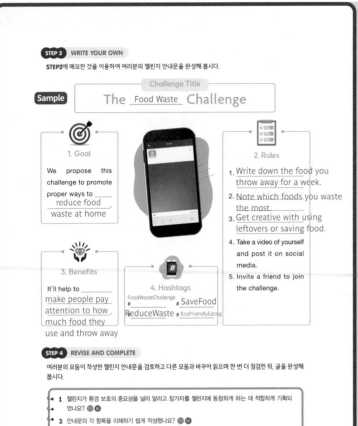

교과서
98쪽

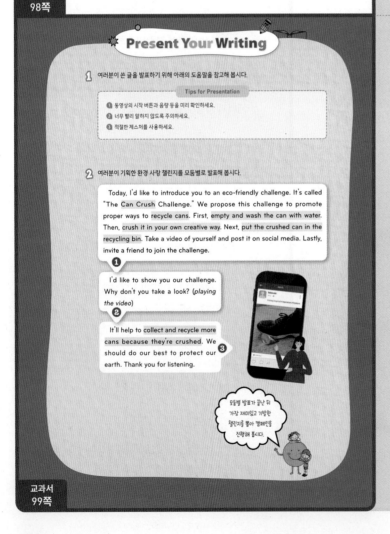

교과서
99쪽

STEP 3 글쓰기

예시 음식 쓰레기 챌린지

1. 목표

우리는 가정에서 음식 쓰레기를 줄일 적절한 방법을 홍보하기 위해 이 챌린지를 제안합니다.

2. 규칙

1. 일주일 동안 여러분이 버리는 음식을 기록합니다.
2. 어떤 음식을 가장 많이 버리는지 적습니다.
3. 남은 음식을 활용하거나 음식을 절약하는 창의적인 방법을 찾아봅니다.
4. 자신의 영상을 찍어서 소셜 미디어에 게시합니다.
5. 챌린지에 참여하도록 친구를 초대합니다.

3. 기대 효과

그것은 사람들이 얼마나 많은 음식을 사용하고 버리는지 주의하게 되는 데 도움이 될 것입니다.

4. 핵심어 표시

#음식쓰레기챌린지 #음식저장 #쓰레기줄이기 #친환경적으로먹기

발표하기

❶ 오늘 저는 여러분께 친환경적인 챌린지를 소개하고 싶습니다. 그것은 '캔 찌그러뜨리기 챌린지'라고 불립니다. 우리는 캔을 재활용할 적절한 방법을 홍보하기 위해 이 챌린지를 제안합니다. 먼저, 캔을 비우고 물로 씻습니다. 그러고 나서 자신만의 창의적인 방법으로 캔을 찌그러뜨립니다. 다음으로 찌그러진 캔을 재활용 통에 넣습니다. 자신의 영상을 찍어서 소셜 미디어에 게시합니다. 마지막으로, 챌린지에 참여하도록 친구를 초대합니다.

❷ 저는 여러분께 우리의 챌린지를 보여드리고 싶습니다. 한번 보시겠어요? (영상을 재생함.)

❸ 찌그러졌기 때문에 캔을 더 많이 모으고 재활용하는데 도움이 될 것입니다. 우리는 지구를 보호하기 위해 최선을 다해야 합니다. 들어주셔서 감사합니다.

Teen Vibes

Fun Time Be an Eco-toonist

환경 문제를 독창적으로 보여 준 만화를 감상한 뒤, 환경 문제를 다룬 만화를 직접 그려 봅시다.

PAST PRESENT

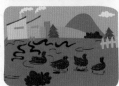

교과서 100쪽

친환경적인 만화가가 되어 보세요

과거

나는 해변에서 아름다운 돌을 줍고 있어!

현재

나는 해변에서 쓰레기를 줍고 있어!

과거

큰 물고기야, 제발 나를 쫓아오지 마!

현재

비닐 봉지야, 제발 나를 쫓아오지 마!

Project Time A Special Day for the Environment

STEP 1 모둠별로 우리 학교 안팎의 환경 문제에 대해 논의해 봅시다.

PROBLEM Some students use too much plastic, and it has a serious effect on the environment.

STEP 2 위에서 논의한 환경 문제를 해결하는 방안으로 환경 보호의 날을 기획한 뒤, 포스터를 만들어 봅시다.

Plastic-Free Day

202x. 00. 00

No Plastic, Fantastic!

Don't use single-use plastic cups or containers!

Sample

Waste Less Food Day
202X. 00. 00
Plan, Preserve, Protect!
Plan your meals to avoid food waste!

STEP 3 모둠별로 환경 보호의 날을 발표하고, 꼭 실천하고 싶은 활동 두 개를 투표로 선정해 다 함께 실천해 봅시다.

교과서 101쪽

환경을 위한 특별한 날

STEP 1

문제

어떤 학생들은 플라스틱을 너무 많이 사용하고, 그것은 환경에 심각한 영향을 끼칩니다.

STEP 2 예시

플라스틱 없는 날

일회용 플라스틱 컵이나 용기를 사용하지 마세요!

음식 쓰레기 줄이는 날

계획하고, 보존하고, 보호하자!
음식 쓰레기를 줄이기 위해 식사를 계획하세요!

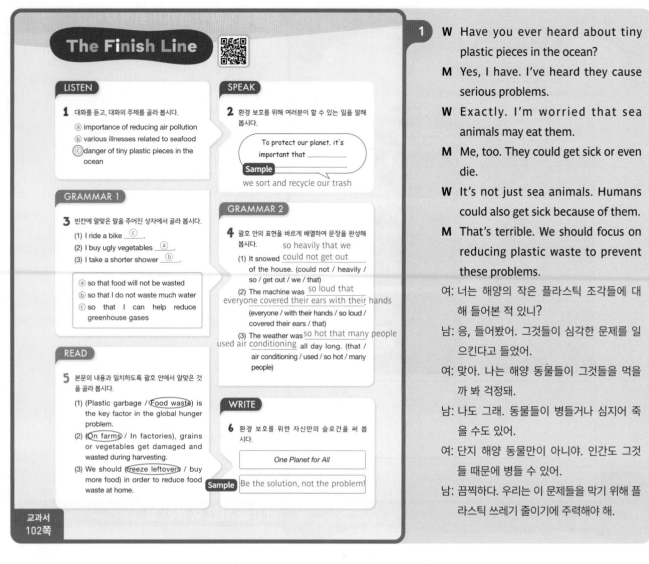

The Finish Line

LISTEN

1 대화를 듣고, 대화의 주제를 골라 봅시다.
ⓐ importance of reducing air pollution
ⓑ various illnesses related to seafood
ⓒ danger of tiny plastic pieces in the ocean

GRAMMAR 1

3 빈칸에 알맞은 말을 주어진 상자에서 골라 봅시다.
(1) I ride a bike ⓒ .
(2) I buy ugly vegetables ⓐ .
(3) I take a shorter shower ⓑ .

ⓐ so that food will not be wasted
ⓑ so that I do not waste much water
ⓒ so that I can help reduce greenhouse gases

READ

5 본문의 내용과 일치하도록 괄호 안에서 알맞은 것을 골라 봅시다.
(1) (Plastic garbage / Food waste) is the key factor in the global hunger problem.
(2) (On farms / In factories), grains or vegetables get damaged and wasted during harvesting.
(3) We should (freeze leftovers / buy more food) in order to reduce food waste at home.

SPEAK

2 환경 보호를 위해 여러분이 할 수 있는 일을 말해 봅시다.

To protect our planet, it's important that _____.
Sample
we sort and recycle our trash

GRAMMAR 2

4 괄호 안의 표현을 바르게 배열하여 문장을 완성해 봅시다.
(1) It snowed so heavily that we could not get out of the house. (could not / heavily / so / get out / we / that)
(2) The machine was so loud that everyone covered their ears with their hands (everyone / with their hands / so loud / covered their ears / that)
(3) The weather was so hot that many people used air conditioning all day long. (that / air conditioning / used / so hot / many people)

WRITE

6 환경 보호를 위한 자신만의 슬로건을 써 봅시다.

One Planet for All
Sample Be the solution, not the problem!

교과서 102쪽

1
W Have you ever heard about tiny plastic pieces in the ocean?
M Yes, I have. I've heard they cause serious problems.
W Exactly. I'm worried that sea animals may eat them.
M Me, too. They could get sick or even die.
W It's not just sea animals. Humans could also get sick because of them.
M That's terrible. We should focus on reducing plastic waste to prevent these problems.

여: 너는 해양의 작은 플라스틱 조각들에 대해 들어본 적 있니?
남: 응, 들어봤어. 그것들이 심각한 문제를 일으킨다고 들었어.
여: 맞아. 나는 해양 동물들이 그것들을 먹을까 봐 걱정돼.
남: 나도 그래. 동물들이 병들거나 심지어 죽을 수도 있어.
여: 단지 해양 동물만이 아니야. 인간도 그것들 때문에 병들 수 있어.
남: 끔찍하다. 우리는 이 문제들을 막기 위해 플라스틱 쓰레기 줄이기에 주력해야 해.

---

1. ⓐ 대기 오염 감소의 중요성 ⓑ 해산물과 관련된 다양한 질병들 ⓒ 바다에 있는 작은 플라스틱 조각의 위험성

2. (예시) 지구를 보호하기 위해, 우리는 쓰레기를 분류하고 재활용하는 것이 중요하다.

3. (1) 나는 온실가스를 줄이는 데 도움이 될 수 있도록 자전거를 탄다. (so that …할 수 있도록, …하기 위해)
(2) 나는 음식이 낭비되지 않도록 못생긴 채소를 산다.
(3) 나는 많은 물을 낭비하지 않도록 샤워를 짧게 한다.

4. (1) 눈이 너무 많이 와서 우리는 집 밖으로 나갈 수가 없었다. (so … that 매우 …해서 ~하다)
(2) 그 기계가 너무 시끄러워서 모두가 손으로 귀를 막았다.
(3) 날씨가 너무 더워서 많은 사람들이 하루 종일 에어컨을 사용했다.

5. (1) 음식 쓰레기는 세계적인 굶주림 문제의 핵심 요인이다.
(2) 농장에서 곡물이나 채소는 수확 중에 손상되고 낭비된다.
(3) 우리는 집에서 음식 쓰레기를 줄이기 위해 남은 음식을 냉동해야 한다.

6. 모두를 위한 하나의 행성
(예시) 문제가 아니라 해결책이 되세요!

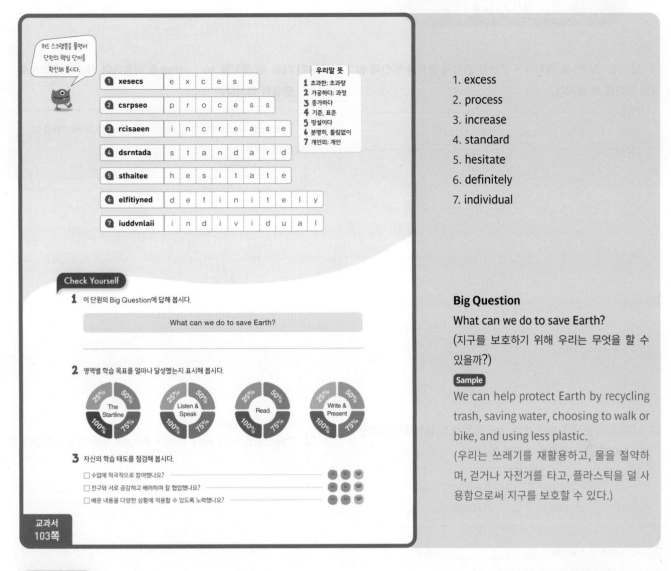

우리말 뜻
1. 초과한; 초과량
2. 가공하다; 과정
3. 증가하다
4. 기준, 표준
5. 망설이다
6. 분명히, 틀림없이
7. 개인의; 개인

1. excess
2. process
3. increase
4. standard
5. hesitate
6. definitely
7. individual

Check Yourself

1 이 단원의 Big Question에 답해 봅시다.

What can we do to save Earth?

2 영역별 학습 목표를 얼마나 달성했는지 표시해 봅시다.

The Startline / Listen & Speak / Read / Write & Present

3 자신의 학습 태도를 점검해 봅시다.

- ☐ 수업에 적극적으로 참여했나요?
- ☐ 친구와 서로 공감하고 배려하며 잘 협업했나요?
- ☐ 배운 내용을 다양한 상황에 적용할 수 있도록 노력했나요?

교과서 103쪽

Big Question

What can we do to save Earth?

(지구를 보호하기 위해 우리는 무엇을 할 수 있을까?)

Sample

We can help protect Earth by recycling trash, saving water, choosing to walk or bike, and using less plastic.

(우리는 쓰레기를 재활용하고, 물을 절약하며, 걷거나 자전거를 타고, 플라스틱을 덜 사용함으로써 지구를 보호할 수 있다.)

▶ Answers p. 214

Check Up

■ 다음 빈칸에 알맞은 단어를 위 퍼즐에서 찾아 쓰시오.

1. The world is _____ facing serious environmental challenges today.

(오늘날 세계는 확실히 심각한 환경 문제에 직면해 있다.)

2. _____ waste from factories pollutes rivers and harms wildlife.

(공장에서 나오는 과도한 폐기물이 강을 오염시키고 야생 생물을 해친다.)

3. We shouldn't _____ to find solutions for food shortages.

(우리는 식량 부족 문제의 해결책을 찾는 데 망설여서는 안 된다.)

4. Climate change can _____ the risk of crop failures.

(기후 변화는 작물 실패의 위험을 증가시킬 수 있다.)

5. Every _____ can make a difference in protecting the environment.

(모든 개인은 환경 보호에 변화를 가져올 수 있다.)

6. The _____ of producing food needs to be more sustainable.

(식량을 생산하는 과정이 더 지속 가능해져야 한다.)

7. We need to set a higher _____ for pollution control to save our planet.

(지구를 지키기 위해 오염 방지 기준을 더 높여야 한다.)

[1-2] 다음 〈보기〉의 짝지어진 단어의 관계와 같도록 빈칸에 알맞은 단어를 써 봅시다.

| 보기 |

feed — food   die — death

1 _____ — failure

2 lose — _____

[3-4] 다음 우리말과 같은 뜻이 되도록 주어진 상자에서 알맞은 단어를 골라 문장을 완성해 봅시다.

leftovers   transport
consumer   harvest

3 Autumn is the time to _____ crops.
(가을은 농작물을 수확할 시기이다.)

4 Put _____ in the refrigerator to keep them fresh. (신선함을 유지하기 위해 남은 음식을 냉장고에 넣어라.)

5 다음 영영 풀이에 해당하는 단어는?

more of something than is usual or needed

① hesitate   ② excess   ③ charity
④ free   ⑤ urgent

[6-7] 다음 두 문장을 so ... that을 이용하여 하나의 문장으로 만들어 봅시다.

6

The dog was very friendly. + All the kids wanted to play with him.

→ _____

7

The party was very fun. + People didn't want to leave.

→ _____

8 다음 빈칸에 들어갈 말이 순서대로 바르게 짝지어진 것은?

• They planned the event carefully _____ everything would go smoothly.
• They raised funds _____ build a new community center.

① so that — so as to
② because — so that
③ so as to — because of
④ in order that — because of
⑤ because of — in order to

9 다음 대화의 흐름에 맞게 ⓐ~ⓒ를 배열하여 대화를 완성해 봅시다.

A: I'm worried that we may not have bananas in the future.
B: What? Bananas are my favorite fruit! Why is that?
A: _____
B: _____
A: _____
B: That's terrible. I'd be really sad if I couldn't eat bananas anymore.
A: Me, too. That's why we need to take action for the environment.

ⓐ Exactly. Especially because of drought, growing bananas may become challenging.
ⓑ Yeah. We have more floods and droughts than before.
ⓒ Well, climate change is getting serious.

_____ → _____ → _____

10 주어진 표현을 배열하여 다음 강연의 마지막 문장을 완성해 봅시다.

Today, I'd like to talk to you about "fast fashion." Fast fashion is a trend where people buy a large number of inexpensive clothes and throw them away quickly. This habit is harmful to the environment because it consumes a lot of water and energy, and creates waste. To help solve the fast fashion problem, we can start by buying fewer clothes. Another good practice is to give our clothes to friends or donate them to charities, reducing waste. It's important that _____.

(choices, simple, to protect, these, make, our planet, we)

[11-12] 다음 글을 읽고, 물음에 답해 봅시다.

Do you know how ⓐ much people die from hunger? Shockingly, nine million people in the world die from hunger every year, and that number is increasing. Hunger is so serious ⓑ what it needs urgent attention. However, global hunger is not ⓒ due to a lack of food. We produce enough food ⓓ to feed everyone on Earth. The key factor behind the problem ⓔ is food waste.

11 위 글의 밑줄 친 ⓐ~ⓔ 중 어법상 어색한 것을 모두 골라 바르게 고쳐 봅시다.

12 위 글의 내용과 일치하지 않는 것은?

① 매년 구백만 명이 굶주림으로 사망한다.
② 굶주림으로 사망하는 사람의 수가 증가하고 있다.
③ 굶주림은 매우 심각해서 긴급한 관심이 필요하다.
④ 세계적인 굶주림은 식량 부족 때문이다.
⑤ 굶주림 문제는 음식 쓰레기와 관련 있다.

[13-15] 다음 글을 읽고, 물음에 답해 봅시다.

More than one-third of the food _____ we produce is lost or wasted across the supply chain. But exactly how much loss or waste takes place at each step?

On farms

Eleven percent is lost. Farms often grow more food than their workers can harvest, so they leave some of it in the fields. Also, while grains or vegetables are being harvested, they can be damaged and thrown away.

After harvest

Eight percent is lost. Fresh produce can be damaged on its way to markets. Food can also be damaged when it is transported from farms to factories for processing.

13 위 글의 제목으로 알맞은 것은?

① What Can We Do to Harvest More?
② When Should We Take Action?
③ Why Should We Protect Earth?
④ How Can We Solve Waste Problem?
⑤ Where Does Food Get Lost or Wasted?

14 위 글의 빈칸에 알맞은 말은?

① who   ② whom   ③ whose
④ that   ⑤ what

15 위 글의 내용과 일치하는 것은?

① 생산하는 식량의 반 이상이 버려지거나 낭비된다.
② 농장에서는 수확할 수 있는 양 만큼만 재배한다.
③ 곡물보다 채소가 수확 중에 손상되고 버려진다.
④ 수확 후에는 11퍼센트의 식량이 버려진다.
⑤ 식량은 가공을 위해 공장으로 운송될 때 손상되기도 한다.

[16-18] 다음 글을 읽고, 물음에 답해 봅시다.

During processing

One percent is lost. When fresh food like potatoes is processed to make a product ⓐ _____ potato chips, some may be thrown away for not meeting standards. Food can also go to waste due to problems in the factory, ⓑ _____ machine failures.

In markets or stores

Six percent is wasted. A store often orders more food than people will buy, so some unsold food is thrown away. Or, if a bunch of bananas spoil too soon, shoppers may not buy them, and this ends up as garbage.

At home or in restaurants

Ten percent is wasted. Families or businesses sometimes buy more food than they need. They also try a new product that nobody likes, and in the end, it becomes garbage. Food can also go bad before it is consumed. All this ⓒ _____ waste.

---

16 위 글의 빈칸 ⓐ와 ⓑ에 공통으로 들어갈 말로 알맞은 것은?

① because of   ② instead of   ③ such as
④ due to   ⑤ thanks to

17 위 글의 빈칸 ⓒ에 알맞은 말은?

① results from   ② adds to
③ concentrates on   ④ figures out
⑤ differs from

18 위 글에서 음식 쓰레기가 발생하는 경우로 언급되지 <u>않은</u> 것은?

① 가공 시 기준을 충족하지 못할 경우
② 기계 결함 같은 공장 내 문제의 경우
③ 시장에서 식품을 할인하여 판매하는 경우
④ 가정에서 필요량보다 더 많이 구입하는 경우
⑤ 식품이 소비되기 전에 상하는 경우

[19-21] 다음 글을 읽고, 물음에 답해 봅시다.

Does it really have to be like this? Definitely not, and all of us should make efforts to reduce food waste across the whole food supply chain.

Things people can do together

We can use technology ⓐ <u>to reduce</u> food waste. AI programs, for example, can tell us how much to plant, where to send the harvested food, and how to store it longer. ⓑ <u>Farmers would also be able to sell "ugly" or partly damaged food at higher prices instead of throwing it away.</u> There are things that markets, stores, or restaurants can do as well. For example, they can donate excess food to c_____ so that it goes to the people who really need it.

---

19 위 글의 밑줄 친 ⓐ와 쓰임이 같은 것은?

① To learn from mistakes is essential for growth.
② Jimmy wanted to join the drama club.
③ Kate called her friend to share the good news.
④ I decided to read books in my free time.
⑤ Their plan is to move to a new city.

20 위 글의 밑줄 친 문장 ⓑ에서 의미상 어색한 곳을 찾아 바르게 고쳐 봅시다.

_____ → _____

21 다음 영영 풀이를 참고하여 위 글의 빈칸에 주어진 철자로 시작하는 단어를 써 봅시다.

> an official organization that gives money, food, or help to people who need it: c_____

[22-24] 다음 글을 읽고, 물음에 답해 봅시다.

> Does it really have to be like this? Definitely not, and all of us should make efforts to reduce food waste across the whole food supply chain.
> **Things you can do alone**
>   (A) As consumers of food, be aware that there are effective ways to prevent food loss at home, at school, and in restaurants. Also, remember that (B) individual actions make a difference. If all this keeps you wondering, "Sounds good, but how can I help?" here are a few easy ideas.
> **Eat wisely**: If you cannot eat some of your food, freeze it for later use. If you put leftovers in your refrigerator, choose one or two days per week to eat them. This will reduce waste and keep your refrigerator ⓐ tidy as well.
> **Shop smarter**: Make a shopping list and only buy ⓑ that you need. Also, do not hesitate to buy "ugly" food because a ⓒ strangely shaped fruit will taste as delicious as the others.
> **Consider portions**: Instead of piling too much food onto your plate in one go, consider ⓓ taking smaller portions and refilling later if needed. That way, you can keep yourself from eating too much and prevent food from ⓔ being thrown away.

22 다음 중 위 글의 밑줄 친 (A)와 쓰임이 같은 것은?

① The project is progressing as planned.
② As time went on, their friendship grew stronger.
③ The cat jumped on the table as I walked in.
④ She works as a teacher in a local school.
⑤ As it began to rain, we canceled the event.

23 위 글의 밑줄 친 (B)에 알맞은 표현을 넣어 동사를 강조해 봅시다.

_____

24 위 글의 밑줄 친 ⓐ~ⓔ 중 어법상 어색한 것을 골라 바르게 고쳐 봅시다.

_____ → _____

25 다음 글의 밑줄 친 우리말과 같은 뜻이 되도록 괄호 안의 표현을 바르게 배열해 봅시다.

> Reducing food waste is one of the most powerful actions that you can take to end world hunger. It will pave the way for achieving the United Nations' goal of 세계를 굶주림에서 벗어나게 하려는. With your help, this aim can be a reality.

_____

(the world / hunger / making / free from)

[1-2] 다음 괄호 안에서 알맞은 단어를 골라 봅시다.

1 The farmer will (food / feed) the animals in the morning.

2 I hope my plants don't (death / die) this winter.

[3-4] 다음 우리말과 같은 뜻이 되도록 주어진 상자에서 알맞은 단어를 골라 문장을 완성해 봅시다.

| hesitate | achieve | excess | hunger |

3 They want to _____ success in their new project.
(그들은 새로운 프로젝트에서 성공을 이루기를 원한다.)

4 Many people around the world still suffer from _____ every day.
(전 세계 많은 사람들이 여전히 매일 굶주림에 시달리고 있다.)

5 다음 빈칸에 들어갈 말이 순서대로 바르게 짝지어진 것은?

• The park is a place free _____ noise and stress.
• We stopped by a snack bar for lunch on our way _____ the beach.

① on — to
② from — with
③ from — to
④ for — by
⑤ for — on

6 다음 우리말과 같은 뜻이 되도록 괄호 안의 표현을 바르게 배열해 봅시다.

그들은 환경을 보호하기 위해 음식을 낭비하지 않는다.
→ _____
_____

(so that / they don't / the environment / they protect / waste food)

[7-9] 다음 괄호 안의 표현을 바르게 배열하여 문장을 완성해 봅시다.

7
_____
_____
(so late / it was / the last train / that we missed)

8
_____
_____
(drink water / the food was / that I had to / so salty)

9
_____
_____
(such good friends / that they / they were / shared everything)

10 대화의 흐름에 맞도록 주어진 상자에서 알맞은 단어를 골라 대화를 완성해 봅시다.

> pleased   worried   challenging
> better   terrible

A: I'm ⓐ _____ that we may not have bananas in the future.

B: What? Bananas are my favorite fruit! Why is that?

A: Well, climate change is getting serious.

B: Yeah. We have more floods and droughts than before.

A: Exactly. Especially because of drought, growing bananas may become ⓑ _____.

B: That's ⓒ _____. I'd be really sad if I couldn't eat bananas anymore.

A: Me, too. That's why we need to take action for the environment.

11 다음 강연의 (A)~(C)에서 문맥상 알맞은 말을 골라 봅시다.

> Today, I'd like to talk to you about "fast fashion." Fast fashion is a trend where people buy a large number of inexpensive clothes and throw them away quickly. This habit is (A) (helpful / harmful) to the environment because it consumes a lot of water and energy, and creates waste. To help solve the fast fashion problem, we can start by buying (B) (more / fewer) clothes. Another good practice is to give our clothes to friends or donate them to charities, reducing waste. It's (C) (important / unimportant) that we make these simple choices to protect our planet.

12 다음 글의 밑줄 친 부분 중 전체 흐름과 관계 <u>없는</u> 문장은?

> Do you know how many people die from hunger? Shockingly, nine million people in the world die from hunger every year, and that number is increasing. ① Hunger is so serious that it needs urgent attention. ② However, global hunger is not due to a lack of food. ③ We produce enough food to feed everyone on Earth. ④ Therefore, we need to increase crop production. ⑤ The key factor behind the problem is food waste.

①   ②   ③   ④   ⑤

[13-15] 다음 글을 읽고, 물음에 답해 봅시다.

> More than ⓐ <u>3분의 1</u> of the food that we produce is lost or wasted across the supply chain. But exactly how much loss or waste takes place at each step?
>
> **On farms**
>
> Eleven percent is lost. Farms often grow more food than their workers can harvest, so they ⓑ <u>leave</u> some of it in the fields. Also, while grains or vegetables are being harvested, _____.
>
> **After harvest**
>
> Eight percent is lost. Fresh produce can be damaged on its way to markets. Food can also be damaged when it is transported from farms to factories for processing.

13 위 글의 밑줄 친 우리말 ⓐ <u>3분의 1</u>에 해당하는 영어 표현을 써 봅시다.

14 위 글의 밑줄 친 ⓑ와 의미가 같은 것은? (단, 시제는 신경쓰지 말 것)

① Who <u>left</u> the classroom first?
② He <u>left</u> his belongings here.
③ She <u>left</u> the house this morning.
④ He is taking a month's unpaid <u>leave</u>.
⑤ The plane <u>leaves</u> for Paris at 9.

15 다음 괄호 안의 표현을 바르게 배열하여 위 글의 빈칸에 알맞은 말을 써 봅시다.

_____

(damaged / they / and thrown away / be / can)

[16-17] 다음 글을 읽고, 물음에 답해 봅시다.

(A) _____

One percent is lost. When fresh food like potatoes ⓐ are processed to make a product such as potato chips, some may be thrown away for ⓑ meeting not standards. Food can also go to waste ⓒ because problems in the factory, such as machine failures.

(B) _____

Six percent is wasted. A store often orders more food than people will buy, so some unsold food is thrown away. Or, ⓓ if a bunch of bananas spoil too soon, shoppers may not buy them, and this ends up as garbage.

(C) _____

Ten percent is wasted. Families or businesses sometimes buy more food than they need. They also try a new product ⓔ that nobody likes, and in the end, it becomes garbage. Food can also go bad before it is consumed. All this adds to waste.

16 위 글의 빈칸 (A)~(C)에 알맞은 소제목을 다음 상자에서 골라 봅시다.

① At home or in restaurants
② During processing
③ In markets or stores

17 위 글의 밑줄 친 ⓐ~ⓔ 중 어법상 어색한 것을 모두 고르면?

[18-20] 다음 글을 읽고, 물음에 답해 봅시다.

Things people can do together

We can use technology to reduce food waste. AI programs, for example, can tell us how much to plant, where to send the harvested food, and how to store it longer. Farmers would also be able to sell "ugly" or partly damaged food at lower prices instead of throwing it away. There are things that markets, stores, or restaurants can do as well. For example, they can donate excess food to charities 그것이 정말로 필요한 사람들에게 갈 수 있도록.

18 위 글의 밑줄 친 우리말과 같은 뜻이 되도록 다음 괄호 안의 표현을 바르게 배열해 봅시다.

_____

_____

(really need it / who / it goes to / so that / the people)

19 다음 중 위 글의 내용과 일치하지 않는 것을 모두 고르면?

① 인공지능 프로그램은 우리가 얼마나 많이 심어야 하는지 알려줄 수 있다.
② 농부들은 못생기거나 부분적으로 손상된 음식을 버려야 한다.
③ 시장, 상점, 그리고 식당들도 음식 낭비를 줄이는 데 도움을 줄 수 있다.
④ 식당은 위생 규정 때문에 여분의 식량을 모두 버려야 한다.
⑤ 여분의 식량을 기부하면 도움이 필요한 사람들에게 전달될 수 있다.

20 위 글에서 다음 영영 풀이에 해당하는 단어를 찾아 봅시다.

• to put something somewhere and not use it until you need it
• a building or room where things are sold

[21-23] 다음 글을 읽고, 물음에 답해 봅시다.

Things you can do alone

As consumers of food, be aware that there are effective ways to prevent food loss at home, at school, and in restaurants. Also, remember that individual actions do make a difference. If all this keeps you ⓐ wonder, "Sounds good, but how can I help?" here are a few easy ideas.

Eat wisely: (①) If you cannot eat some of your food, freeze it for later use. (②) If you put leftovers in your refrigerator, choose one or two days per week to eat them. (③)

Shop smarter: Make a shopping list and only buy what you need. (④) Also, do not hesitate to buy "ugly" food because a strangely shaped fruit will taste as delicious as the others. (⑤)

Consider portions: Instead of ⓑ pile too much food onto your plate in one go, consider taking smaller portions and refilling later if needed. ⓒ That way, you can keep yourself from eating too much and prevent food from being thrown away.

21 위 글의 ①~⑤ 중 다음 주어진 문장이 들어가기에 가장 알맞은 곳을 골라 봅시다.

This will reduce waste and keep your refrigerator tidy as well.

22 위 글의 밑줄 친 ⓐ와 ⓑ를 각각 어법에 맞게 고쳐 봅시다.

ⓐ wonder → _____

ⓑ pile → _____

23 위 글의 밑줄 친 ⓒ가 구체적으로 의미하는 바를 우리말로 써 봅시다.

_____

_____

[24-25] 다음 글을 읽고, 물음에 답해 봅시다.

Reducing food waste is one of the most powerful actions that you can take to end world _____. It will pave the way for achieving the United Nations' goal of making the world free from _____. With your help, this aim can be a reality.

24 위 글의 문맥상 두 빈칸에 공통으로 들어가기에 가장 알맞은 말은?

① hope
② hunger
③ diseases
④ death
⑤ fear

25 위 글의 목적으로 가장 적절한 것을 고르면?

① to share facts
② to express feelings
③ to seek opinions
④ to encourage action
⑤ to make a complaint

Answers

Lesson 1

Listen & Speak   pp. 10~11

❶ 1. ③ 2. (If) you're interested, you should read this book. 3. (1)-4-2-5-3

1. A: 나는 빵 만드는 것에 매료되었어.
   B: ③ 나도 그래! 나도 빵 만드는 것을 정말 좋아해.
   ① 그거 지루해.
   ② 나도 아니야.
   ④ 나는 잘 모르겠어.
   ⑤ 요즘 나는 춤에 빠져 있어

2. A: 나는 비행기가 어떻게 나는지 궁금해.
   B: 네가 관심이 있으면, 너는 이 책을 읽어야 해.

3. __1__ 나는 항상 우주에 관심이 있었어.
   __4__ 예전에는 공룡을 좋아했지만, 지금은 과학 기술에 더 관심이 있어.
   __2__ 정말? 네가 우주를 좋아하는 줄 몰랐어!
   __5__ 멋지다! 과학 기술은 정말 빠르게 발전하고 있어.
   __3__ 응, 그건 정말 매력적이야. 너는?

❷ 1. ③ 2. ①, ② 3. Why do you want to be a teacher?

1. A: 너의 내년 목표는 무엇이니?
   B: ③ 나는 영어 말하기 실력을 정말 향상시키고 싶어.
   ① 나는 …을 포기했어
   ② 나는 …에 자신이 없어
   ④ 나는 …을 발전시키는 것을 잊었어
   ⑤ 내 목표는 …의 발달을 멈추는 것이었어

2. A: ③ 너의 미래 목표는 무엇이니? ④ 너는 인생에서 무엇을 하고 싶니? ⑤ 너는 어떤 직업에 관심이 있니?
   B: 나는 사람들을 돕는 것이 정말 좋아서 의사가 되고 싶어.
   ① 너는 직업이 무엇이니?
   ② 네가 가장 좋아하는 과목은 무엇이니?

3. A: 너는 왜 선생님이 되고 싶니?
   B: 나는 아이들과 일하는 것을 즐기기 때문이야.

내신 출제 문법 포인트   pp. 14~15

수 일치 I (주어와 동사)
1. is 2. are → is 3. ⑤

1. 해설 everone이 주어일 때 동사는 단수로 쓰므로 단수형인 is로 쓴다.
2. 해설 Nobody가 주어이므로 동사는 복수가 아니라 단수가 되어야 한다.
3. ① 그 아이들은 아이스크림 먹는 것을 좋아한다.
   ② 그와 나는 주말에 종종 하이킹을 간다.
   ③ 이 거리의 모든 집에는 정원이 있다.
   ④ 그의 팀 뿐만 아니라 매니저도 일정을 준비하고 있다.
   ⑤ 선수들이 코치와 함께 결승전을 위해 연습하고 있다.

수 일치 II (명사와 대명사)
1. ③ 2. All the dogs are playing in the park and they look happy. 3. The girl drank all the milk and she loved it.

1. 모든 엄마는 자신의 아이가 특별하다고 생각한다.
2. 해설 (1) 주어인 all the dogs가 이끄는 절을 먼저 쓰고, 접속사 and 뒤에 대명사인 they가 이끄는 절이 나오도록 배열한다.
   (2) 주어인 the girl이 이끄는 절을 먼저 쓰고, 접속사 and 뒤에 대명사인 she가 이끄는 절이 나오도록 배열한다.

Grammar Practice   pp. 16~17

수 일치 I (주어와 동사)
1. (1) run → runs (2) follow → follows (3) has → have (4) blooms → bloom
2. (1) plays → play (2) O (3) were → was 3. ①, ④
4. (1) go (2) enjoy (3) prefer (4) has (5) is

1. (1) 그 개는 매일 아침 뒷마당에서 달린다.
   (2) 모든 학생은 그 규칙을 주의 깊게 따른다.
   (3) 제이크와 메리는 때때로 저녁으로 피자를 먹는다.
   (4) 정원에 있는 꽃들이 밝게 피어난다.
2. (1) 그 아이들은 매일 공원에서 논다.
   (2) 아무도 수업에 늦지 않았다.
   (3) 직원들 각자에게 보너스가 지급되었다.
3. ② 미나 / ③ 그녀 / ⑤ 그 그룹의 각 멤버들은 매주 주말마다 축구를 한다.
4. 우리 가족은 주말에 함께 시간을 보내는 것을 아주 좋아합니다. 우리는 보통 공원을 방문하거나 하이킹을 갑니다. 우리 오빠와 저는 야외 활동을 즐기는 반면, 부모님은 집에서 쉬는 것을 선호하십니다. 각 가족 구성원이 다른 취미를 가지고 있지만, 우리는 모두 함께 시간을 보내는 것이 중요하다는 데 동의합니다.

수 일치 II (명사와 대명사)

1. (1) their (2) his or her (3) their
2. (1) its → his (2) his → her (3) his or her → their
3. (1) its (2) their (3) our 4. ⓑ its → their

1. (1) 모든 개들이 신나게 꼬리를 흔들었다.
   (2) 각 학생은 수업에 자기 자신의 책을 가져와야 한다.
   (3) 그 남자들은 다음 학기를 위한 계획을 논의하고 있다.
2. (1) 모든 소년은 제시간에 자신의 숙제를 제출했다.
   (2) 각 여학생은 집에 물통을 두고 왔다.
   (3) 그 반의 학생들은 그들의 학급 파티를 계획하고 있다.
3. (1) 각 차는 헤드라이트를 켜 놓았다.
   (2) 모든 아이들은 내일 점심을 가져와야 한다.
   (3) 우리 모두는 회의 중에 우리의 아이디어를 나눴다.
4. 아이들은 빵 바자회를 조직하기로 결정했다. 각 아이는 자신의 레시피를 가져와서 공유했다. 행사 중에 부모님들은 물건을 판매하는 데 도움을 주었다. 모든 부모님은 자신의 준비물을 가져왔다. 판매는 잘 진행되었고, 그것은 이익을 남겼다. 아이들은 그들의 이익을 지역 자선 단체에 기부했다.

Word Practice ❶   p. 20

1. ⑨	2. ④	3. ⑭	4. ㉕	5. ⑪	6. ⑧
7. ⑱	8. ⑫	9. ⑦	10. ⑯	11. ⑤	12. ㉖
13. ㉓	14. ㉗	15. ⑬	16. ㉚	17. ①	18. ㉔
19. ⑥	20. ⑳	21. ㉒	22. ⑮	23. ㉘	24. ⑲
25. ⑩	26. ⑰	27. ②	28. ㉙	29. ③	30. ㉑

Word Practice ❷   p. 21

1. ④	2. ㉗	3. ⑨	4. ⑧	5. ①	6. ㉓
7. ②	8. ⑫	9. ⑯	10. ⑰	11. ㉙	12. ⑩
13. ㉘	14. ⑲	15. ⑦	16. ㉑	17. ㉒	18. ⑪
19. ㉔	20. ⑳	21. ㉕	22. ③	23. ⑬	24. ⑱
25. ⑭	26. ⑥	27. ⑤	28. ㉚	29. ⑮	30. ㉖

Read: Check Up   pp. 23~31

p. 23 **1.** ① **2.** ①
p. 25 **1.** what to buy **2.** ③
p. 27 **1.** playing
       2. (When) Watching the news
p. 29 **1.** There are
       2. He gave an apple to me.
p. 31 **1.** The exciting movie made me happy.
       2. tiredly → tired

After You Read: Check Up   p. 32

1. happy 2. Lunch and dinner 3. excitement
4. Spanish 5. cannot 6. field trip

본문 연습: 옳은 것 고르기   pp. 33~36

1. is 2. thinks 3. boring 4. more 5. to
6. were 7. at 8. laugh 9. being 10. think
11. carefully 12. to 13. but 14. still 15. had
16. to do 17. off 18. what 19. it 20. to
see 21. clever 22. happy 23. playing
24. are 25. After 26. spelled 27. was
28. to give 29. with 30. well 31. Thinking
32. if 33. puzzled 34. surprised 35. What
36. park 37. was 38. most 39. us
40. little 41. taking 42. On 43. because
44. had 45. there 46. loud 47. National
48. directly 49. speechless 50. observatory
51. impressive 52. to send 53. curious
54. were 55. that 56. through 57. well-informed
58. thankful 59. on 60. closer

본문 연습: 빈칸 채우기   pp. 37~38

1. like 2. fascinating 3. good at 4. rather
5. tends to 6. tried to 7. what to do 8. wait
for 9. to see 10. What 11. the same
12. must be 13. as usual 14. trick 15. no
longer 16. silly 17. atmosphere 18. was
busy taking 19. confused 20. translation
21. searched for 22. number one
23. Astronomical 24. simply 25. observatory
26. impressive 27. allowed 28. conversation
29. vacuum 30. sound waves 31. felt
32. brought us closer

The Finish Line: Check Up   p. 43

1. riddle 2. atmosphere 3. observe 4. vacuum
5. confused 6. detective 7. impress

1. ②   2. ③   3. ④   4. ⑤   5. ①   6. ④   7. ⑤   8. ④
9. ⓐ thinks ⓑ fascinating   10. boring 11. ③   12. ⓔ
happily → happy   13. He was happy to see us.
14. ②   15. ④   16. It gave us amazing views. 17. for
18. loudly   19. ⑤ 20. ③   21. ③, ⑤   22. vacuum
23. observatory 24. ①   25. ②

1. [해설] ② polite는 '예의 바른'이라는 의미를 나타낸다.
2. 내 여동생은 매우 ③ 활동적이다. 그녀는 항상 에너지가
   많고 항상 움직이고 있다.
   ① 다정한 ② 영리한, 똑똑한 ④ 친절한 ⑤ 수줍음을 많이
   타는
   [해설] 항상 에너지가 많은 사람을 묘사할 때 적절한 단어
   는 energetic(활동적인)이다.
3. ① 불안해 하는 ② 놀란 ③ 만족한 ④ (너무 화가 나거나
   놀라서) 말을 못하는 ⑤ 혼란스러워하는
   [해설] '(너무 화가 나거나 놀라서) 말을 못하는'이라는 의
   미를 나타내는 단어는 speechless이다.
4. ① 요리사 ② 조종사 ③ 디자이너 ④ 소방관 ⑤ 형사, 탐정
   [해설] '무언가나 누군가에 대한 정보를 찾는 것이 직업인
   사람'을 나타내는 단어는 detective(형사, 탐정)이다.
5. A: 너는 여가 시간에 무엇을 하는 것을 즐기니?
   B: ① 나는 VR 게임하는 것에 관심이 있어. VR 게임은 정
       말 재미있어!
   ② 나는 VR 게임은 잘 모르겠어.
   ③ 나를 도와줄 수 있니?
   ④ 지금은 너무 늦었어, 그렇지 않니?
   ⑤ 내일 만나서 VR 게임하자!
   [해설] 여가 시간에 무엇을 즐기는지 묻고 있으므로 취미
   나 관심사를 말하는 답이 적절하다.
6. A: 너는 요즘 무엇에 빠져 있니?
   B: 나는 사진 찍는 것에 매료되어 있어.
   A: 흥미롭게 들린다. _____
   B: 나는 자연 사진을 찍는 걸 정말 좋아해.
   ① 너는 어디에서 사진 찍는 걸 좋아하니?
   ② 사진 찍기에서 가장 즐기는 것은 무엇이니?
   ③ 너는 어떤 종류의 사진에 관심이 있니?
   ④ 너는 사진 찍기에 매료된 지 얼마나 되었니?
   ⑤ 너는 풍경 사진 찍는 걸 좋아하니, 아니면 사람 사진 찍
       는 걸 좋아하니?
   [해설] ④ 사진 찍기에 매료된 지 얼마나 되었는지 묻는 질
   문에 자연 사진을 찍는 걸 좋아한다는 답은 자연스럽지 않
   다.
7. ① 모두가 자신이 팀에서 최고의 선수라고 생각한다.
   ② 소년들 각각이 자신의 숙제를 끝냈다.
   ③ 제이드와 그녀의 친구들은 어젯밤 콘서트에 있었다.
   ④ 아람, 윤호, 그리고 나는 함께 행사를 계획하고 있다.
   ⑤ 그룹의 모든 구성원들이 여행에 대해 흥분하고 있다.

[해설] ⑤ Every member가 주어일 때 단수로 취급하므
로 are가 아니라 is가 되어야 한다.
8. ① 모든 어머니는 자신의 아이를 돌본다.
   ② 각 여성은 자신의 식사를 준비했다.
   ③ 각 팀이 제시간에 프로젝트를 완료했다.
   ④ 모든 소년은 자신의 숙제를 교실에 가져왔다.
   ⑤ 모든 학생은 자신의 답이 맞다고 생각한다.
   [해설] ④ 앞에 나온 명사구인 Every boy가 남성을 나타
   내므로 his or her가 아니라 his가 되어야 한다.
9. [해설] ⓐ Everybody가 주어일 때 단수로 취급하므로 동
   사도 단수형인 thinks로 쓴다.
   ⓑ be동사의 보어가 필요하므로 '대단히 흥미로운, 매력적
   인'이라는 의미의 형용사 fascinating의 형태가 되어야 한다.
10. 지훈이의 친구들은 책, 과학, 박물관이 지루하다고 생각하
    지만, 그는 동의하지 않는다.
    [해설] 지훈이는 책, 과학, 박물관을 좋아하지만, 친구들
    은 그것들이 지루하다고 말한다고 했으므로 빈칸에는
    boring(지루한)이 들어가는 것이 알맞다.
11. ① 그 프로젝트는 좋지 않은 결과를 냈다.
    ② 저 식당은 서비스가 나쁘다.
    ③ 가엾은 에밀리! 그녀는 가장 좋아하는 책을 잃어버렸다.
    ④ 그녀의 시험 성적은 좋지 않았다.
    ⑤ 그는 너무 가난해서 새 전화기를 살 수 없었다.
    [해설] 밑줄 친 (A)와 ③에서 poor는 '가엾은'이라는 의미
    를 나타낸다. 다른 문장에서는 '좋지 못한', '가난한'의 의
    미를 나타낸다.
12. [해설] ⓔ 'make+목적어+형용사' 구문으로 '(목적어)가
    어떠한 상태(형용사)가 되게 하다'라는 의미를 나타낸다.
13. [해설] '주어(He)+be동사(was)+형용사(happy)+to 부
    정사(감정의 원인)'의 순서로 배열한다.
14. [해설] We ran down to our train, but Yunho was
    too slow. The train left, ...에서 윤호가 너무 느려서 열
    차를 타지 못했다는 것을 알 수 있다.
15. [해설] 관광객의 말을 이해하지 못한 상황에서 전화기의
    번역 앱을 통해 그녀가 전화기를 잃어버린 것을 알았으므
    로 ④에 들어가는 것이 가장 적절하다.
16. [해설] '주어(It)+수여동사(gave)+간접목적어(us)+직접
    목적어(amazing views)'의 순서로 배열한다.
17. [해설] ⓑ ask for: 요청하다
    ⓒ search for: …을 찾다
18. [해설] '큰 소리로'라는 의미의 in a loud voice는 부사
    loudly로 바꿔 쓸 수 있다.
19. ① 놀라움으로 가득한 하루
    ② 공원에서 최고의 놀이 기구들
    ③ 잊을 수 없는 모험
    ④ 무서운 롤러코스터 타기
    ⑤ 놀이공원에서의 즐거운 시간
    [해설] 첫 번째 단락은 놀이공원에서의 즐거운 시간에 대
    해 이야기하고 있다. ⑤가 전체 내용을 가장 잘 요약하고
    있으며, 다른 선택지들은 너무 포괄적이거나 특정 부분만

20. 해설 ③ We were confused because we did not understand.에서 그들이 처음에 관광객의 말을 이해하지 못해서 혼란스러워했다는 것을 알 수 있다.

21. 해설 ⓒ allow는 목적격 보어로 to 부정사를 취해서 '(목적어)가 …하는 것을 허락하다'라는 의미를 나타낸다. → to send
ⓔ 감각동사 feel 뒤에는 부사가 아니라 형용사인 thankful이 와야 한다. → felt really thankful

22. 해설 빈칸에는 앞에서 언급한 there is no air in space의 상태가 들어가야 한다. 따라서 '진공'이라는 의미의 vacuum이 들어가는 것이 알맞다.

23. 해설 '사람들이 별과 행성을 보기 위해 망원경을 이용하는 장소'를 나타내는 단어는 '천문대, 기상대'라는 의미의 observatory이다.

24. ① 저는 이것이 여러분이 저를 더 잘 알게 되는 데 도움이 되기를 바랍니다.
② 저는 항상 삶에서 새로운 도전을 찾고 있습니다.
③ 저는 가족과 친구들과 시간을 보내는 것을 즐깁니다.
④ 저는 종종 미래에 내가 이루고 싶은 것에 대해 생각합니다.
⑤ 저는 새로운 기술을 배우고 나 자신을 발전시키는 것에 열정이 있습니다.
해설 자신을 소개하는 글의 마무리 문장이므로 발표를 정리하는 내용의 ①이 가장 적절하다.

25. ① 친구들은 어떻게 서로를 지지하나요?
② 친구들은 무엇을 할까요?
③ 왜 우정이 중요한가요?
④ 여러분은 어떤 활동을 즐기나요?
⑤ 친구들은 다툼을 어떻게 해결할 수 있나요?
해설 친구들이 함께하는 일을 나타내는 다양한 표현이 제시되어 있으므로 제목으로는 ② '친구들은 무엇을 할까요?'가 가장 적절하다.

단원 평가 2회   pp. 48~51

1. ④   2. ④   3. ②   4. ③   5. suggest   6. respond
7. ③   8. ③   9. ④   10. I'm interested in playing VR games.   11. photography   12. is   13. ③   14. ③
15. he tends to be slow to respond   16. ②   17. ⓔ Seen → Seeing[When I saw]   18. ①   19. What
20. ①   21. (s)peechless   22. ③   23. ⑤   24. ⑤
25. ③

1. ① 수줍음을 많이 타는
② 영리한, 똑똑한
③ 다정한
④ 국립의, 국가의
⑤ 호기심이 많은

해설 ④ national은 '국립의, 국가의'라는 뜻으로 사람의 성격이나 특징을 나타내지 않는다.

2. ① 그는 혼자서 퍼즐 푸는 것을 즐긴다.
② 그는 항상 인내심이 있고 자신의 차례를 기다린다.
③ 그는 매우 수줍음을 타며 사람이 많은 곳을 피한다.
④ 그는 새로운 사람들을 만나는 것을 즐기며 대화하는 것을 아주 좋아한다.
⑤ 그는 집에 머물며 조용히 책 읽는 것을 아주 좋아한다.
해설 an outgoing person은 '외향적인 사람'이라는 의미이므로 ④ 새로운 사람들을 만나고 대화하는 것을 좋아하는 사람에게 어울리는 표현이다.

3. 지나는 항상 남을 돕고 매우 ③ 예의 바르다. 그녀는 부탁의 말과 감사의 말을 하는 것을 절대 잊지 않는다.
① 활동적인   ③ 모험심이 강한
④ 유머러스한   ⑤ 아는 게 많은, 박식한
해설 항상 남을 돕고 부탁의 말과 감사의 말을 하는 사람에게 어울리는 형용사는 ③ polite(예의 바른)이다.

4. • 박물관에 가려면 어디서 내려야 하나요?
• 그림이 거꾸로 걸려 있다.
해설 get off: 내리다
upside down: (아래위가) 거꾸로, 뒤집혀

5. 해설 '제안하다'라는 의미를 나타내는 동사는 suggest이다.

6. 해설 '대답하다, 반응을 보이다'라는 의미를 나타내는 동사는 respond이다.

7. 나는 그 _____가 대단히 흥미로웠다고 생각한다.
① 쇼, 공연 ② 영화 ③ 소설 ④ 공연 ⑤ 이야기
해설 빈칸 뒤의 동사가 단수인 was이므로 복수 주어인 ③ novels는 들어갈 수 없다.

8. ① 각 학생은 다른 생각을 가지고 있다.
② 그 반에 있는 누구도 시험 준비가 되어 있지 않았다.
③ 모든 학생이 발표에 대한 준비가 되어 있었다.
④ 모든 학생이 그 행사에 흥분하고 있다.
⑤ 아람이와 윤호 둘 다 오늘 수업에 늦었다.
해설 ③ 주어 앞에 every가 붙으면 3인칭 단수로 취급하므로 단수 동사인 was가 되어야 한다.

9. ① 각각의 개는 자신만의 침대를 가지고 있었다.
② 모든 아이는 자신이 가장 좋아하는 장난감이 있다.
③ 모든 팀이 제시간에 보고서를 제출했다.
④ 모든 학생이 제시간에 자신의 프로젝트를 완료했다.
⑤ 각각의 직원들은 자신의 보너스를 받았다.
해설 ④ Every student는 사람을 나타내므로 대명사는 its가 아니라 his or her가 되어야 한다.

10. 해설 A가 여가 시간에 무엇을 하는 것을 즐기는지 묻고 있으므로, 자신의 관심사를 답하는 것이 알맞다. I'm interested in은 '나는 …에 관심이 있다'라는 의미를 나타낸다.

11. Q: 유진이는 요즘 무엇을 하는 것을 즐기는가?
A: 유진이는 사진 찍기, 특히 자연 사진을 찍는 것을 즐긴다.

ⓓ 전치사 for 뒤이므로 동명사인 giving이 알맞다.

24. 해설 ① 그들은 걸어서 갔다.
② 밤하늘의 3D 이미지들이다.
③ 스페이스 월드이다.
④ 우주에는 공기가 없기 때문이다.
⑤ 그들이 국립 과학 박물관을 나와서 어디에 갔는지는 본문에 언급되어 있지 않다.

25. 해설 ③ I felt really thankful to my dad for giving me a book on space travel as a birthday gift last year.에서 생일 선물로 우주 여행에 관한 책을 준 것에 대해 아빠에게 감사하고 있음을 알 수 있다.

왼쪽 단

해설 무엇에 관심이 있는지 묻는 지안이의 질문에 유진이는 사진 찍는 것에 빠져 있다고 대답했다.

12. 해설 주어가 one of my goals로 3인칭 단수이고, 현재의 목표를 물어보고 있으므로 is가 되어야 한다.

13. 해설 ③ B가 자신의 다른 목표를 말한 후에 A가 자신의 목표를 말하고 있으므로 '너는 어때?'라는 의미의 What about you?는 ③에 들어가는 것이 알맞다.

14. 해설 ⓒ '사역동사(make)+목적어+동사원형'의 형태로 '(목적어)를 …하게 만들다'라는 의미를 나타내므로 to laugh가 아니라 laugh가 되어야 한다.

15. 해설 tend to는 '…하는 경향이 있다'라는 의미이며, 형용사인 slow 뒤에 형용사를 수식하는 부사적 용법의 to부정사(to respond)가 오도록 배열한다.

16. 해설 She likes to chat and is good at it.에서 아람이가 수다 떠는 것을 좋아하고 그것을 잘한다는 것을 알 수 있다.

17. 해설 ⓔ 아람이와 윤호가 어리둥절해하는 것을 본 것이 주어인 I이므로 과거분사인 Seen이 아니라 현재분사인 Seeing이 되거나 부사절로 쓸 수 있다.

18. ① 나는 그것을 극복했어.
② 나는 그걸 해결했어.
③ 나는 그걸 알아냈어.
④ 나는 이제 이해했어.
⑤ 나는 답을 찾았어.
해설 본문의 I got it.은 '나는 알았어.'라는 의미이므로 '나는 그것을 극복했어.'라는 의미의 ①로는 바꿔 쓸 수 없다.

19. 해설 뒤에 '형용사+명사'가 나오므로 감탄문을 만들기 위해서는 What이 들어가야 한다.

20. ① 제이드가 지하철에서 하자고 제안한 놀이는 무엇이었는가?
② 제이드는 첫 번째 수수께끼에 대해 어떻게 생각했는가?
③ 윤호가 가장 좋아하는 음식은 무엇이었는가?
④ 아람이는 놀이 후에 왜 배가 고팠는가?
⑤ 윤호는 제이드와 아람이를 어디에서 만났는가?
해설 ① On the subway, Jade suggested playing riddle games.에서 제이드가 지하철에서 수수께끼 놀이를 하자고 제안했음을 알 수 있다. 다른 질문들은 본문의 내용으로는 답을 파악할 수 없다.

21. 해설 '분노, 놀람 등으로 말을 할 수 없는'이라는 의미의 형용사는 speechless이다. 부사가 아니라 형용사로 쓰는 것에 유의한다.

22. 해설 주어진 말은 우주에서 대화가 불가능한 이유를 설명하고 있다. 따라서 윤호가 우주에서 대화할 수 있는지 묻고, 아람이와 제이드가 관심을 보인 뒤인 ③에 들어가는 것이 자연스럽다.

23. 해설 ⓑ allow는 목적격 보어로 to부정사를 취해서 '(목적어)가 …하는 것을 허락하다'라는 의미를 나타낸다.
ⓒ 주어인 아람이와 제이드가 관심을 가지고 있으므로 interested(관심있어 하는)가 들어가는 것이 알맞다.

Lesson 2

Listen & Speak
pp. 58~59

❶ 1. ③   2. ④   3. 2-5-1-4-3

1. A: 너는 이번 여름 방학에 무엇을 할 계획이니?
B: ③ 나는 서핑을 배울 거야.
① 방학은 항상 너무 짧아.
② 8월은 날씨가 정말 더워.
④ 여름 방학은 7월에 시작해.
⑤ 그녀는 해외에 있는 사촌들을 방문할 계획이야.

2. A: 내일 너의 계획은 무엇이니?
B: 나는 친구들과 영화를 보러 ①, ② 갈 거야. / ③ 갈 계획이야. / ⑤ 내 계획은 친구들과 영화를 보는 거야.

3. _2_ 아, 정말? 그와 함께 무엇을 할 계획이야?
   _5_ 우리는 명동의 지역 상점을 탐험하고 길거리 음식을 먹을 거야.
   _1_ 내 일본 친구, 히로시가 다음 달에 서울에 올 거야.
   _4_ 멋지다! 그 다음은?
   _3_ 우리는 신나는 계획이 있어! 먼저, 우리는 남산 타워에 가서 전망을 즐길 계획이야.

❷ 1. ⑤ **2.** What do you think of K-Pop?
3. 2-1-3-(4)

1. A: 나는 음식을 좋아하는 사람들에게는 한국이 최고의 장소 중 하나라고 생각해.
   B: ① 맞아. ② 네 의견에 동의해. ③ 너에게 완전히 동의해. ④ 나도 정확히 그렇게 생각해. 한국 음식은 정말 맛있고 다양해.
2. A: 너는 K-Pop에 대해 어떻게 생각하니?
   B: 나는 K-Pop이 멋진 춤 동작을 가지고 있기 때문에 역동적이라고 생각해.
   A: 너에게 전적으로 동의해.
3. _2_ 응, 있어! 정말 아름답고 우아한 느낌이야.
   _1_ 너는 전에 한복을 입어본 적이 있니?
   _3_ 나도 정확히 그렇게 생각해. 색깔이랑 디자인이 놀랍지.
   _4_ 맞아! 한국 문화를 정말 잘 드러내 주고 있어.

내신 출제 문법 포인트 pp. 62~63

접속사
1. (1) If (2) since (3) While
2. (1) won't → don't (2) will start → starts

1. (1) 매일 연습하면, 너는 피아노를 더 잘 연주하게 될 것이다.
   (2) 그들은 어렸을 때부터 친구였다.
   (3) 그가 저녁을 요리하는 동안, 전화가 울렸다.
2. (1) 열심히 공부하지 않으면, 너는 시험에 합격하지 못할 것이다.
   (2) 콘서트가 시작되면, 우리는 자리에 머무를 것이다.

병렬 구조
1. (1) baking / 그녀는 요리와 제빵 둘 다에 관심이 있다.
   (2) stay at home / 너는 산책 가는 것, 또는 집에서 머무르는 것을 선택할 수 있다.
2. (1) traveling[travelling] (2) hates

1. 해설 (1) 동명사 cooking과 baking이 상관 접속사 both A and B로 연결되어 있다.
   (2) to 부정사구인 go for a walk와 stay at home이 등위 접속사 or로 연결되어 있다. 여기서 stay 앞의 to가 생략되어 있다.
2. (1) 그녀는 새로운 언어를 배우는 것뿐만 아니라 새로운 장소를 여행하는 것에도 관심이 있다.
   (2) 미나는 저녁을 요리하는 것을 즐기지만 설거지하는 것을 아주 싫어한다.

Grammar Practice pp. 64~65

접속사
1. (1) If (2) Since (3) when (4) while
2. (1) will arrive → arrives
   (2) ○ (3) won't → don't
3. (1) 그가 야외 활동을 즐기는 반면, 그녀는 실내에 있는 것을 선호한다.
   (2) 우리는 기차를 기다리는 동안, 카드 게임을 했다.
   (3) 동아리에 가입한 이후로, 나는 사진 찍기에 대해 정말 많은 것을 배웠다.
   (4) 나는 피곤했기 때문에 일찍 잠자리에 들었다.
4. (1) While she was reading a book, the baby fell asleep.
   (2) Since he moved to another city, I haven't seen him.

1. (1) 열심히 일하면, 너는 목표를 달성할 것이다.
   (2) 버스를 놓쳤기 때문에, 나는 학교에 걸어 가야 했다.
   (3) 그 뉴스를 들었을 때 나는 정말 놀랐다.
   (4) 그는 체육관에서 운동하는 동안 음악을 듣는다.
2. (1) 그가 공항에 도착하면, 나는 그를 태우러 갈 것이다.
   (2) 그녀가 내일 기분이 나아지면, 우리 여행에 참여할 것이다.
   (3) 서두르지 않으면, 우리는 버스를 놓칠 것이다.
3. 해설 (1), (2) while은 '…인데 반하여'라는 의미의 대조와 '…하는 동안'이라는 의미의 시간을 나타내는 부사절을 이끈다.
   (3), (4) since는 '…한 이후로'라는 의미의 시간과 '…때문에'라는 의미의 이유를 나타내는 부사절을 이끈다.
4. 해설 (1) '…하는 동안'이라는 의미의 접속사 while이 이끄는 부사절이 먼저 나오도록 배열한다.
   (2) '…한 이후로'라는 의미의 접속사 since가 이끄는 부사절이 먼저 나오도록 배열한다.

병렬 구조
1. (1) watch (2) choose (3) make (4) helpful
2. (1) passion → passionate (2) staying → stay
   (3) taking → (to) take (4) to hand → hand
3. (1) bring (2) riding (3) spending (4) focus
4. (1) reading books and writing stories
   (2) good at not only dancing but also singing

1. (1) 그녀는 자유 시간에 소설을 읽고 영화를 보는 것을 좋아한다.
   (2) 너는 차를 마시거나 커피를 고를 수 있지만, 둘 다는 안 된다.
   (3) 그녀는 쿠키를 굽는 것뿐만 아니라 케이크도 만들기로 결정했다.
   (4) 매니저는 창의적이고 도움이 되는 사람을 찾고 있다.

2. (1) 그녀는 자신의 일에 에너지가 넘치고 열정적이다.

(2) 우리는 주말에 하이킹을 가거나 집에 머물며 쉰다.

(3) 너는 버스로 여행하는 것을 선호하니, 아니면 기차를 타는 것을 선호하니?

(4) 그는 프로젝트를 제시간에 끝낼 뿐만 아니라 정확하게 제출하고 싶었다.

3. (1) 나는 점심으로 샌드위치를 가져가거나 샐러드를 가져갈 것이다.

(2) 그는 공원에서 달리기나 자전거 타는 것을 즐긴다.

(3) 나는 친구들을 만나고 가족과 시간을 보내는 것을 기대하고 있다.

(4) 그는 건강을 개선할 뿐만 아니라 학업에 집중하기로 결정했다.

4. 〔해설〕 (1) 전치사 on 뒤에 동명사구가 병렬 구조를 이루도록 배열한다. spend time on: …하며 시간을 보내다

(2) not only A but also B: A뿐만 아니라 B도

Word Practice ❶   p. 68

1. ㉖	**2.** ⑦	**3.** ㉙	**4.** ㉚	**5.** ㉕	**6.** ④
7. ②	**8.** ⑪	**9.** ⑧	**10.** ⑲	**11.** ⑥	**12.** ⑬
13. ㉗	**14.** ㉘	**15.** ⑯	**16.** ⑭	**17.** ⑩	**18.** ⑤
19. ③	**20.** ㉓	**21.** ⑫	**22.** ⑳	**23.** ⑰	**24.** ⑨
25. ①	**26.** ㉒	**27.** ㉑	**28.** ⑮	**29.** ⑱	**30.** ㉔

Word Practice ❷   p. 69

1. ⑭	**2.** ⑥	**3.** ⑩	**4.** ㉔	**5.** ②	**6.** ①
7. ㉚	**8.** ㉑	**9.** ⑪	**10.** ⑮	**11.** ⑰	**12.** ⑲
13. ㉗	**14.** ⑤	**15.** ⑫	**16.** ③	**17.** ⑬	**18.** ㉒
19. ⑨	**20.** ④	**21.** ⑯	**22.** ⑱	**23.** ㉓	**24.** ⑧
25. ⑳	**26.** ⑦	**27.** ㉕	**28.** ㉙	**29.** ㉘	**30.** ㉖

Read: Check Up   pp. 71~79

p. 71   **1.** used to
        2. 그 집은 두 시간 동안 청소되고 있다.
p. 73   **1.** was baked   **2.** ②
p. 75   **1.** calling → called
p. 77   **1.** order to
p. 79   **1.** exciting   **2.** thought → think

After You Read: Check Up   p. 80

1. F   **2.** T   **3.** F   **4.** T   **5.** F   **6.** T

본문 연습: 옳은 것 고르기   pp. 81~83

1. played   **2.** play   **3.** that   **4.** since   **5.** express   **6.** continued   **7.** To   **8.** called   **9.** in   **10.** below   **11.** When   **12.** the other   **13.** floor   **14.** on   **15.** many   **16.** since   **17.** excitement   **18.** must   **19.** so that   **20.** objects   **21.** different   **22.** throwing   **23.** depending on   **24.** additional   **25.** while   **26.** pieces   **27.** which   **28.** who   **29.** imaginative   **30.** create   **31.** one   **32.** such as   **33.** turn   **34.** If   **35.** attractive

본문 연습: 빈칸 채우기   pp. 84~86

1. ever   **2.** traditional   **3.** history   **4.** is believed   **5.** bonds   **6.** continued   **7.** pieces   **8.** board   **9.** diagonal   **10.** a total of   **11.** ready   **12.** flat   **13.** throw   **14.** based on   **15.** land   **16.** randomly   **17.** adds to   **18.** boundary   **19.** so that   **20.** objects   **21.** from, to   **22.** take turns throwing   **23.** depending on   **24.** additional   **25.** opponent's   **26.** as one   **27.** choose   **28.** who   **29.** imaginative   **30.** create   **31.** missions   **32.** introduce.   **33.** turn around   **34.** creative   **35.** technology

The Finish Line: Check Up   p. 91

1. diagonal   **2.** traditional   **3.** harvest   **4.** imaginative   **5.** randomly   **6.** opponent   **7.** boundary

1. ③ **2.** ④ **3.** ② **4.** ④ **5.** ③ **6.** ④ **7.** ⑤ **8.** ⑤ **9.** ⓓ−ⓒ−ⓑ−ⓐ **10.** I think Korean webtoons are popular because of their unique stories and drawings. **11.** ④ **12.** ① **13.** ② **14.** ① **15.** ⑤ **16.** ④ **17.** ⑤ **18.** ④ **19.** ⑤ **20.** The player who moves all the pieces back to the starting station first wins. **21.** ③ **22.** ③ **23.** ③ **24.** ⑤ **25.** ⑤

1. ① 고대의: 아주 오랫동안 살아왔거나 존재한
② 대각선: 한 도형의 두 반대쪽 모퉁이를 연결하는 선
③ 수확하다: 씨앗, 꽃, 또는 식물이 자라도록 땅에 심다
④ 비슷한: 누군가 또는 다른 무엇과 거의 동일한
⑤ 상대: 경기에서 상대방과 경쟁하는 사람, 팀, 그룹 등
[해설] '씨앗, 꽃, 또는 식물이 자라도록 땅에 심다'에 해당하는 단어는 plant(심다)이다.

2. • 너는 이 두 종이를 풀로 붙여야 한다.
• 지팡이는 험한 길을 하이킹할 때 도움이 될 수 있다.
① 유대, 끈 ② (땅에) 내려앉다; 땅 ③ 물건, 물체 ④ 붙이다; 막대기 ⑤ 놓다, 두다; 장소
[해설] stick은 동사로 '붙이다', 명사로 '막대기'라는 의미를 나타내는 다의어이다.

3. [해설] ⓑ blink는 동사로 '눈을 깜빡이다'라는 의미를 나타낸다.

4. [해설] 주어진 문장은 '내가 너와 함께 가도 될까?'라는 의미의 질문이다. 여자가 Sure!라고 답하면서 약속 시간을 잡기 전인 ④에 들어가는 것이 알맞다.

5. ① 축제는 광화문에서 열릴 것이다.
② 축제는 토요일 정오에 시작한다.
③ 남자는 이미 K-컬처 축제에 대해 알고 있었다.
④ 남자는 축제가 한국 문화를 배우기에 좋은 기회라고 생각한다.
⑤ 남자와 여자는 11시 30분에 광화문역에서 만나기로 계획하고 있다.
[해설] 남자는 K-컬처 축제가 무엇이냐고 물어봤고, 이에 여자가 축제에 대해 설명한 것으로 보아 ③은 대화의 내용과 일치하지 않는다.

6. ① 나에게 그녀에 대해 말해줄 수 있니?
② 그녀는 전에 서울에 와본 적이 있니?
③ 그녀는 얼마나 자주 서울을 방문하니?
④ 너는 그녀와 무엇을 할 계획이니?
⑤ 너는 언제부터 그녀와 친구였니?
[해설] A가 빈칸 뒤에서 서울을 방문하는 외국인 친구와의 계획에 대해 말하고 있으므로 빈칸에는 그녀와 무엇을 할 계획인지 묻는 ④가 들어가는 것이 자연스럽다.

7. ① 나는 전혀 모르겠어.
② 나는 그렇게 생각하지 않아.
③ 그 말을 들으니 안타깝다.
④ 나는 무엇을 해야 할지 모르겠어.
⑤ 네 말에 전적으로 동의해.
[해설] I totally agree with you.는 상대방의 의견에 동의할 때 사용하는 표현으로 ⑤ I couldn't agree with you more.로 바꾸어 쓸 수 있다.

8. [해설] B가 K-푸드 부스에 먼저 가자고 제안했고, A가 승낙하며 배고프다고 했으므로, 두 사람은 대화 후에 바로 K-푸드 부스에 갈 것이다.

9. [해설] 한복에 대한 의견을 묻는 질문에 대한 대답을 먼저 하고 (ⓓ), 그렇게 생각하는 이유를 물은 후 (ⓒ), 그 이유에 대답하고 (ⓑ), 그 말에 동의하는 것(ⓐ)이 대화의 흐름상 자연스럽다.

10. [해설] 주절인 I think 뒤에 목적어절인 Korean webtoons ...가 이어지고 because of(… 때문에) 뒤에 이유를 나타내는 명사구가 오도록 배열한다.

11. ① 내일 비가 오면 우리는 실내에 머무를 것이다.
② 모두가 도착하면 그들은 회의를 시작할 것이다.
③ 그는 소설 읽기와 단편 소설 쓰기를 즐긴다.
④ 그녀는 영어 배우기, 기타 연주하기, 그리고 친구를 사귀는 것에 관심이 있다.
⑤ 제인은 여가 시간에 음악 듣기, 영화 보기, 그리고 소설 읽기를 좋아한다.
[해설] ④ 전치사 in 뒤에 나열되는 동명사구가 등위 접속사 and로 연결되어 있는 병렬 구조이다. 문법적으로 대등한 형태가 되어야 하므로 makes는 making이 되어야 한다.

12. [해설] 이 글은 한국의 전통 놀이인 윷놀이의 역사에 대해 이야기하고 있다.

13. [해설] (A) 과거에 한국인들이 하곤 했던 게임이므로 과거의 일(…하곤 했다)을 나타내는 used to가 알맞다.
(B) for는 '… 동안'이라는 기간을 나타낼 때, since는 '…부터'라는 시작 시점을 나타낼 때 사용한다. 여기서는 '삼국시대부터'라는 의미로 since가 알맞다.
(C) 과거에 사람들이 윷놀이를 한 목적에 대해 서술하고 있으므로 to 부정사의 부사적 용법 중 목적을 나타내는 to make가 알맞다.

14. ① 나는 그녀가 시험에 합격했다는 것을 들었다.
② 저것이 내가 읽고 싶었던 책이다.
③ 그녀는 매우 우아한 드레스를 입었다.
④ 우리가 본 영화는 놀라웠다.
⑤ 저 차가 그렇게 비싸다니 믿을 수 없다!
[해설] 밑줄 친 ⓐ that과 ①에서 that은 명사절을 이끄는 접속사이다. ② 지시 대명사 ③ 주격 관계 대명사 ④ 목적격 관계 대명사 ⑤ 지시 형용사

15. [해설] ⓔ 감각동사 look 뒤에는 부사가 아닌 형용사 different가 와야 한다.

16. ① (체스나 장기 같이 판에서 하는 놀이에 쓰이는) 말, 조각 ② 차례, 순번; 돌다 ③ 결과 ④ 던지다; 던지기 ⑤ 알다
[해설] (A)에는 '던지다'라는 의미의 동사, (B)에는 '던지기'라는 의미의 명사인 throw가 들어가야 한다.

17. ① 윷놀이에서 사용되는 판의 이름은 무엇인가? → 윷판
② 윷놀이 판에는 몇 개의 역이 있는가? → 29개

③ 윷놀이 판은 보통 어떤 모양인가? → 2개의 대각선이 있는 정사각형
④ 윷놀이를 하려면 몇 개의 막대기가 필요한가? → 4개
⑤ 윷놀이 한판을 하는 데 시간이 얼마나 걸리는가?
[해설] ⑤ 윷놀이 한판을 하는 데 걸리는 시간은 언급되지 않았다.

18. [해설] ⓓ 여기서 must는 '…해야 한다'라는 의미의 의무를 나타낸다.

19. ① 참가자는 각 차례마다 원하는 만큼 많이 막대기를 던질 수 있다.
② 참가자는 이미 판에 있는 말이 시작점으로 돌아온 후에만 새로운 말을 판에 놓을 수 있다.
③ 만약 말이 상대방의 역에 도착하면, 그 말은 시작점으로 돌아가야 하며, 차례 한 번을 잃게 된다.
④ 만약 말이 모퉁이에 도착하면, 한 차례 동안 그 자리에 머물러야 한다.
⑤ 만약 당신의 말들 중 하나가 다른 자신의 말과 같은 역에 도착하면, 그 말들을 함께 움직일 수 있다.
[해설] ① 참가자들은 번갈아 가면서 윷을 던진다.
② 이미 판에 있는 말이 있어도 새로운 말을 판에 놓을 수 있다.
③ 상대방의 역에 도착하면 상대방의 말이 시작점으로 돌아가고, 윷을 한 번 더 던질 수 있다.
④ 말이 모퉁이에 도착하면, 어느 방향으로 움직일지 선택할 수 있다.

20. Q: 윷놀이에서 누가 이기는가?
A: 모든 말들을 시작점으로 가장 먼저 되돌아오게 한 참가자가 이긴다.
[해설] 본문의 마지막 문장에 모든 말들을 시작점으로 가장 먼저 되돌아오게 한 참가자가 이긴다고 제시되어 있다.

21. [해설] ⓒ 사역동사 make의 목적격 보어로 동사원형인 turn이 되어야 한다.

22. ① …의 밖으로 ② …에서 멀리 ③ …와 같은 ④ … 대신에 ⑤ … 때문에
[해설] 두 빈칸 뒤로 모두 앞에서 말한 것의 구체적인 예가 제시되어 있으므로 ③ such as가 들어가는 것이 알맞다.

23. ① 그녀는 자라서 교사가 되었다. → to 부정사의 부사적 용법 중 결과
② 나는 주말에 읽을 책이 있다. → to 부정사의 형용사적 용법
③ 그녀는 건강을 유지하기 위해 규칙적으로 운동한다. → to 부정사의 부사적 용법 중 목적
④ 숙제를 제시간에 끝내는 것이 중요하다. → to 부정사의 명사적 용법 (주어)
⑤ 그는 파티에서 친구들을 보고 놀랐다. → to 부정사의 부사적 용법 중 감정의 원인
[해설] (B) 밑줄 친 To add …는 '더 많은 흥미를 더하기 위해'라는 뜻으로 to 부정사의 부사적 용법 중 목적을 나타낸다.

24. [해설] 주어진 문장은 놀이의 새로운 규칙에 대한 설명이

므로, 새로운 규칙이 있다는 내용 뒤인 ⑤에 오는 것이 알맞다.

25. [해설] ⑤ 새로 추가된 규칙을 지키지 않으면 한 차례를 잃는 것이지 즉시 패배하는 것이 아니다.

단원 평가 2회   pp. 97~101

1. ④ **2.** ⑤ **3.** ⑤ **4.** ② **5.** ③ **6.** ④ **7.** ④ **8.** ⑤
9. ⑤ **10.** What are you planning to do with her?
11. ② **12.** ⑤ **13.** ④ **14.** ③ **15.** ② **16.** ⑤ **17.** ⑤
18. in order that **19.** ② **20.** the player can choose which way to move **21.** ⑤ **22.** If you will learn → If you learn **23.** ⑤ **24.** ④ **25.** ⑤

1. 전통 – 전통의
① 강한 – 더 강한 (형용사 원급 – 형용사 비교급)
② 흥분시키다 – 흥분 (동사 – 명사)
③ 무작위의 – 무작위로 (형용사 – 부사)
④ 열정 – 열정적인 (명사 – 형용사)
⑤ 상상하다 – 상상력이 풍부한 (동사 – 형용사)
[해설] 상자 속 단어 간 관계처럼 '명사 – 형용사'인 것은 ④이다.

2. • 나는 공부할 조용한 장소를 찾을 수 없다.
• 책을 테이블 위에 놓아 줄 수 있나요?
① 차례, 순번; 돌다 ② (땅에) 내려앉다; 땅 ③ 물건, 물체 ④ 막대기; 붙이다 ⑤ 장소; 놓다, 두다
[해설] 빈칸에 공통으로 알맞은 단어는 '장소; 놓다, 두다'의 의미를 가진 place이다.

3. ① 달의 ② 결과 ③ 돌아오다 ④ 비슷한, 유사한 ⑤ 경계, 경계선
[해설] '어떤 구역의 경계나 가장자리를 표시하는 선이나 지점으로, 한 구역이 끝나고 다른 구역이 시작되는 지점을 정의함'이 의미하는 단어는 boundary(경계, 경계선)이다.

4. [해설] 담화 전체가 화자 자신과 한국에 대한 긍정적인 특성을 강조하는 흐름을 따르고 있는 반면, ⓑ는 '한국의 '빨리빨리' 문화가 스트레스와 실수를 초래할 수 있다'라는 부정적인 측면을 언급하고 있으므로 담화의 전체 흐름상 알맞지 않다.

5. ⓐ 우리는 쇼가 끝나면 저녁을 먹을 것이다.
ⓑ 네가 열심히 공부한다면, 시험에 합격할 것이다.
ⓒ 그들은 여행을 계획하고, 가방을 싸고, 유명한 장소를 방문했다.
ⓓ 그녀는 지능뿐만 아니라 리더십으로도 유명하다.
ⓔ 내 목표는 규칙적으로 운동하고, 건강하게 먹고, 균형 잡힌 삶을 사는 것이다.

해설 ⓑ 조건을 나타내는 부사절에서는 현재시제가 미래시제를 대신한다. If you will study hard → If you study hard

ⓒ 과거시제의 동사구가 등위 접속사 and로 연결되는 병렬 구조이다. to visit → visited

6. • 그들은 돈이 없었기 <u>때문</u>에, 티켓을 살 수 없었다.
• 우리가 어렸을 <u>때</u>부터 나는 그를 알고 있었다.

해설 '… 때문에', '…한 이후로'라는 의미를 동시에 나타내는 접속사는 since이다.

7. **해설** 이번 주 토요일에 무엇을 할 계획인지 묻고 있으므로, 의도를 나타내는 be planning to로 답하는 것이 자연스럽다.

8. ① 그녀는 시험에 합격하기 위해 열심히 공부했다. → to 부정사의 부사적 용법 중 목적
② 그는 기차를 타기 위해 일찍 일어났다. → to 부정사의 부사적 용법 중 목적
③ 나는 새 차를 사기 위해 돈을 모으고 있다. → to 부정사의 부사적 용법 중 목적
④ 그들은 건강을 유지하기 위해 채소를 먹는다. → to 부정사의 부사적 용법 중 목적
⑤ 이 도시에는 방문할 장소가 많다. → to 부정사의 형용사적 용법

해설 밑줄 친 ⓑ는 앞의 명사를 수식하는 to 부정사의 형용사적 용법이다.

9. ① 광화문역에 가는 방법
② 한국 전통 음식 조리법
③ 춤 공연 대회
④ 한국 문화를 배우는 방법들
⑤ 광화문에서 열리는 축제 방문

해설 이 대화는 토요일에 광화문에서 열리는 K-컬처 축제에 가기 위해 약속을 잡는 것이 주요 내용이다.

10. **해설** 계획을 물을 때는 What are you planning to …? 로 물을 수 있다.

11. **해설** 주어진 문장은 K-뷰티 제품에 대한 의견이다. 따라서 K-뷰티 부스에 관련된 이야기와 상대방이 동의하는 사이인 ②에 들어가는 것이 자연스럽다.

12. **해설** ⓔ 여기서 right은 '바로'라는 의미를 나타내는 부사로 쓰였다.

13. **해설** 무언가에 대한 의견을 묻는 표현은 What do you think of …?, 이유를 묻는 표현은 What makes you think so?이므로 공통으로 들어갈 단어는 What이다.

14. **해설** ⓒ the game이 주어이므로 능동태가 아닌 수동태 has been played로 쓰여야 한다.

15. ① 그가 실수를 했다는 것은 명백하다. (가주어)
② 그것은 내가 어제 빌린 책이다. (대명사)
③ 그녀가 시험에 합격했다는 것은 놀랍다. (가주어)
④ 운동이 건강에 좋다는 것은 사실이다. (가주어)
⑤ 부모가 자녀를 걱정하는 것은 당연하다. (가주어)

해설 (A)의 It은 뒤에 있는 진주어를 대신하는 가주어이다.

16. ① 윷놀이의 역사 ② 윷 만드는 방법 ③ 윷놀이에서 이기

는 전략 ④ 한국 전통 놀이의 종류 ⑤ 윷놀이를 하기 위해 필요한 세 가지

해설 이 글은 윷놀이를 하기 위해 필요한 세 가지인 윷판, 윷, 말에 관하여 설명하고 있다.

17. **해설** 주어진 문장의 '이것(This)'은 막대기들이 무작위로 구르기 때문에 알 수 없다는 사실을 가리킨다. 따라서 ⑤에 들어가는 것이 자연스럽다.

18. **해설** 'so that+주어+동사'는 'in order that+주어+동사', 'in order to+동사원형', 'to+동사원형' 등으로 바꾸어 쓸 수 있다. 3단어로 쓰라고 했고, 뒤에 주어와 동사가 있으므로 in order that이 들어가야 한다.

19. ⓑ 막대기는 전통적으로 대나무나 다른 가벼운 재료로 만들어진다.

해설 이 글은 윷놀이를 하는 방법을 설명하고 있으므로, 윷의 재료에 대한 언급은 전체 흐름에 맞지 않는다.

20. **해설** 주어와 조동사, 동사 뒤로 의문 형용사 which가 이끄는 명사구가 이어지도록 배열한다.

21. ① 현대의 보드게임이 윷놀이보다 더 낫다.
② 윷놀이는 기술과 운이 필요한 게임이다.
③ 윷놀이를 할 때 창의력은 필요하지 않다.
④ 윷놀이의 전통적인 규칙은 변경할 수 없다.
⑤ 당신은 윷놀이를 통해 상상력을 발휘하고, 더 많은 즐거움을 누릴 수 있다.

해설 전체적으로 윷놀이를 창의적으로 즐기는 방법에 대한 내용이 나오므로 ⑤가 주제문이 되어 ⓐ에 들어가는 것이 가장 적절하다.

22. **해설** 시간과 조건을 나타내는 부사절에서는 현재시제가 미래시제를 대신한다. 따라서 If you will learn …이 아니라 If you learn …의 형태가 되어야 한다.

23. **해설** ① 윷놀이 판을 전통적인 것과는 달라 보이게 자신만의 판을 만들 수 있다.
② 영어로만 말하는 규칙은 예시로 제시된 윷놀이의 새로운 규칙이다.
③ 현대 기술의 시대에서도, 보드게임은 여전히 매력적이고 재미있을 수 있다.
④ 윷놀이와 비슷한 보드게임으로는 고대 인도의 파치시나 시리아의 바지스가 있다.

24. **해설** 이 글은 딱지치기의 기본적인 규칙에 대해 설명한 후, 화자 스스로가 제안한 창의적인 규칙을 언급하고 있다.

25. ① 딱지치기 놀이에서 참가자들은 어떻게 승리하는가?
② 딱지를 만들기 위해 어떤 재료가 필요한가?
③ 딱지치기에 도입된 새로운 규칙은 무엇인가?
④ 참가자들이 새로운 규칙을 지키지 않으면 어떤 일이 발생하는가?
⑤ 딱지치기는 동시에 몇 명이 할 수 있는가?

해설 ⑤ 딱지치기를 동시에 몇 명이 할 수 있는지에 대해서는 언급되어 있지 않다.

Listen & Speak   pp. 108~109

❶ 1. ⑤   2. What do you want to eat in Thailand?
3. 4-3-2

1. A: 너는 그를 만나고 싶니?
  B: 응, 맞아. 나는 그를 더 잘 알고 싶어.
  ① 나는 그를 더 잘 알게 될 거야.
  ② 나는 그를 더 잘 알게 될 계획이야.
  ③ 나는 그와 더 친해지기로 결심했어.
  ④ 나는 그와 더 친해지기로 약속했어.
  ⑤ 나는 그를 더 잘 알고 싶어.
2. A: 너는 태국에서 무엇을 먹고 싶니?
  B: 나는 매운 팟타이를 먹고 싶어.
3. _1_ 안녕, 리사. 너 영어 동아리에 가입했어?
  _4_ 영어책을 읽고 그것들에 대해 영어로 이야기하고 싶어.
  _3_ 너는 그 동아리에서 어떤 활동을 하고 싶어?
  _2_ 응, 했어.

❷ 1. ④   2. I'm happy with the result.   3. 3-2-4

1. A: 너는 여기 팬케이크에 대해서 어떻게 생각해?
  B: 글쎄, 나는 그것에 만족하지 못했어. 실망했어.
2. A: 나는 그 축구 경기가 1대 1로 비겼다고 들었어. 너희 팀이 정말 필친 것 같아.
  B: 맞아. 나는 그 결과에 만족해.
3. _1_ 너 화났니? 안 좋아 보여.
  _3_ 이것 말이니? 정말 예쁘다. 엄마가 좋아하실 것 같아.
  _2_ 내가 엄마를 위해 특별한 케이크를 만들었는데, 마음에 들지 않아.
  _4_ 아니야, 이건 그다지 좋지 않아. 다시 만들 거야.

내신 출제 문법 포인트   pp. 112~113

관계 대명사
1. (1) which (2) whose
2. (1) which (2) that (3) X
3. (1) I don't like the people who/that talk too much.
  (2) I know the boy whose father is a famous musician.

1. (1) 너는 항상 대답하기 어려운 질문을 한다.
  (2) 나는 어머니가 훌륭한 의사인 그 소녀를 안다.
2. (1) 내가 기다리던 버스가 오지 않았다.
  (2) 이게 네가 사고 싶은 전화기니?
  (3) 그녀는 큰 눈을 가진 소녀를 만났다.

3. (1) 나는 그 사람들을 좋아하지 않는다. 그들은 말을 너무 많이 한다. (나는 말을 너무 많이 하는 사람들을 좋아하지 않는다.)
  (2) 나는 한 소년을 안다. 그의 아버지는 유명한 음악가이다. (나는 아버지가 유명한 음악가인 한 소년을 안다.)

관계 대명사 what
1. (1) what (2) which
2. (1) which → what (2) what → which/that, 생략
3. (1) What she said made me happy.
  (2) I'm interested in what you said.

1. (1) 그는 내가 요리한 것을 좋아했다.
  (2) 그녀는 우리가 믿을 수 없는 이야기를 했다.
2. (1) 이 가방이 내가 찾고 있는 것이다.
  (2) 그녀가 부른 노래는 아름다웠다.

Grammar Practice   pp. 114~115

관계 대명사
1. (1) that (2) which (3) who
2. (1) which → who/that
  (2) that → whose
  (3) who → which/that/생략
  (4) whom → which/that/생략
3. (1) which/that (2) whose (3) which/that
4. (1) ⓐ, ⓓ (2) ⓒ (3) ⓑ, ⓓ

1. (1) 우리 정원에서 자라는 사과들은 달다.
  (2) 이것은 내가 도서관에서 빌린 책이다.
  (3) 큰 소음을 내는 사람들이 많았다.
2. (1) 이 반에 요가에 관심이 있는 사람이 있니?
  (2) 그 남자의 개가 밤새 짖어서 나는 잠을 설쳤다.
  (3) 이것은 내가 지난주에 그에게 보낸 카드이다.
  (4) 그가 그린 그림들은 매우 흥미롭다.
3. (1) 나는 케이트가 부르고 있는 달콤한 노래가 매우 좋다.
  (2) 앤은 취미가 스노우보드 타기인 오빠가 있다.
  (3) 이것이 이탈리아에서 만들어진 시계이다.
4. (1) 영어를 할 수 있는 사람을 아니?
  (2) 그는 작품이 여러 갤러리에 전시된 예술가이다.
  (3) 이것이 내가 그녀에게 들은 이야기이다.

관계 대명사 what
1. (1) that (2) What (3) that (4) what
2. (1) that → what (2) what → which/that
  (3) what → who/that
3. (1) what (2) who (3) whose (4) which
4. (1) ⓓ (2) ⓐ (3) ⓓ

1. (1) 이것은 내가 본 가장 높은 건물이다.
   (2) 내가 알고 싶은 것은 주인공의 직업이다.
   (3) 네가 가고 싶은 파티에 대해 나에게 말해줘.
   (4) 우리는 그들이 저녁을 위해 계획한 것을 즐겼다.
2. (1) 아무도 그녀가 말한 것을 믿지 않았다.
   (2) 그녀는 나에게 내가 정말 좋아하는 선물을 주었다.
   (3) 나를 치료해 준 의사는 매우 전문적이었다.
3. (1) 저 건물이 내가 지난주에 너에게 이야기한 것이다.
   (2) 톰과 함께 있는 소녀는 내 여동생이다.
   (3) 나는 어머니가 피아니스트인 소년을 만났다.
   (4) 이것들은 내가 혼자 해결할 수 없는 문제들이다.
4. (1) 나를 놀라게 한 것은 그의 목소리 톤이었다.
   (2) 계단을 내려오고 있는 소녀는 내 친구 메리이다.
   (3) 나는 제임스가 어제 내게 준 것을 잃어버렸다.

Word Practice ❶   p. 118

1. ⑨	2. ㉒	3. ㉔	4. ⑳	5. ㉘	6. ㉑
7. ⑥	8. ⑤	9. ⑧	10. ⑲	11. ⑫	12. ㉙
13. ㉖	14. ②	15. ㉓	16. ⑯	17. ①	18. ⑩
19. ④	20. ⑬	21. ⑰	22. ③	23. ⑱	24. ⑮
25. ㉚	26. ⑦	27. ⑭	28. ⑪	29. ㉕	30. ㉗

Word Practice ❷   p. 119

1. ⑩	2. ㉘	3. ⑦	4. ⑰	5. ㉑	6. ⑯
7. ㉗	8. ③	9. ⑫	10. ⑮	11. ㉔	12. ㉚
13. ㉕	14. ㉙	15. ⑲	16. ㉖	17. ⑨	18. ⑭
19. ④	20. ⑥	21. ⑧	22. ②	23. ①	24. ⑳
25. ㉒	26. ⑤	27. ⑬	28. ⑱	29. ⑪	30. ㉓

Read: Check Up   pp. 121~129

p. 121 1. ②
        2. (1) It was an unknown actor that the
               director cast in the leading role.
           (2) It is Tom that will be playing the
               piano at Jenny's wedding.
p. 123 1. (1) whose (2) What
        2. (1) before (2) while (3) until
p. 125 1. planted → were planted 2. ○
p. 127 1. by 2. as
p. 129 1. It is necessary to pay attention to
           your teachers.
        2. It was surprising that she left him.

After You Read: Check Up   p. 132

1. F 2. T 3. T 4. F 5. F 6. F

본문 연습: 옳은 것 고르기   pp. 133~134

1. m any 2. their 3. however 4. whose 5. has
6. what 7. for 8. Why 9. with, invaded
10. flag 11. more 12. were painted 13. since
14. Whatever 15. Nicknamed 16. that,
founded 17. that 18. features 19. from
20. cheerful 21. monument 22. painting
23. possible, away 24. surprising 25. highly
26. palaces 27. where 28. are 29. painted
30. Due to 31. exciting 32. colorful

본문 연습: 빈칸 채우기   pp. 135~136

1. Tourists 2. such as 3. colors 4. whose
5. commercials 6. mind 7. blue 8. Why
9. invaded 10. protest 11. based on
12. keeps 13. islanders 14. Whatever
15. Nicknamed 16. falls from 17. ruin
18. features 19. aside from 20. convent
21. why 22. pay respect to 23. keep, away
24. as 25. capital 26. but also 27. where
28. that 29. painted 30. landmark
31. exploring 32. colorful

The Finish Line: Check Up   p. 141

1. destination 2. feature 3. heritage
4. invade 5. reasonable 6. scenery 7. tourist

단원 평가 1회   pp. 142~145

1. ④ 2. ② 3. feature 4. reasonable 5. What
6. that 7. She met a professor whose lectures are
very interesting. 8. We visited a city which/that
is known for its beautiful scenery. 9. ① 10. (B)
- (D) - (C) - (A) 11. ⑤ 12. ⑤ 13. ③ 14. ⑤
15. Popular destinations have their own charms
16. it 17. ③ 18. (e)xplanation 19. ②, ⑤
20. ⓐ Nicknaming → Nicknamed 21. ④ 22. ①
23. ⑤ 24. ④ 25. ③

1. 〔해설〕④는 접미사 -or이 붙어서 inventor(발명가)가 되고, 나머지는 접미사 -er이 붙는다.

2. 〔해설〕②는 접미사 -or이 붙어서 editor(편집자)가 되고, 나머지는 접미가 -ist가 붙는다.

5. 내 인생에서 중요한 것은 내 가족이다.
   〔해설〕선행사가 없고 빈칸이 이끄는 절이 문장에서 주어 역할을 하므로 '…한 것'이라는 의미의 What이 알맞다.

6. 그것이 내가 너를 위해 만든 반지이다.
   〔해설〕선행사가 a ring으로 사물이고, 관계 대명사절에서 목적어 역할을 하고 있으므로 목적격 관계 대명사 that이 알맞다.

7. 그녀는 교수를 만났다. + 그의 강의는 매우 흥미롭다.
   〔해설〕a professor를 선행사로 하고, 뒷 문장의 His를 대체하는 관계 대명사가 와야 하므로 소유격 관계 대명사인 whose를 사용해 문장을 연결한다.

8. 우리는 도시를 방문했다. + 그 도시는 아름다운 경관으로 유명하다.
   〔해설〕선행사가 장소인 a city이며 관계 대명사절 안에서 주어 역할이 필요하므로 주격 관계 대명사 which나 that으로 문장을 연결한다.

9. ① 휴가의 종류   ② 우리에게 휴가가 필요한 이유
   ③ 휴가를 계획하는 시기 ④ 완벽한 휴가를 선택하는 방법
   ⑤ 휴가를 즐기는 이유
   〔해설〕이 담화문은 해변에서의 휴가, 도시 탐험 등 다양한 휴가 유형에 대해 소개하고 있다.

11. 〔해설〕I'm not satisfied/happy with ... (나는 …가 만족스럽지 않아)는 불만족을 표현할 때 쓴다.

12. 〔해설〕⑤ 유나는 런던에서 먹은 음식이 너무 짜다고 생각했다.

13. 〔해설〕여행의 경험이 어땠는지 묻고 있으므로, 여행이 좋았다는 답변 앞인 ③에 들어가는 것이 자연스럽다.

14. ① 대단한 ② 놀라운 ③ 환상적인 ④ 만족한 ⑤ 실망한
    〔해설〕여행의 만족스러웠던 점을 서술하고 있으므로 ⑤ disapppointed는 적절하지 않다.

16. 〔해설〕It is ... that 강조 구문으로 '…한 것은 바로 ...이다'라는 의미를 나타낸다.

17. 〔해설〕ⓒ be동사의 보어 역할을 하면서 선행사가 없으므로 관계 대명사 that이 아니라 what을 써야 한다.

18. 무언가를 명확하게 하거나 이해하기 쉽게 만드는 행위나 과정: explanation (설명)

19. 〔해설〕② 그리스의 다른 섬들의 색에 대해서는 언급되지 않았으므로 유일한지는 알 수 없다. ⑤ 산토리니의 역사가 언제 시작되었는지는 본문에 언급되어 있지 않다.

20. 〔해설〕ⓐ 이사말은 '별명이 붙여진(수동)' 대상이므로 과거 분사인 Nicknamed가 되는 것이 알맞다.

21. 〔해설〕주어진 문장은 도시가 노란색으로 칠해진 것에 대한 추가적인 이유를 설명하고 있으므로, 여러 이유의 마지막 부분인 ④에 들어가는 것이 알맞다.

22. 유카탄의 작은 마을 이사말은 노란색과 풍부한 문화유산으로 유명하며, 마야 유적, 스페인 식민지 시대 건축물, 그

리고 현대 문화가 어우러져 있다.
② 밝은 - 고대의   ③ 황금색 - 전통적인
④ 유쾌한 - 식민지 시대의 ⑤ 화창한 - 다양한
〔해설〕본문에 따르면 이사말은 The Yellow City라는 별명을 가진 작은 마을로, 마야 유적, 스페인 식민지 시대 건물, 그리고 오늘날의 바쁜 현대 문화가 공존하는 곳이다. 마을 전체가 마야 유적을 제외하고 밝은 노란색으로 칠해져 있다고 언급되어 있으며, 마을의 세 가지 문화적 요소 중 하나로 '오늘날의 바쁜 현대 문화'가 포함되어 있다. 따라서 요약문의 빈칸 (A)와 (B)에 각각 들어갈 말로 가장 적절한 것은 ① yellow(노란색) - modern(현대의)이다.

23. 〔해설〕ⓔ 'less 대신 more가 들어가서 '더 다채롭게 만들 수 있을 것이다'라는 내용이 되는 것이 자연스럽다.

24. 〔해설〕빈칸 뒤의 절이 문장의 주어 역할을 하고 있으며, 선행사가 없으므로 '…하는 것'이라는 의미의 관계 대명사 What이 들어가는 것이 알맞다.

25. 〔해설〕③ 본문에서 자이푸르의 마하라자가 1876년 영국 왕실의 방문을 환영하기 위해 대부분의 건물을 분홍색으로 칠했다고 언급했지만, 모든 건물을 칠했다는 언급은 없다.

단원 평가 2회   pp. 146~149

1. collector   2. winner   3. remarkable   4. origin
5. that   6. What   7. The book (which/that) I bought last week is very popular
8. I have a friend whose brother is a famous actor.
9. ③   10. (C) - (B) - (A)   11. ⓐ satisfied ⓑ amazing
12. ①   13. where do you want to go for your vacation
14. ④   15. ①   16. ①, ③, ⑤   17. ⓐ to ⓑ for ⓒ with
18. ②   19. ③   20. ⓐ founded → was founded
21. it remains unclear why the town was painted in yellow   22. ⑤   23. (C) - (B) - (A)
24. 전 세계의 다채로운 장소들   25. ②

[1-2] 〔해설〕〈보기〉의 단어 쌍은 〈동사〉 - 〈사람을 나타내는 명사〉의 관계이다.

1. 〔해설〕collect(수집하다)는 뒤에 접미사 -or을 붙여서 사람을 나타내는 명사를 만든다.

2. 〔해설〕win(이기다)은 마지막 자음인 n을 한 번 더 쓴 뒤 -er을 붙여서 사람을 나타내는 명사를 만든다.

5. 나는 어제 잃어버린 가방을 찾고 있다.
   〔해설〕앞에 사물인 선행사 the bag이 있으며 빈칸 뒤의 절에서 목적어 역할을 하고 있으므로, 목적격 관계 대명사 that이 알맞다.

6. 우리가 식당에서 먹은 것은 맛있었다.
   〔해설〕빈칸 뒤의 절이 문장에서 주어 역할을 하며 선행사가 없으므로 '…하는 것'이라는 의미의 관계 대명사 What이 적절하다.

7. 그 책은 매우 유명하다. + 나는 그 책을 지난주에 샀다.

해설 두 문장의 공통된 부분은 The book과 it이다. 선행사가 사물인 The book이고 목적격 관계 대명사가 필요하므로 which나 that으로 문장을 연결한다. 목적격 관계 대명사는 생략이 가능하므로 which나 that 없이도 연결할 수 있다.

8. 나는 친구가 있다. + 그녀의 오빠는 유명한 배우이다.

해설 소유격 관계 대명사 whose를 이용해서 her를 대신해 소유 관계를 나타낸다.

9. 해설 주어진 말은 해변에서 할 수 있는 구체적인 활동들을 언급하고 있으므로 '해변에서의 휴가를 상상해 보세요' 뒤인 ③에 들어가는 것이 자연스럽다.

10. 해설 경주에 가고 싶어하는 친구에게 무엇을 하고 싶은지 물어보고(C), 그에 대한 대답으로 역사적인 장소들을 방문한다고 대답한 뒤(B), 즐거운 시간을 바라는(A) 말이 이어지는 것이 자연스럽다.

11. 해설 감정을 느낄 때는 -ed 형태를 쓰고, 감정을 유발하는 경우에는 -ing 형태를 쓴다.

12. ① 멕시코 가족 여행에 대한 만족도
② 멕시코 피라미드의 문화적 중요성
③ 해외 여행 계획의 중요성
④ 여행 경험에 대한 여행 가이드의 영향
⑤ 부적절한 여행지 선택의 문제

해설 대화 전반적으로 B가 가족과 함께 멕시코 여행을 다녀온 것에 대한 만족감을 표현하고 있다. 특히 I was really satisfied with the trip.이라는 직접적인 표현과 피라미드 관광과 가이드에 대한 긍정적인 경험을 언급하며 여행에 대한 만족감을 드러내고 있다.

14. 해설 대화에서 지민이는 지리산을 제안한 상대방에게 고맙다고 말했지만 ④의 거절했다는 내용은 없다.

15 ① 그러나 ② 따라서 ③ 마찬가지로 ④ 예를 들어 ⑤ 다시 말해서

해설 인기 있는 여행지들이 가지고 있는 매력들을 나열하고, 빈칸 뒤에서는 그와 다르게 색채의 매력을 갖는 장소를 소개하고 있으므로 역접 관계를 나타내는 ① however(그러나)가 들어가는 것이 자연스럽다.

16. 해설 ② 인기 있는 여행지는 자연 경관, 역사적 전통, 매력적인 건물들, 생활 방식 등 여러 면으로 유명하다.
④ 모든 여행지가 아니라 일부 여행지에서 관광객들의 숨을 멎게 한다.

17. 해설 ⓐ come to mind 생각이 떠오르다
ⓑ be famous for …로 유명하다
ⓒ have to do with …와 관련이 있다.

18. ① 제2차 세계대전이 그리스 섬에 미친 영향에 대한 역사적 기록
② 색상 선택에 대한 다양한 문화적 의미
③ 지중해 건물의 독특한 건축 양식
④ 섬의 색상 의미에 관한 그리스 신화
⑤ 색상이 섬 주민에게 미치는 영향에 대한 연구

해설 본문에서는 산토리니의 흰색과 파란색 건물의 기원에 대한 두 가지 해석을 제시하고 있다. 하나는 2차 세계대전 당시 그리스 국기 색상을 통한 저항의 의미이고, 다른 하나는 더운 여름을 견디기 위한 자연적 해결책과 바다와 하늘을 사랑하는 섬 주민의 미적 선호라는 해석이다. 이처럼 동일한 색상의 기원에 대한 서로 다른 문화적 해석이 존재하므로, ②가 정답이다.

19. 해설 ③ 제2차 세계대전 중 독일의 침략에 대항하여 그리스 국기의 색인 파란색과 흰색으로 집을 칠했다고 했으므로, 그리스 신화의 색을 사용했다는 ③은 글의 내용과 일치하지 않는다.

20. 해설 ⓐ 이 사말은 마야인들에 의해 '세워진' 것이므로 수동태인 was founded가 되어야 한다.

21. 해설 가주어 it이 앞에 오고, 진주어인 간접 의문문(의문사+주어+동사)이 뒤에 오도록 배열한다.

22. ① 고대 마야의 전통이 있는 도시
② 식민지 건축으로 알려진 마을
③ 종교적 중요성으로 유명한 장소
④ 노란색 페인트로 모기를 쫓아내는 장소
⑤ 서로 다른 문화가 특징을 이루는 장소

해설 첫 번째 단락에서 이 사말이 마야 유적, 스페인 식민지 시대의 건물, 오늘날의 바쁜 현대 문화가 공존하는 마을이라고 했으며, 본문 마지막 부분에서도 풍부한 역사적 전통을 언급했으므로, magic town은 ⑤ '서로 다른 문화가 평화롭게 공존하는 장소'가 알맞다.

23. 해설 (C)에서 고대 요새와 왕궁, 주변 경관, 그리고 관광객들이 방문할 수 있는 주요 명소 등 자이푸르의 일반적인 특징을 설명하고. (B)에서 자이푸르의 가장 독특한 특징인 분홍빛 건물들에 대해 설명하고 있다. 마지막으로, (A)에서 이로 인해 자이푸르가 '분홍 도시'로 알려지게 되었다고 정리하는 것이 자연스럽다.

24. 해설 밑줄 친 them은 앞에서 언급한 colorful places around the world를 가리킨다.

25. 자이푸르의 독특한 정체성은 분홍빛 건물들과 관광 명소들로부터 비롯되어, 이 도시를 흥미로운 이야기가 있는 다채로운 여행지로 만들고 있다.

해설 자이푸르는 1876년 영국 왕실의 방문을 환영하기 위해 마하라자가 대부분의 건물을 분홍색으로 칠하게 했고, 이로 인해 '분홍 도시'라는 별명을 얻게 되었다는 점이 글의 핵심이다. 또한 이러한 색깔과 관련된 흥미로운 이야기들을 통해 우리의 인생과 앨범이 더욱 다채로워질 수 있다고 말하고 있다.

Lesson 4

Listen & Speak
pp. 156~157

❶ 1. ②, ⑤ 2. I'm really worried about climate change. 3. 3-1-4-2

1. A: 나는 중간 고사가 정말 걱정이야. 준비가 안 된 것 같아.
   B: 너무 긴장하지 마. 네가 해낼 거라고 확신해.
2. 해설 걱정 표현하기: I'm really worried about ...
3. _3_ 음, 그는 정말 피곤해 보이고 그냥 누워만 있어.
   _1_ 내 반려동물이 걱정돼. 잘 먹지도 않아.
   _4_ 가능하면 빨리 동물 병원에 데려가는 게 좋을 것 같아.
   _2_ 이런, 다른 변화도 눈에 띄었어?

❷ 1. ⑤ 2. It's important that you don't give up on your dream. 3. 2-4-3-1

1. 다양한 음식을 먹으면 몸이 튼튼해지고 에너지가 많아지는 것에 도움이 됩니다. 과일, 채소, 통곡물은 특히 우리 몸에 좋습니다. ① 내가 강조하고 싶은 점은 / ② 내가 말하려는 것은 / ③ 중요한 것은 / ④ 내가 강조하고 싶은 점은 행복하고 건강하기 위해 매일 건강에 좋은 음식을 선택하는 것입니다.
2. A: 나는 항상 가수가 되고 싶었지만, 재능이 충분하지 않은 것 같아.
   B: 이봐! 너는 꿈을 포기하지 않는 것이 중요해. 너는 할 수 있어.
3. _2_ 응. 숙제하느라 밤에 늦게까지 깨어 있어서 너무 피곤해.
   _4_ 맞아. 나는 가능한 한 빨리 자려고 노력할 거야.
   _3_ 오, 안 돼. 건강을 유지하려면 최소한 8시간을 자는 것이 중요해.
   _1_ 이봐. 너 오늘 좀 피곤해 보인다.

Word Building: Check Up
p. 158

1. speak 2. laugh 3. success

내신 출제 문법 포인트
pp. 160~161

so that
1. (1) so that (2) in order to
2. (1) ⓑ (2) ⓒ (3) ⓐ
3. (1) so that you can check your email
   (2) so that we could understand him

1. (1) 그 기사는 독자들이 그 주제에 대해 배울 수 있도록 명확하게 쓰였다.
   (2) 우리 부모님은 유럽 여행을 가기 위해 돈을 모으셨다.

2. (1) 그는 ⓑ 교통 체증에 걸리지 않기 위해 일찍 집을 나섰다.
   (2) 그는 ⓒ 독자들이 그의 이야기를 즐길 수 있도록 책을 썼다.
   (3) 그는 ⓐ 문제를 더 쉽게 해결하기 위해 도움을 요청했다.
3. (1) 여러분은 이메일을 확인하기 위해서는 먼저 로그인해야 한다.
   (2) 선생님은 우리가 이해할 수 있도록 명확하게 말했다.

so ... that
1. (1) so (2) such (3) so
2. (1) so hot, can't eat (2) so expensive, couldn't buy
3. (1) so happy that I couldn't stop smiling
   (2) so steep that people gave up climbing it

1. (1) 그 책은 너무 재미있어서 나는 그것을 세 번 읽었다.
   (2) 너무 아름다운 날이라 우리는 밖에 나가기로 결정했다.
   (3) 그 군인은 너무 다쳐서 더 이상 걸을 수 없었다.
2. (1) 그 수프는 내가 지금 먹기에 너무 뜨겁다.
   = 그 수프는 너무 뜨거워서 나는 지금 그것을 먹을 수 없다.
   (2) 그 드레스는 그녀가 사기에는 너무 비쌌다.
   = 그 드레스는 너무 비싸서 그녀는 그것을 살 수 없었다.
3. (1) 나는 너무 행복해서 웃음을 멈출 수 없었다.
   (2) 그 산은 너무 가팔라서 사람들은 그것을 오르기를 포기했다.

Grammar Practice
pp. 162~163

so that
1. ② 2. ③
3. (1) ○ (2) in order that → in order to / so as to
   (3) ○
4. (1) get a flu shot
   (2) write a thank-you note to Dad
   (3) make some cookies
   (4) protect your head

1. 나는 ① 독서에 집중하기 위해 / ③ 침묵을 즐기기 위해 / ④ 중요한 전화를 하기 위해 ⑤ 새가 노래하는 것을 듣기 위해 라디오를 껐다.
   해설 ② '볼륨을 높이다'는 라디오를 끈 목적으로는 어색하다.
2. ① 해리는 젖지 않기 위해 우산을 폈다.
   ② 나는 정보를 얻기 위해 몇 권의 책을 빌렸다.
   ③ 소년은 숙제가 너무 많아서 영화를 보러 갈 수 없다.
   ④ 리사는 외국인과 의사소통을 할 수 있도록 영어를 연습했다.
   ⑤ 나는 지각하지 않도록 일찍 일어났다.
   해설 ③을 제외하고는 모두 so that이 들어간다. ③에는 이유를 나타내는 접속사 because 등이 어울린다.

3. (1) 아빠는 신선한 채소를 사기 위해 시장에 갔다.

(2) 나는 흔들리는 이를 빼기 위해 치과에 갔다.

(3) 슈바이처 박사는 아픈 사람들을 돌보기 위해 아프리카에 갔다.

4. (1) 그는 독감 예방 접종을 받기 위해 의사를 보러 갔다.

(2) 그녀는 아빠에게 감사 편지를 쓰기 위해 카드를 골랐다.

(3) 그는 쿠키를 만들기 위해 밀가루를 샀다.

(4) 자전거를 탈 때, 머리를 보호하기 위해 헬멧을 써야 한다.

---

so ... that

1. (1) so (2) so (3) such (4) so

2. (1) that → to (2) so → such (3) ○ (4) such → so

3. (1) The music was so loud that I couldn't hear the conversation (2) The park was so crowded that we couldn't find a place to relax. (3) The puzzle was so challenging that he had to ask for help.

4. (1) ⓑ (2) ⓒ (3) ⓐ

1. (1) 그것은 너무 써서 나는 즉시 물을 마셔야 했다.

(2) 그는 너무 열심히 일해서 종종 쉬는 것을 잊었다.

(3) 올리버는 정말 훌륭한 제빵사라서 모두가 그의 케이크를 먹고 싶어한다.

(4) 그 이야기는 너무나 스릴 넘쳐서 나는 책에서 눈을 뗄 수 없었다.

2. (1) 그는 너무 약해서 마라톤을 달릴 수 없다.

(2) 그건 너무 뜨거운 음식이라서 나는 계속 찬 물을 마셨다.

(3) 나는 너무 무서워서 롤러코스터를 탈 수 없었다.

(4) 그 도로는 너무 얼어 있어서 운전할 때 조심해야 했다.

3. 〈보기〉 그 영화는 너무 무서워서 나는 내 눈을 가려야 했다.

(1) 그 음악은 너무 시끄러워서 대화를 들을 수가 없었다.

(2) 그 공원이 너무 혼잡해서 우리는 쉴 곳을 찾을 수가 없었다.

(3) 그 퍼즐은 너무 어려워서 그는 도움을 청해야 했다.

4. (1) 바람이 너무 강해서 ⓑ 밖에서 걷기가 어려웠다.

(2) 그는 너무 수줍어서 ⓒ 수업 시간에 손을 잘 들지 않는다.

(3) 그의 노래는 너무 감동적이어서 ⓐ 모두가 다시 듣고 싶어했다.

Word Practice ❶
p. 166

1. ㉑ **2.** ⑦ **3.** ⑯ **4.** ⑰ **5.** ⑧ **6.** ㉚
7. ⑫ **8.** ⑨ **9.** ㉔ **10.** ⑥ **11.** ⑤ **12.** ③
13. ㉘ **14.** ⑲ **15.** ㉒ **16.** ① **17.** ㉕ **18.** ㉓
19. ② **20.** ㉗ **21.** ⑬ **22.** ⑮ **23.** ⑭ **24.** ④
25. ⑳ **26.** ⑪ **27.** ⑱ **28.** ㉙ **29.** ㉖ **30.** ⑩

Word Practice ❷
p. 167

1. ㉓ **2.** ④ **3.** ⑥ **4.** ㉗ **5.** ㉒ **6.** ③
7. ⑧ **8.** ⑲ **9.** ㉖ **10.** ⑯ **11.** ⑰ **12.** ⑳
13. ② **14.** ㉚ **15.** ㉙ **16.** ⑫ **17.** ⑩ **18.** ⑭
19. ⑪ **20.** ⑱ **21.** ㉔ **22.** ⑨ **23.** ⑮ **24.** ⑬
25. ㉕ **26.** ㉑ **27.** ⑦ **28.** ① **29.** ⑤ **30.** ㉘

Read: Check Up
pp. 169~179

p. 169 **1.** Do you know who stole the cookies? **2.** ⑤

p. 171 **1.** ② (→ three-sevenths),
⑤ (→ a quarter)
2. throw → thrown **3.** being baked

p. 173 **1.** (1) who (2) which
(3) who 또는 whom
2. 경찰에게 전화하기 위하여

p. 175 **1.** 고양이를 돌보는 방법
2. He lowered his voice so that he wouldn't wake up the baby.

p. 179 **1.** 가장 아름다운 도시들 중 하나
2. (1) Learning (2) keeps
(3) protecting

After You Read: Check Up
p. 180

1. F **2.** T **3.** T **4.** F **5.** T **6.** F

본문 연습: 옳은 것 고르기
p. 181~183

1. many **2.** increasing **3.** that **4.** due to
5. feed **6.** behind **7.** Does **8.** across **9.** loss
10. lost **11.** so **12.** harvested **13.** is **14.** its
15. to **16.** lost **17.** not meeting **18.** such as
19. wasted **20.** unsold **21.** may not
22. percent **23.** more **24.** that **25.** consumed
26. to **27.** What **28.** have **29.** reduce
30. technology **31.** longer **32.** throwing
33. as well **34.** excess **35.** effective
36. individual **37.** few **38.** freeze **39.** If
40. tidy **41.** what **42.** delicious **43.** taking
44. from **45.** actions **46.** from **47.** With

1. die from   2. urgent   3. takes place
4. thrown away   5. transported
6. not meeting standards   7. ends up as
8. adds to   9. efforts   10. for example
11. so that   12. consumers
13. make a difference   14. in one go
15. being thrown away   16. pave the way

The Finish Line: Check Up   p. 189

1. definitely   2. Excess   3. hesitate   4. increase
5. individual   6. process   7. standard

단원 평가 1회   pp. 190~193

1. fail   2. loss   3. harvest   4. leftovers   5. ②
6. The dog was so friendly that all the kids wanted to play with him.   7. The party was so fun that people didn't want to leave.   8. ①   9. ⓒ - ⓑ - ⓐ   10. we make these simple choices to protect our planet   11. ⓐ much → many ⓑ what → that
12. ④   13. ⑤   14. ④   15. ⑤   16. ③   17. ②   18. ③
19. ③   20. higher → lower   21. (c)harity   22. ④
23. Individual actions do make a difference.   24. ⓑ that → what   25. making the world free from hunger

1. fail 동 실패하다 — failure 명 실패
2. lose 동 잃어버리다 — loss 명 손실
5. 일반적이거나 필요한 것보다 많은: ② 초과한
   ① 망설이다 ③ 자선 단체 ④ 자유로운 ⑤ 긴급한
6. 그 개는 매우 친근했다. + 모든 아이들이 그 개와 함께 놀고 싶어했다. → 그 개는 매우 친근해서 모든 아이들이 그 개와 함께 놀고 싶어했다.
7. 그 파티는 매우 재미있었다. + 사람들은 떠나고 싶어하지 않았다. → 그 파티는 매우 재미있어서 사람들은 떠나고 싶어하지 않았다.
8. • 그들은 모든 것이 순조롭게 진행되도록 행사를 주의 깊게 계획했다.
   • 그들은 새 커뮤니티 센터를 짓기 위해 기금을 모았다.
   해설 첫 번째 문장은 빈칸 뒤가 목적을 나타내고, 주어와 동사가 있는 절이므로 so that 또는 in order that이 적절하다. 두 번째 문장 역시 빈칸 뒤가 목적을 나타내지만, 동사 원형이 나오므로 so as to 또는 in order to가 알맞다.
10. 지구를 보호하기 위해 이런 간단한 선택을 하는 것이 중요하다.

11. 해설 ⓐ many는 셀 수 있는 명사와, much는 셀 수 없는 명사와 사용한다. people이 셀 수 있는 명사이므로 many가 알맞다.
   ⓑ '굶주림은 매우 심각해서 긴급한 관심이 필요하다.'라는 의미이고 앞에 so가 있으므로 what이 아니라 that이 들어가는 것이 알맞다.
12. 해설 ④ 굶주림은 식량 부족 때문이 아니라 버려지는 식량과 관련이 있다고 언급하고 있다.
13. ① 우리는 더 많이 수확하기 위해 무엇을 할 수 있을까?
   ② 우리는 언제 조치를 취해야 할까?
   ③ 왜 우리는 지구를 보호해야 하나?
   ④ 우리는 어떻게 쓰레기 문제를 해결할 수 있을까?
   ⑤ 음식은 어디에서 손실되거나 버려지는가?
14. 해설 we produce가 앞의 선행사를 수식하는 구조이다. 선행사는 사물인 food이며 목적격 관계 대명사가 들어가야 하므로 which나 that이 적절하다.
15. 해설 ① 생산하는 식량의 3분의 1 이상이 손실되거나 버려진다. ② 농장들은 종종 일꾼들이 수확할 수 있는 것보다 더 많은 식량을 재배한다. ③ 곡물과 채소 모두 수확되는 동안 손상되고 버려질 수 있다. ④ 수확 후에는 8퍼센트의 식량이 버려진다.
16. 해설 ⓐ와 ⓑ 모두 빈칸 뒤에 구체적인 예들이 제시되어 있다. 따라서 '…와 같은'이라는 의미의 such as가 들어가는 것이 알맞다.
17. ① …에서 비롯되다   ③ …에 집중하다
   ④ 이해하다   ⑤ …와 다르다
   해설 앞에 나온 내용이 모두 쓰레기를 '늘리는' 것이므로 '…을 늘리다'라는 의미의 ② adds to가 들어가는 것이 알맞다.
18. 해설 ③ 시장에서 식품을 할인하여 판매하는 경우는 언급되어 있지 않다.
19. ① 실수에서 배우는 것은 성장에 필수적이다
   ② 지미는 연극반에 가입하기를 원했다.
   ③ 케이트는 좋은 소식을 공유하기 위해 친구에게 전화했다.
   ④ 나는 여가 시간에 독서하기로 결심했다.
   ⑤ 그들의 계획은 새 도시로 이주하는 것이다.
   해설 밑줄 친 ⓐ와 ③은 모두 목적을 나타내는 to 부정사의 부사적 용법으로 쓰였다. ①은 명사적 용법(주어), ②, ④는 명사적 용법(목적어), ⑤는 명사적 용법(보어)이다.
20. 해설 못생기거나 일부 손상된 식량을 높은(higher) 가격이 아니라 낮은(lower) 가격에 판매하는 것이 자연스럽다.
21. 해설 필요한 사람들에게 돈, 음식, 또는 도움을 제공하는 공식적인 기관: charity(자선 단체)
22. ① 프로젝트는 계획대로 진행되고 있다.
   ② 시간이 감에 따라, 그들의 우정은 강해졌다.
   ③ 내가 걸어 들어갔을 때, 고양이가 탁자 위로 뛰어올랐다.
   ④ 그녀는 지역 학교에서 교사로 일한다.
   ⑤ 비가 오기 시작해서 우리는 행사를 취소했다.
   해설 (A)와 ④에서 as는 전치사로, '…로서'라는 의미를 나타낸다.

23. [해설] 일반 동사를 강조하려면 동사의 앞에 do, does, did를 붙인다. 주어가 actions로 복수이고 현재 시제이므로 make 앞에 do를 쓴다.

24. [해설] ⓑ 의미상 '필요한 것만 구입해라'가 되는 것이 자연스럽다. 앞에 선행사가 없으므로 that이 아니라 선행사를 포함하는 관계 대명사 what이 되어야 한다.

25. [해설] 'make+목적어+목적격 보어'의 순서로 어구를 배열한다.

단원 평가 2회　　　　　　　　pp. 194~197

1. feed　**2.** die　**3.** achieve　**4.** hunger　**5.** ③
6. They don't waste food so that they protect the environment.　**7.** It was so late that we missed the last train.　**8.** The food was so salty that I had to drink water.　**9.** They were such good friends that they shared everything.　**10.** ⓐ worried ⓑ challenging ⓒ terrible　**11.** (A) harmful (B) fewer (C) important　**12.** ④　**13.** one-third 또는 a third　**14.** ②　**15.** they can be damaged and thrown away　**16.** (A) ② (B) ③ (C) ①　**17.** ⓐ, ⓑ, ⓒ　**18.** so that it goes to the people who really need it　**19.** ②, ④　**20.** store　**21.** ③　**22.** ⓐ wondering ⓑ piling　**23.** 한 번에 너무 많은 음식을 접시에 쌓는 것 대신에 더 적은 양을 가져와서 필요하면 나중에 추가하는 것　**24.** ②　**25.** ④

1. 농부가 아침에 동물들에게 먹이를 줄 것이다.
　[해설] 조동사 뒤에 동사가 와야 하므로 feed(먹이다, 먹이를 주다)가 알맞다.

2. 나는 내 식물들이 이번 겨울에 죽지 않기를 바란다.
　[해설] 명사절의 동사가 필요하므로 die(죽다)가 알맞다.

5. • 공원은 소음과 스트레스가 없는 공간이다.
　• 우리는 해변에 가는 길에 점심을 먹으려 분식집에 들렀다.

7. 너무 늦어서 우리는 마지막 기차를 놓쳤다.

8. 음식이 너무 짜서 나는 물을 마셔야 했다.

9. 그들은 매우 좋은 친구들이어서 모든 것을 공유했다.

10. [해설] 기후 변화의 심각성에 대해 걱정하는 대화이므로 ⓐ에는 worried(걱정스러운)가 들어가는 것이 알맞다. 이로 인해 바나나 재배가 어려워질지(ⓑ challenging) 모른다고 하고 이에 대한 응답으로는 ⓒ terrible이 들어가서 '끔찍하다'라는 내용이 되는 것이 자연스럽다.

11. [해설] (A) 많은 물과 에너지를 사용하고 쓰레기를 만들므로 이 습관(패스트 패션)은 환경에 해로운(harmful) 것이다.
　(B) 패스트 패션의 문제를 해결하려면 옷을 더 적게 (fewer) 사야 한다.
　(C) 지구를 보호하기 위해 간단한 선택을 하는 것은 중요하다(important).

12. [해설] 세계적인 굶주림은 식량 부족 때문이 아니라 음식 쓰레기 때문이라는 내용의 글이므로, ④ '따라서 우리는 농산물 생산을 늘려야 한다.'는 글의 내용과 맞지 않는다.

13. [해설] 영어로 분수를 표현할 때 one-third와 같이 분자는 기수로, 분모는 서수로 쓴다. a third와 같이 쓸 수도 있다.

14. ① 누가 가장 먼저 교실을 떠났니? (떠나다)
　② 그는 소지품을 이곳에 남겨두었다. (남기다)
　③ 그녀는 오늘 아침에 집을 떠났다. (떠나다)
　④ 그는 한 달간 무급 휴가를 보내고 있다. (휴가)
　⑤ 비행기는 9시에 파리로 출발한다. (출발하다)
　[해설] 밑줄 친 ⓑ와 ②는 모두 동사로 '남기다'라는 뜻으로 쓰였다.

15. [해설] 조동사가 있는 수동태 구문으로 '조동사(can)+be+과거 분사(damaged and thrown away)'의 형태로 배열한다.

16. [해설] (A) 감자와 같은 식량이 감자칩 같은 제품으로 만들어진다고 했으므로 ② '가공 중에'가 알맞다.
　(B) 상점이 더 많은 식품을 주문한 것이므로, ③ '시장 또는 상점에서'가 알맞다.
　(C) 가정이나 사업체에서 음식 쓰레기가 나오는 과정을 설명하고 있으므로 ① '가정이나 식당에서'가 알맞다.

17. [해설] ⓐ 주어는 fresh food로 셀 수 없는 동사이므로 단수 동사인 is를 써야 한다.
　ⓑ 동명사의 부정은 동명사 앞에 not을 붙이므로 not meeting으로 써야 한다.
　ⓒ 뒤에 명사구가 있으므로 because of가 와야 한다. because 뒤에는 명사구가 아니라 절이 온다.

19. [해설] ② 농부들은 못생기거나 부분적으로 손상된 식량을 버리는 대신 낮은 가격에 팔 수 있다.
　④ 식당은 여분의 식량을 버리는 대신 자선 단체에 기부할 수 있다.

20. • 어떤 것을 어딘가에 두고 필요할 때까지 사용하지 않다
　• 물건이 판매되는 건물이나 방
　[해설] store ⑧ 저장하다 ⑲ 가게

21. [해설] 주어진 문장은 '이것은 쓰레기를 줄이고 냉장고도 깔끔하게 유지하게 할 것이다.'라는 의미로, 일주일에 하루나 이틀을 골라 냉장고에 보관한 남은 음식을 먹으라는 말 뒤인 ③에 위치하는 것이 자연스럽다.

22. [해설] ⓐ 목적어와 목적격 보어가 능동 관계이므로 wondering이 알맞다. (keep+목적어+-ing: (목적어)가 계속 …하게 하다)
　ⓑ 전치사인 of 뒤이므로 동명사인 piling이 되어야 한다.

23. [해설] That way는 '그런 방식으로'라는 의미로 앞 문장에 나온 내용을 가리킨다.

24. [해설] 음식 쓰레기 줄이기에 대한 글이므로 '굶주림 (hunger)'에서 벗어나는 것이 목표가 되는 것이 자연스럽다.

25. ① 사실을 공유하기 위해　② 감정을 표현하기 위해
　③ 의견을 구하기 위해　④ 행동을 촉구하기 위해
　⑤ 불평하기 위해
　[해설] 이 글은 세계의 굶주림을 끝내기 위해 음식 쓰레기를 줄이는 행동을 하라고 촉구하고 있다.

Memo

필요충분한 수학유형서로
등급 상승각을 잡다!

'22개정
교육과정

시리즈 구성

공통수학1

공통수학2

1 Goodness 빼어난 문제

'22 개정 교육과정에 맞춰 빼어난 문제를 필요한 만큼
충분하게 담아 완전 학습을 할 수 있습니다.

2 Analysis 철저한 분석

수학 시험지를 철저하게 분석하여 적확한 유형으로 구성,
가로로 익히고, 세로로 반복하는 학습을 할 수 있습니다.

3 Kindness 친절한 해설

선생님의 강의 노트 같은 깔끔한 해설로 알찬 학습,
정확하고 꼼꼼한 해설로 꽉 찬 학습을 할 수 있습니다.

지은이

안 병 규	現 전남대학교	오 준 일	現 부경대학교	홍 주 연	現 인천해송고등학교
이 천 우	現 청원여자고등학교	류 예 슬	現 용인 서천중학교	김 성 희	現 ㈜NE능률 교과서개발연구소
박 은 정	現 ㈜NE능률 교과서개발연구소				

High School
Basic English 1 자습서

펴 낸 날	2025년 3월 1일 (초판 1쇄)
펴 낸 이	주민홍
펴 낸 곳	(주)NE능률

개 발 책 임	김지현
개 발	김성희, 박은정
디자인책임	오영숙
디 자 인	안훈정, 조가영, 디자인 뮤제오
제 작 책 임	한성일

등 록 번 호	제1-68호
I S B N	979-11-253-4948-8

대 표 전 화	02 2014 7114
홈 페 이 지	www.neungyule.com
주 소	서울시 마포구 월드컵북로 396(상암동) 누리꿈스퀘어 비즈니스타워 10층